슬픈 인생과 그리스도의 위로

슬픈 인생과 그리스도의 위로

지은이 김병훈
펴낸이 김종진
편집 김예담
디자인 이재현
초판 발행 2021. 11. 16.
등록번호 제2018-000357호
등록된 곳 서울특별시 강남구 선릉로107길 15, 202호
발행처 개혁된실천사
전화번호 02)6052-9696
이메일 mail@dailylearning.co.kr
웹사이트 www.dailylearning.co.kr

책값은 뒤표지에 있습니다.
ISBN 979-11-89697-25-9 03230

슬픈 인생과 그리스도의 위로

김병훈 지음

개혁된실천사

목차

서문

인생은 죄 아래 사는 것입니다. 좀 비관적으로 들릴지 몰라도, 이 말은 사실입니다. 어떤 신학자는 "아담의 타락 이후에 이 인생살이는 금방이라도 장대비가 쏟아질 것처럼 시커먼 구름이 하늘을 다 덮어버린 것과 같다"고 했습니다. 해가 있으나 가리어져서 햇빛이 땅에 비치지 않고, 어둡습니다. 그는 이어서 "비바람에 견뎌야 하는 고생과 같은 인생살이"라고 했습니다. 인생은 죄를 범했는가, 의롭게 살았는가에 관계없이 사람이 살아가는 삶의 구조입니다. 그러니까 인생은 하나님 앞에서 죄 가운데 살아가는 것입니다. 그 가운데 신자는 하나님의 지혜로운 인도하심을 따라 살아가는 은혜를 누립니다.

우리는 인생을 살면서 이해할 수 없는 경험들을 종종 겪습니다. 우리가 이해한다고 하는 경험이 있다면 그것은 대개가 좋은 일일 것입니다. 우리가 이해하지 못한다고 하는 경험은 다 슬픔과 고난의 일입니다. 유명한 시편 90편 10절 말씀에 따르면, 우리의 연수는 칠십이요 강건하면 팔십입니다. 그런 인생을 사는 가운데 우리가 자랑할 것이 무엇이 있을까요? 하나님의 말씀은 "그 연수의 자랑은 수고와 슬픔뿐이요"라고 말합니다. 수고와 슬픔 이외에 인생에는 다른 자랑이 없다는 말씀입니다. 수고와 슬픔만이 자랑인 이 인생에 무슨 소망이 있을까요? 이러한 인생살이지만, 그럼에도 불구하고 사람들은 오래 살고 싶은 욕망을 놓지 않습니다. 그러나 하나님의 말씀은, 우리의 인생에 대해 "신속히 가니 우리가 날아가나이다"라고 말합니다. 즉, 인생은 잠깐일 뿐, 덧없이 지나간다는 말씀입니다. 결국 인생을 사는 동안에 겪는 일은 수고와 슬픔과 고달픔이고, 그나마 사는 인생은 잠깐일 뿐이며 덧없이 지나가 버립니다. 이것이 시편 90편에서 모세를 통해 인생에 대해 말씀하신 하나님의 교훈입니다.

그렇다면 우리는 이런 인생살이 가운데 어디서 소망과 위로를 찾고, 무엇으로 버티며 살아야 할까요? 그 답은 예수 그리스도입니다. 예수 그리스도 한 분밖에는 우리의 소망과 위로가 없음을 믿으셔야 합니다. 우리가 연약한 슬픈 인생을 살면서 의지할 유일한 분은 그리스도이시며, 그리스도만이 우리 인생의 답이 되십니다. 그리스도가 없으면 누구라도 비관적인 인생의 한계를 극복할 수 없습니다. 그리스도 밖에서 구하는 답은 단지 염세적일 뿐입니다. 인생을 염세적으로 받아들이는 사람 가운데 아이러니하게도, 생에 대한 집착을 갖고 슬픈 인생을 놓지 못하고 오래 살기를 바라는 사람도 있습니다. 인생의 고통 속에서도 오래 살기를 바라는 심리적인 갈등을 겪는다는 말입니다. 그런 사람들은 이런 세상에서 살아 무엇하겠는가 하면서도 생에 대한 집착으로 고통을 겪으며 살아갑니다.

이 책에 수록된 17편의 설교는 우리 주 예수 그리스도에게 자신의 영혼을 단단히 묶은 믿음의 성도에게 복음의 위로를 베푸시는 하나님의 사랑을 전합니다. 이 설교는 나그네교회 주일 예배(2017년 7월 9일 ~ 11월 26일)에서 전한 것입니다. 이 말씀 사역을 위해 함께 예배하며 기도해주신 나그네교회 모든 교우에게 감사의 인사를 드립니다. 독자 여러분 가운데 나그네교회가 함께 받았던 위로의 기쁨에 동참하는 은혜가 있기를 간절히 바랍니다.

하이델베르크 요리문답

제1문 : 이 땅에서 사는 동안에 그리고 죽을 때에 우리에게 위로를 주는 단 하나의 사실은 무엇입니까?

답 : 그것은 나의 몸과 영혼이, 이 땅에서 사는 동안에 그리고 죽을 때에도, 내가 소유하고 있는 나의 것이 아니라 나의 신실하신 예수 그리스도께서 소유하신 주님의 것이라는 사실입니다. 예수님은 자신의 고귀한 피를 흘려 내 모든 죗값을 완전히 치러주셨으며 사탄의 모든 권세에서 나를 구해주셨습니다. 그리고 하늘에 계신 하나님 아버지의 뜻이 아니라면 내 머리카락 하나도 떨어지지 않게 나를 지켜주십니다. 진실로 내게 있는 모든 일들은 다 나를 구원하기 위해 일어나는 일입니다. 그리하여 그리스도께서는 성령 하나님을 통하여 내게 영원한 생명을 확신시켜주시며 진실한 마음으로 기꺼이 주님의 뜻대로 살고자 하는 마음을 주십니다.

1장
유난히 슬픈 장례 행렬

누가복음 7장 11-17절

[11] 그 후에 예수께서 나인이란 성으로 가실새 제자와 많은 무리가 동행하더니 [12] 성문에 가까이 이르실 때에 사람들이 한 죽은 자를 메고 나오니 이는 한 어머니의 독자요 그의 어머니는 과부라 그 성의 많은 사람도 그와 함께 나오거늘 [13] 주께서 과부를 보시고 불쌍히 여기사 울지 말라 하시고 [14] 가까이 가서 그 관에 손을 대시니 멘 자들이 서는지라 예수께서 이르시되 청년아 내가 네게 말하노니 일어나라 하시매 [15] 죽었던 자가 일어나 앉고 말도 하거늘 예수께서 그를 어머니에게 주시니 [16] 모든 사람이 두려워하며 하나님께 영광을 돌려 이르되 큰 선지자가 우리 가운데 일어나셨다 하고 또 하나님께서 자기 백성을 돌보셨다 하더라 [17] 예수께 대한 이 소문이 온 유대와 사방에 두루 퍼지니라

유난히 슬픈 장례 행렬

> "그 후에 예수께서 나인이란 성으로 가실새 제자와 많은 무리가 동행하더니 성문에 가까이 이르실 때에 사람들이 한 죽은 자를 메고 나오니"(눅 7:11-12a).

본문 11절을 보니까, 예수님이 나인성으로 가실 때 제법 많은 무리가 동행하였습니다. 그리고 12절 전반절을 보니, 예수님이 성문에 가까이 이르셨을 때 어떤 사람들이 한 죽은 자를 메고 나왔다고 말합니다. 그러니까 두 일행이 서로 마주 보게 된 것입니다. 나인성 안에서 성 밖으로 나가거나 반대로 성 밖에서 성 안으로 들어가려면 성문을 통과해야 됩니다. 본문에서 볼 수 있듯이, 예수님은 나인성 안으로 들어가려고 하셨습니다. 그때 예수님과 함께 있던 많은 무리들은 예수님이 행하신 일과 표적과 가르침에 감동을 받고, 자기들 나름대로 예수님께 위로와 기쁨과 소망을 두고 그분을 따르던 사람들이었습니다. 그 사람들은 기쁨과 생기가 있고 희망이 차 있는 그런 모습이었습니다. 그런데 이때, 예수님과 그분을 따르는 무리들이 한 장례 행렬과 마주치게 됩니다.

그 장례 행렬에 얼마나 많은 무리가 모였는지 알 수 없지만, 본문에는 "그 성의 많은 사람도 그와 함께 나오거늘"이라고 말씀합니다. 그 장례는 어떤 장례였을까요? 본문에는 그 장례의 슬픔을 표현하는 특별한 말이 나오지 않습니다. 다만 12절 하반절에 이렇게 표현합니다.

> "이는 한 어머니의 독자요 그의 어머니는 과부라 그 성의 많은 사람도 그와 함께 나오거늘."

이 장례는 특별했습니다. 성경은 이 장례가 슬프다는 것을 슬픔을 당한 자의 마음을 표현하는 형용사로 말하지 않고, 그냥 객관적인 사실 두 개로 모든 걸 압축해서 표현합니다. 그것은 죽은 이가 독자였고, 그 독자의 어머니가 과부라는 것입니다. 성경은 우리에게 이 두 가지 사실로 이 장례 행렬의 절망과 슬픔을 충분히 이해하라고 말씀합니다.

그런데 그 장례 행렬이 왜 성 밖에까지 이어졌을까요? 성 밖에 그 독자를 묻기 위해서였을까요? 당시 성 밖으로 나가는 장례는 어쩌다 있는 일이 아니요 종종 있는 일이었습니다. 그러면 정문 근처에는 장사하는 사람도 많고 사람들이 많이 모여 있기 때문에, 어떤 사람들은 "저건 웬 장례 행렬인가? 장례가 왜 이렇게 유독 구슬픈가?"라고 물어볼 수 있습니다. 그때 옆에 있는 사람이 "아, 아들의 장례래요."라고 말합니다. "아, 아들이 죽었다니 참 안 됐구먼." "아, 그런데 그냥 아들이 아니고 독자래요." "아니, 저런 어쩌다가.." "그런데 그 독자가 다 자란 청년이랍니다." "다 자란 사람이 어쩌다 그렇게 죽음을 당했나. 아이고, 가정의 기둥이요 의지할 큰 기둥이 하나 빠져버렸구먼. 아이고, 안 됐어..."

이들의 대화 중에 다음에 이어지는 내용은 무엇일까요?

"그런데 또 그토록 구슬픈 이유는 죽은 청년이 독자일 뿐 아니라, 그 어머니가 하필이면 과부랍니다." "아이고.. 어이 그런 일이 있나.."

과부의 처지를 이해하는 만큼 우리는 이 장례의 절망적인 상태를 알 수 있습니다. 그 당시 유대 사회 속에서 과부란, 무력하고 생계가 막막하고 불의와 부당한 처사에 대해 보호받을 수 있는 보호막이 없는 사람이었습니다. 얼마나 슬픈 처지인가 하면, 그 당시 유대 사회 속에서 과부는 고아와 같다고 했어요. 고아는 보호해주는 사람이 없고, 양육과 생계를 책임져주는 부모가 없는 어린아이입니다. 그런데 과부를 고아와 같다고 한 것이죠. 우리는 보통 부족함이 있거나 무슨 일로 잘못된 사람을 보고 불쌍하다고 말하는데, 원래 불쌍하다는 말은 그 사람의 처지가 고아와 같을 때 쓰는 말입니다. 표현 그대로, 그야말로 불쌍한 것이죠.

그런 인생에 있어서 그 과부에게 현재의 보호와 미래의 보호와 그 위로는 무엇이었겠습니까? 그 과부에게는 죽은 그 아들 하나뿐이었던 겁니다. 어쩐 일인지 다른 자식은 없었고, 남편이 언제 떠났는지 어떤 이유로 떠났는지 알 수 없지만, 그녀는 홀로된 채 그 아들과 살았습니다. 아이를 기를 때 얼마나 많은 애정을 쏟았을까요? 아이가 자라는 모습에 얼마나 기뻤을까요? 물론 속을 썩일 때도 있었겠죠. 아이는 청소년기도 지났겠죠. 아이가 청년이 되면 이젠 철이 드나 싶어요. 그래서 자랑스럽고, 때로는 의지할 만하죠. 그 과부에게 아들은 자기 삶의 든든한 버팀목이었을 것입니다. 그를 향한 사랑은 하늘보다 높고 바다보다 넓고 깊었을 거예요. 자식이 아무리 많고 그중에 단 하나를 잃은 것이라 해도 자식을 잃은 슬픔은 지극히 큽니다. 부모는 자식을 마음속에 늘 담아 놓고 있기 때문에 그렇습니다. 전쟁에 나간 자식이 있으면, 부모는 제아무리 맛난 생일상을 받아도 입맛이 없습니다. 근심 속에 힘들어하는 자식이 있으면, 부모는 갑자기 자기 생활, 인생, 삶 자체가 재미없어져 버립니다. 이처럼 자녀의 사소한 것도 부모 마음에 그리 영향을 주는데, 그 과부에게 독자의 죽음은 얼마나 큰 슬픔이었을까요? 성경은 인생에서 겪는 슬픔 중에 가장 큰 슬픔이 무엇인지를 설명할 때, 이스라엘을 향한 하나님의 진노를 이야기하면서 다음과 같이 말씀합니다.

> "딸 내 백성이 굵은 베를 두르고 재에서 구르며 독자를 잃음 같이 슬퍼하며 통곡할지어다 멸망시킬 자가 갑자기 우리에게 올 것임이라"(렘 6:26).

우리의 모든 슬픔을 아시는 하나님

슬픔이 제아무리 커도 옆에 위로해주는 사람이 있으면 조금은 기대볼 수 있지 않겠습니까? 한나에게는 남편이 있는데, 그의 이름은 엘가나입니다. 엘가나에게는 첫째 부인 브닌나와 둘째 부인 한나가 있습니다. 그런데 하나님이 브닌나에게는 자식을 주셨는데, 한

나에게는 오래도록 자식을 주시지 않습니다. 자식이 있어서 위세가 당당한 브닌나는 한나를 멸시하고 조롱하며 못살게 굽니다. 그래서 한나가 슬피 웁니다. 그때 엘가나가 한나에게 이렇게 이야기합니다.

> "한나여 어찌하여 울며 어찌하여 먹지 아니하며 어찌하여 그대의 마음이 슬프냐 내가 그대에게 열 아들보다 낫지 아니하냐"(삼상 1:8).

이 말은 한나를 향한 엘가나의 사랑의 표현이었습니다. 만일 본문에 나온 이 과부에게도 엘가나와 같은 남편이 있었으면 어땠을까요? 그러나 과부에게는 "주님께서 우리 아들을 데려가셨지만 내가 있지 않소. 힘을 내시오"라고 말해주는 그런 남편이 없었습니다. 결국 그녀는 아들을 관에 넣었고, 그렇게 보내야 했습니다.

과부는 아들을 살리기 위해 얼마나 많은 기도를 했을까요? 아들이 어떤 사고를 당해 급사했는지, 아니면 사고로 다쳤으나 얼마간 그 후유증으로 괴로워하다가 떠난 건지, 아니면 오랫동안 질병을 앓다가 죽은 것인지는 알 수 없습니다. 그 과부는 어떻게든 아들을 살려 보려고 애썼을 것입니다. "아들아, 안 된다. 죽지 마라. 차라리 내가 죽겠다", "하나님, 차라리 저를 데려가시고 제 아들은 살려주세요"라고 말하지 않았을까요? 얼마나 목 놓아 울었을까요? 그런데 아들은 그렇게 세상을 떠났습니다.

우리의 인생은 결국 죄로 인한 죽음의 틀을 못 벗어납니다. 그러나 비참한 죽음이라도 신자의 죽음은 딱 한 가지 이유로 인해 그 비참함을 극복합니다. 무엇 때문일까요? 바로 예수님 때문입니다. 예수님의 은혜를 떼어 놓으면, 신자에게도 죽음은 비참한 운명이 됩니다. 돈이 많으면 생명을 살 수 있습니까? 못 삽니다. 게다가 죽음은 나이와 상관없이 찾아옵니다. 나이가 많든 적든, 죽음은 나이에 관계없이 무정하게 찾아옵니다. 더 가슴 아픈 것 중에 하나는, 죽음이 죽는 그 사람의 처지와 상황을 배려하지 않는다는 것입니다. 어떤 사람에게는 이런저런 이유로 죽으면 안 되는 상황들이 있을 수 있어요. 딱한 처지에 있는 사람도 있고, 아직 할 일이 너무 많은 사람도 있고, 너무 귀한 사람도 있는 거죠. 그런데 시편을 보면 악인은 병도 앓지 않고, 장수한다고 합니다. 이처럼 죽음은 죽는 그 사람의 처지나 상황에 대한 배려가 없습니다. 어떤 사람들은 "아무리 그래도 그 과부의 처지를 생각한다면, 독자에게는 찾아오지 말았어야 하는 것이 아닌가"라고 생각할 것입니다.

13절 말씀을 같이 읽어보겠습니다.

"주께서 과부를 보시고 불쌍히 여기사 울지 말라 하시고."

하나님이 과부를 보고 계십니다. 여러분, 하나님은 우리가 겪는 아픔이 어떤 일이든, 다 보고 알고 계십니다. 그리고 그 아픔 가운데 우리와 함께 계셔요. 이 사실을 어떻게 알 수 있나요? 예수님을 보면 알 수 있습니다. 하나님은 죄 가운데 죽어 마땅한 우리를 살리려고 자기 아들을 내어주셨습니다. 거룩하신 하나님이 사람이 되셔서 우리의 모든 고난을 직접 겪으시고, 죽으실 때는 우리의 죄악을 자신의 영혼과 몸에 받고 죽으셨어요. 그 영혼의 괴로움이 얼마나 컸을까요? 그 죽음을 당하도록 아들을 내어주신 하나님은 우리가 인생 중에 겪는 모든 슬픔과 아픔을 다 아십니다. 그것을 성경은 '체휼하셨다'고 표현합니다. 즉, 하나님이 직접 경험하심으로 다 아신다는 것입니다.

히브리서 4장 15절은 "우리에게 있는 대제사장은 우리의 연약함을 동정하지 못하실 이가 아니요"라고 말합니다. 예수님이 우리의 연약함을 동정하신다는 것은, 우리의 연약함을 인성으로 아시고, 그분의 영혼과 몸에 그대로 아신다는 것입니다. 예수님은 우리의 슬픈 상태, 비탄한 마음 그대로를 아십니다. 우리가 억울하게 당하는 고통, 애매히 당하는 고난, 운명이라고 받아들여야 할 어려움과 처지, 아픔, 상실, 박탈 등, 이 모든 것들을 다 아십니다. 예수님이 이 모든 시험을 다 받으셨기 때문입니다. 예수님은 그 시험들을 일부러 받으셨어요. 당하지 않을 수 없어서 받으신 것이 아니라 당하지 않을 수 있으나 사람이 되심으로 우리와 함께 그 자리에 계시기 위해 받으신 것입니다.

예수님은 공생애 기간 동안 사람의 죽음 앞에서 두 번 우셨는데, 하나는 나인성 과부의 아들의 죽음이고, 하나는 요한복음 11장에 나오는 나사로의 죽음입니다. 예수님은 나사로를 다시 살리실 때, 나사로의 죽음을 놓고 마리아와 마르다 앞에서 우시고 그들을 불쌍히 여기시고 또 비통히 여기셨습니다. 주님은 우리의 모든 슬픔을 아십니다.

하나님의 위로

이 세상 어디에도 하나님의 사랑보다 더 큰 사랑은 결코 없습니다. 우리가 볼 때는, 오늘 본문에 나오는 독자를 향한 과부의 사랑이 더 강렬하다고 생각할 수도 있습니다. 그런데 성경은, 인간이 누리는 사랑은 그게 어떤 사랑이든 하나님의 사랑의 흔적이요 그림자일 뿐이라고 말합니다. 그 사랑의 원형은 하나님에게서 찾아야 합니다. 그 하나님의 사랑을 성경은 요한일서 4장 9-10절에서 이렇게 말합니다.

> "하나님의 사랑이 우리에게 이렇게 나타난 바 되었으니 하나님이 자기의 독생자를 세상에 보내심은 그로 말미암아 우리를 살리려 하심이라 사랑은 여기 있으니 우리가 하나님을 사랑한 것이 아니요 하나님이 우리를 사랑하사 우리 죄를 속하기 위하여 화목 제물로 그 아들을 보내셨음이라."

이 사랑을 받지 않은 하나님의 자녀, 신자는 하나도 없습니다. 하나님의 사랑은 우리를 사랑하사 자기의 아들을 죽음으로 내보내신 사랑입니다. 이 사랑이 있으니, 하나님은 우리에게 울지 말라고 말씀하십니다.

"주께서 과부를 보시고 불쌍히 여기사 울지 말라 하시고."

본문 13절에서 예수님은 과부를 보시고 불쌍히 여기십니다. '불쌍히 여김'은 가슴이 아리고 창자가 끊어지는 듯한 슬픔을 갖는 애정을 나타냅니다. 그 사랑의 밀도가 너무 강해서 장이 끊어지는 듯한 느낌을 받는 거예요. 예수님은 그 사랑의 강도로 과부를 바라보시고, 울지 말라고 말씀하십니다.

누가 이 과부의 슬픔의 자리 속에서 울지 말라고 말할 수 있을까요? 우리는 어떤 슬픔을 당한 사람 앞에서 같이 울어줄 뿐이에요. "하나님이 하시는 일을 우리로선 다 알지 못합니다." 이 말 한마디 하고 같이 울어주는 겁니다. 우리에게는 슬픔을 당한 사람에게 울지 말라고 말할 권세가 없습니다. 그 말은 오직 한 분만 하실 수 있습니다. 바로 예수 그리스도이십니다. 그분은 우리의 부활이요 생명이요 대제사장이 되십니다. 그렇지만 이 슬픔의 상황에서 어떻게 울지 말라고 말씀하시는 걸까요? 그리스도인들은 슬픔을 당했을 때 감정 없는 자처럼 슬퍼하지 말고 울지도 말아야 하는 건가요? 주님은 그 말씀을 하시는 것이 아닙니다. "내가 너와 함께 있으니, 부활과 소망이 없는 자처럼 지나치게 울지 말라"는 말씀입니다. 긍정적 희망, 최종적 희망의 끈을 놓지 말라는 것입니다. 즉, 그리스도인에게 절대 비관은 없다는 것입니다.

사람은 약해서 너무 슬픈 비관에 처하게 되면 영혼이 황폐해지고, 심하면 자살 충동까지 일어나 자기 목숨을 끊기도 합니다. 그러나 그런 영혼의 상태는 본래 주께서 우리에게 요구하시는 것이 아닙니다. 하나님께서는 "내가 너와 함께 있으니 견디라"고 말씀하십니다. 그런데 그렇게 견디면, 죽은 사람이 살아나나요? 본문에서 과부의 아들은 살아났습니다. 주께서 관에 손을 대시고 청년아 일어나라 하시니, 그 청년이 일어나 앉고 말도 합니다. 그런데 어떤 사람들은 이 말씀을 듣고도 "제가 당한 슬픔에는 변화가 없는데 주님이 무슨 소망이 되시나요?"라고 질문할 수 있습니다. 이런 질문은 위로받기를 거절하는 사람에게서 나오는 것입니다. 위로받기를 거절하는 사람에게는 어떤 위로도 주어지지 않습니다. 그러나 하나님을 바라보며 하나님께 위로를 구하면, 오늘의 말씀 속에서 위로를 찾을 수 있습니다. 우리를 보고 계시고 지키시는 주님은 자기에게 위로를 구하는 자에게 위로의 손길을 내미십니다. 그 위로에 즉각적인 부활과 즉각적인 회복이 없을지는 몰라도, 그럼에도 살아가게 하시는 도우심이 있습니다.

물론 우리가 알아 두어야 할 것은 하나님이 모든 사람을 부활시키실 그날, 곧 세상을 새롭게 하실 그날이 오기까지는 죽은 자들이 살아나는 일을 보지 못할 것입니다. 그러나 기도의 응답은 종종 볼 수 있습니다. 즉, 병이 악화되는 속도를 늦춰주는 긍휼을 맛볼 수는 있지만, 죽은 자가 다시 돌아오는 일은 볼 수 없을 것입니다. 하나님께서는 이 세상에서 죽은 자가 다시 살아나도록 역사하지 않으십니다. 그럼에도 우리의 소망은 하나님께 있습니다. 산 자의 하나님이 그분의 선하심으로 우리를 붙들어 주시기 때문입니다.

우리는 사랑하는 사람이 다시 살아났으면 좋겠다고 하지만, 그게 실제로 그 사람에게도 기쁨이 되는지는 알 수 없습니다. 죽었다가 살아나는 사람은 낙원에 갔다가 다시 이 세상에 오게 되는 건데, 여러분 같으면 낙원에 갔다가 다시 오고 싶겠어요?

낙원에 가게 되면, 이 세상을 살고 있는 산 자에 대한 하나님의 선하심을 곧바로 알게 될 것입니다. 지금 당장은 무너질 것 같을지라도, 지나고 나면 그것들도 다 과거가 됩니다. 그런 상황 속에서 하나님의 위로를 구하는 자에게는 위로가 있고 붙드심이 있습니다. 문제를 보고 자신을 포기하는 것은 죄입니다. 우리의 죄 된 마음은 얼마든지 파괴와 불경건과 거부와 하나님을 향한 저항의 이유를 찾아냅니다. 그러나 그것들은 충분한 이유가 못 됩니다. 산 자는 살아야 하는 것입니다. 신자는 마지막 날에 우리를 다시 살리신다는 약속, 부활의 소망, 인생의 끝 날에 낙원에 들어갈 것을 바라보면서 살아야 합니다.

주님이 과부의 아들을 살리신 데는 이유가 있습니다. 16-17절은 이렇게 말합니다.

> "모든 사람이 두려워하며 하나님께 영광을 돌려 이르되 큰 선지자가 우리 가운데 일어나셨다 하고 또 하나님께서 자기 백성을 돌보셨다 하더라 예수께 대한 이 소문이 온 유대와 사방에 두루 퍼지니라."

과부의 아들이 살아났다는 소문이 온 동네에 퍼졌습니다. 모든 사람이 두려워하며 하나님께 영광을 돌렸다는 말씀에서 결국 인생의 본분이 무엇인지 생각해보게 됩니다. 인생은 죄 아래 있는 것이고, 슬픔을 피할 수 없는 것입니다. 직장 생활에 있어서 얼마나 스트레스가 많은가요? 그런데 견디잖아요. 피하고 싶고 벗어버리고 싶지만, 짊어지고 해내잖아요. 군 생활 또한 너무 힘든 것이지만, 견디고 때가 되면 그 생활을 벗어버리게 됩니다. 인생은 그런 무거운 짐을 지고 사는 것이지만 언젠가는 그것을 모두 벗어버릴 날이 있습니다. 주님은 그 가운데서 우리의 목표가 하나님께 영광을 돌리는 데 있어야 한다고 말씀하십니다. 누군가는 "평안한 인생을 주셔야 감사와 영광을 돌리지요"라고 말할 수 있어요. 그러나 주님께서는 우리의 환경을 그렇게 인도하지 않으십니다. 하나님은 우리가 그분 외에는 소망이 없음을 알게 되는 데서 소망을 찾게 하십니다. 땅을 보고 소망을 찾는 것이 아닙니다. 그러니까 땅에 있는 일로 실망스러워도 못 살 것처럼 낙심하지 말라고 하십니다. 속이 상하고 괴로워도, 주님을 바라보세요. 나의 죄를 속하시고 나를 자녀 삼으시고 용서하시고 내 영혼을 품에 안으신 주님을 바라보면 평안하잖아요. 평안의 위로 가운데서 이 땅의 일들로 얻는 곤고함과 절망과 낙심을 이겨내세요. 이것이 하나님께 영광을 돌리는 것입니다.

현실을 핑계로 하나님을 떠나는 사람은 그 어디에서도 위로를 찾지 못할 것입니다. 과부가 겪은 슬픔의 일은 개인의 잘못으로 인해 형벌로 주어진 게 아니었습니다. 성경에 그런 암시는 없습니다.

그러나 우리는 본문을 통해, 과부가 겪은 기가 막힌 슬픔이 곧 우리의 인생이라는 것을 알 수 있습니다. 우리는 과부와 크게 다른 인생을 살고 있는 것이 아닙니다. 이 세상은 다 죄 아래에 있기 때문입니다. 따라서 이 세상을 살아가는 신자에게 있어서 유일한 소망은 우리의 죄를 대신 짊어지시고 우리의 형벌을 자기의 몸과 영혼에 다 받으신 우리의 대제사장 예수 그리스도뿐입니다. 오직 부활이요 생명이신 예수 그리스도 그 한 분뿐입니다. 답은 하나님밖에 없고, 예수님밖에 없고, 여러분의 믿음 생활밖에 없습니다. 믿음 안에서 우리의 현실과 상황을 새롭게 보게 해주시고, 견딜 만한 영적 담력을 주시며, 하나님 안에서 기뻐하면서 결핍과 박탈로 인한 슬픔과 아픔을 이기게 해달라고 기도하세요. 물론, 그 슬픔이 사라지고 환경이 바뀌게 해달라고 기도할 수도 있습니다. 그러나 편해지기 위한 기도보다 더욱더 중요한 기도는 여러분이 각각 주님 앞에서 굳건히 설 수 있기를 기도하는 것입니다. 그것이 유일한 답입니다.

빌립보서 1장을 보면, 사도 바울이 감옥에 갇혀 있습니다. 그런데 도리어 그 사실을 기뻐하며 바울을 괴롭게 하려고 투기와 분쟁으로 그리스도를 전파하는 자들이 있습니다(15절, 17절). 이것은 바울에게 몹시 괴로운 일일 것입니다. 그렇지만 그는 그 상황에서 "내게 사는 것이 그리스도니 죽는 것도 유익함이라"라고 이야기합니다(21절). 이것은 사는 재미가 그리스도에게 있다고 말하는 겁니다. 사도 바울은 자기의 처지를 초월한 사람입니다. 그는 죽기 직전의 포로와 같았고, 금방이라도 사형당할 처지였습니다. 그가 겪은 고난은 무수히 많습니다. 그런데 그는 그런 아픔들을 갖고 있으면서도 그리스도를 바라보고 그 모든 것을 견뎠습니다. 바울은 "차라리 세상을 떠나서 그리스도와 함께 있는 것이 훨씬 더 좋은 일이라"라고 말하며(23절), 그 믿음 안에서 하루하루를 살았습니다.

그러나 우리 안에는 생에 대한 집착이 있어요. 성도들은 하고 싶은 일이 많고, 해야 할 일도 많다고 하죠. 그리고 오랫동안 건강하게 살고 싶어 해요. 그런데 하나님이 오늘 여러분을 부르시면 어떻게 하실 건가요?

그것은 참으로 기쁜 일이요, 우리가 사는 동안에 가져야 할 소망입니다. 다만 우리가 이 땅에 사는 동안에 해야 하는 일도 주께로부터 받고 있을 뿐입니다. 주님이 허락하시지 않는 인생의 때에 미련을 두면서 하늘의 부르심을 기뻐하지 않을 성도는 없을 것입니다. 그 믿음 안에서 우리는 오늘 하루를 사는 것입니다. 그러면 세상에서 겪는 일도 달리 보입니다.

결론

주님은 본문을 통해, 예수님이 그 과부의 아들을 살리신 것처럼 우리의 영혼을 살리셨고 우리가 영생을 얻었다고 말씀해주십니다. 그리고 마지막 날에 우리 모두를 살리실 것인데, 그날에는 우리의 아픔과 곡하는 것이 모두 사라질 것이라고 약속하십니다. 이 약속은 우리에게 위로와 소망이 됩니다. 엘가나가 한나에게 "어찌하여 그대의 마음이 슬프냐 내가 그대에게 열 아들보다 낫지 아니하냐"라고 말한 것처럼, 주님이 우리에게 "어찌하여 힘들어 하느냐. 내가 너희에게 너희가 잃어버리고 울고 있는 것보다 낫지 아니하냐"라고 말씀하시는 것입니다.

사도 바울은 "내가 약한 그 때에 강함이라"고 말하며, 오히려 "그리스도를 위하여 약한 것들과 능욕과 궁핍과 박해와 곤고를 기뻐"한다고 말합니다(고후 12:10). 그리스도께 붙들려 사는 이 믿음은 푯대를 분명히 하지 않으면 불가능한 것입니다. 사도 바울은 우리 앞에 가장 심한 핍박과 박해 가운데도 믿음을 지킨 한 모범적인 인물로만 서 있지 않습니다. 바울은 그 가운데서도 그리스도께서 주신 바 된 구원의 은총이요 위로가 무엇인지를 크게 맛본 사람입니다. 따라서 사도 바울은, "이 땅에서 잘 살고 장수하며 물질적, 현세적 복을 누리는 사람이 하나님이 주시는 복을 가장 많이 누리는 사람이다"라는 우리의 생각을 완전히 뒤집습니다.

바울은 전혀 다른 곳에서 신자의 참된 행복을 찾았습니다. 우리가 약할 때 오히려 그리스도가 강해지니, 그것이 기쁨이라는 것입니다. 예수 안에 있는 사람에게 참된 행복과 위로는 무엇입니까? 그리스도입니다. 그런데 어떤 상황에서 그런 고백을 해야 더 부각되고 드러날까요? 강할 때일까요, 아니면 약할 때일까요? 바로 약할 때입니다.

여러분, 우리에게는 모두 약함이 있습니다. 괴로움이 있고 눈물도 있습니다. 그러나 잊지 마세요. 바로 그때, 그리스도께서 강해지십니다. 그리고 그분은 우리에게 "내가 너와 함께 있으니, 너무 지나치게 울지 말라"고 말씀하십니다.

> "형제들아 자는 자들에 관하여는 너희가 알지 못함을 우리가 원하지 아니하노니 이는 소망 없는 다른 이와 같이 슬퍼하지 않게 하려 함이라"(살전 4:13).

이 말씀이 여러분 개개인의 삶에 적용되어져서 주 안에서 복된 믿음으로 위로받기를 주의 이름으로 축복합니다.

2장
이스라엘의 불평과 원망과 탐욕

민수기 11장 1-15절

[1]여호와께서 들으시기에 백성이 악한 말로 원망하매 여호와께서 들으시고 진노하사 여호와의 불을 그들 중에 붙여서 진영 끝을 사르게 하시매 [2]백성이 모세에게 부르짖으므로 모세가 여호와께 기도하니 불이 꺼졌더라 [3]그 곳 이름을 다베라라 불렀으니 이는 여호와의 불이 그들 중에 붙은 까닭이었더라 [4]그들 중에 섞여 사는 다른 인종들이 탐욕을 품으매 이스라엘 자손도 다시 울며 이르되 누가 우리에게 고기를 주어 먹게 하랴 [5]우리가 애굽에 있을 때에는 값없이 생선과 오이와 참외와 부추와 파와 마늘들을 먹은 것이 생각나거늘 [6]이제는 우리의 기력이 다하여 이 만나 외에는 보이는 것이 아무 것도 없도다 하니 [7]만나는 깟씨와 같고 모양은 진주와 같은 것이라 [8]백성이 두루 다니며 그것을 거두어 맷돌에 갈기도 하며 절구에 찧기도 하고 가마에 삶기도 하여 과자를 만들었으니 그 맛이 기름 섞은 과자 맛 같았더라 [9]밤에 이슬이 진영에 내릴 때에 만나도 함께 내렸더라 [10]백성의 온 종족들이 각기 자

기 장막 문에서 우는 것을 모세가 들으니라 이러므로 여호와의 진노가 심히 크고 모세도 기뻐하지 아니하여 [11] 모세가 여호와께 여짜오되 어찌하여 주께서 종을 괴롭게 하시나이까 어찌하여 내게 주의 목전에서 은혜를 입게 아니하시고 이 모든 백성을 내게 맡기사 내가 그 짐을 지게 하시나이까 [12] 이 모든 백성을 내가 배었나이까 내가 그들을 낳았나이까 어찌 주께서 내게 양육하는 아버지가 젖 먹는 아이를 품듯 그들을 품에 품고 주께서 그들의 열조에게 맹세하신 땅으로 가라 하시나이까 [13] 이 모든 백성에게 줄 고기를 내가 어디서 얻으리이까 그들이 나를 향하여 울며 이르되 우리에게 고기를 주어 먹게 하라 하온즉 [14] 책임이 심히 중하여 나 혼자는 이 모든 백성을 감당할 수 없나이다 [15] 주께서 내게 이같이 행하실진대 구하옵나니 내게 은혜를 베푸사 즉시 나를 죽여 내가 고난 당함을 내가 보지 않게 하옵소서

누구나 겪는 슬픈 인생

어린 시절로 돌아가서 인생을 다시 살아보겠냐고 누가 질문한다면 거기에 대하여 언뜻 좋다고 대답하기는 쉽지 않을 것입니다. 물론 과거의 인생에 대해 아쉬움이 있어서 과거로 돌아가서 무언가를 새롭게 해보고 싶은 마음에 좋다고 대답할 수도 있을 것입니다. 하지만 곰곰이 생각해보면, 슬프고 아프고 힘들고 괴로웠던 과거의 인생을 어떻게 한 번 더 다시 살아내겠는가 하며 고민할 것입니다. 무엇보다도 마음속의 죄로 시달려 온 일들을 생각하면, 과거로 돌아가 다시 죄의 길을 따라 살기를 바라지 않을 것입니다.

우리는 성실하게 살지만 실패하기도 하고, 열심히 하지만 결과를 얻지 못하기도 합니다. 왜 내게 이런 일이 있는가? 회사 생활을 성실하게 하는데도 내 삶은 왜 이런가? 아침부터 잠도 못 자고 일을 했는데 결과가 왜 이런가? 사람들과 나름 잘 지낸다고 생각했는데 인간관계가 왜 이렇게 어려운가? 살다 보면 이런 일도 있고 저런 일도 있으며, 관계의 아픔도 마주하게 됩니다.

인생을 살다 보면 많은 일들을 겪게 됩니다. 속수무책으로 슬픔의 일을 겪을 경우, 우리는 어떻게 해야 할지 모르고 그저 비탄하고 탄식하며 괴로워합니다. 이때, 그 누구도 우리의 괴로운 마음, 탄식의 마음, 슬픈 마음을 멸시하거나 조롱할 수 없습니다. 그때는 오히려 같이 아파하고 이해해주는 동정과 공감이 필요합니다.

그런데 여기서 주목할 것은, 신자가 그 슬픔과 비탄과 아픔이 아무리 크더라도 그것 때문에 하나님을 향해 불평하거나 원망해서는 안 된다는 것입니다. 그것은 죄입니다. 슬퍼하고 탄식하고 아파하는 것과 하나님께 불평하고 원망하는 것은 근본적으로 성질이 다릅니다. 하나님을 향한 분명한 신앙을 가진 신자라도 곤경과 역경을 맞닥뜨리면 아파하고 슬퍼할 수 있습니다. 그리고 그렇게 하게 되어져 있습니다. 그러나 하나님에 대한 불평과 원망은 실제로 이렇게 말하는 것과 다름없습니다. "하나님은 이 모든 고난 뒤의 가해자이십니다. 하나님이 나를 이렇게 만드신 것이니 하나님은 나쁘십니다. 어떻게 제게 이러실 수가 있습니까?" 이것은 하나님을 판단하는 일이 됩니다. 그리고 하나님을 판단하는 것은 그분을 정죄하고 비판하는 것이기에 죄가 됩니다.

모름지기 인생 중에 누구라도 피할 수 없는 슬픔과 역경이 있을 것입니다. 우리는 그 일에 슬퍼하고 탄식할 수는 있지만, 하나님을 원망해서는 안 됩니다. 이것은 특히 모든 신자에게 주어진 신앙의 원리이며 올바른 자세입니다. 왜 신자가 하나님께 불평하고 원망하면 안 될까요? 불평과 원망의 성질이 무엇인지 살펴보고, 하나님이 우리에게 베푸신 많은 선한 것들을 생각해보면 그 이유를 알 수 있습니다.

이스라엘 백성들의 불평과 원망

민수기 11장 1-15절을 살펴봅시다. 본문을 보면, 이스라엘 백성이 하나님을 원망합니다.

> "여호와께서 들으시기에 백성이 **악한 말로** 원망하매"(1절).

사실 히브리어 원문에는 "악한 말로"라는 단어가 없습니다. 원문은 "백성이 악한 것으로 인하여 원망하였다"인데, 원망은 말로 하는 것이니까 "악한 말로"를 덧붙여서 번역한 것입니다. 원망을 듣기 좋고 따뜻한 말로 하진 않으니까요. 따라서 1절은 그들이 하나님께 불평하고 원망할 때, 감히 입에 담을 수 없는 악한 언어와 표현으로 했다는 사실을 보여줍니다. 그런데 한 가지 주목할 것은, 그 부분을

"악한 말로"가 아니라 문자 그대로 "악한 것으로"라고도 번역할 수 있다는 것입니다. 그리고 여기서 말하는 "악한 것으로"는 악과 역경과 고난을 함축하고 있습니다. 즉, 이스라엘 백성이 자기들이 겪은 역경과 고난 때문에 하나님을 원망하였다는 말입니다. 백성들은 자기들이 겪고 있는 역경, 광야 생활의 불편함 등을 이유로 하나님을 원망합니다.

사람이 하나님을 향해 할 수 있는 말은 오직 찬송뿐입니다. 사람은 하나님을 찬송하는 것 외에 어떤 다른 성질의 말을 쏟아내면 안 됩니다. "하나님, 저를 도와주세요. 저를 불쌍히 여겨주세요."와 같은 간구와 탄식도 찬송입니다. 왜냐하면 사람을 도와주실 분은 오직 하나님뿐이시고, 그분만이 나를 불쌍히 여겨주실 수 있으니까 간구와 탄식도 찬송을 전제로 하는 것입니다. 원망에는 악한 말과 악한 뜻과 악한 표현이 담겨 있습니다. 따라서 그것을 정당화할 수 있는 것은 아무것도 없습니다. 백성들은 광야 생활이 불편했을 것입니다. 시내산까지 오는 데만 11개월, 거의 일 년이 걸렸습니다. 약 200만 명의 이스라엘 백성들은 시내산에서 십계명을 받고 다시 한 번 대열을 정돈해서 가나안 땅을 정복하기 위해 나아갑니다. 그런데 이때, 그들이 하나님 앞에 새로운 소망을 얻고 나아가기보다는 걸음을 떼자마자 불평과 원망을 쏟아냅니다.

이들은 처음부터 하나님을 향해 불평했던 사람들입니다. 바로의 압제 속에서 출애굽하기 전에도 불평과 원망을 했습니다. 그 당시 모세가 바로에게 이스라엘 백성을 데리고 나가겠다고 했을 때,

바로가 그들에게 더 무거운 고역을 주었기 때문입니다. 그들은 자기들에게 가해지는 노역이 세지니까 모세를 향해 원망합니다. 그들은 하나님께 "아브라함의 언약을 기억하사 우리를 구원하소서"라고 기도하지 않고, 모세에게 "너 때문에 더욱더 고역을 당하고 저들의 칼에 죽게 생겼다"라고 말하면서 원망합니다. 그들은 출애굽 이후에도 계속 불평하고 원망합니다. 유월절 사건 후에 바로가 이스라엘 백성들을 보내주어, 그들은 모든 재물을 가지고 애굽을 떠났습니다. 그런데 애굽의 대군이 그들을 쫓아왔고, 그때 그들의 뒤에는 바로의 군사들이, 앞에는 홍해 바다가 놓여 있게 됩니다. 그러자 그들은 그 앞에서 하나님이 행하신 열 가지 기적, 하나님이 언약을 기억하사 마침내 바로의 손에서 구해주신 사랑의 일들을 전부 잊어버립니다. 그들은 "왜 우리를 애굽에서 이끌어 내어 이와 같이 광야에서 죽게 하는가"라고 말하며, 다시 하나님과 모세를 원망합니다. 그러나 그럼에도 하나님이 기적을 베푸사 바다가 열렸고, 그들은 홍해를 건넜습니다. 그러나 그들은 이적을 보고서도 하나님에 대한 신뢰를 갖지 못했습니다. 당장 3일 길을 진행하자 마실 물이 없었고 마라라는 곳에서 드디어 물을 발견했지만 물이 써서 먹을 수 없었습니다. 그러자 그들은 하나님과 모세를 향해 원망합니다. 그들은 계속해서 불평하고 원망합니다. 그런 상황에서 그들은 두 가지를 원망합니다.

"우리가 애굽에 있을 때에는 값없이 생선과 오이와 참외와 부추와

파와 마늘들을 먹은 것이 생각나거늘 이제는 우리의 기력이 다하여 이 만나 외에는 보이는 것이 아무 것도 없도다 하니"(5-6절).

그들은 만나를 하찮게 여깁니다. 그리고 다른 먹을 것이 없는 상황에 대해 불평을 쏟아냅니다. 그리고 또 하나는, 물이 없어 목말라 죽게 되었다고 이렇게 탄식합니다.

"백성이 모세에게 원망하여 이르되 우리가 무엇을 마실까 하매"(출 15:24).

그러나 돌아보면, 이스라엘 백성 가운데 물이 없어 목말라 죽거나 먹을 것이 없어 주려 죽은 자는 단 한 명도 없었습니다. 하나님은 반석에서 물을 내셨고 만나와 메추라기로 먹을 것을 공급해 주셨습니다. 그러나 그들은 계속해서 불평하고 원망합니다. 마침내는 가나안 땅에 12명의 정탐군을 보냈는데 10명의 정탐꾼이 가나안에 사는 사람들이 매우 크고 강해 보인다고 말하자(민 13:31-33), 백성들이 겁을 잔뜩 먹고는 하나님을 아예 떠날 작정을 합니다.

"어찌하여 여호와가 우리를 그 땅으로 인도하여 칼에 쓰러지게 하려 하는가 우리 처자가 사로잡히리니 애굽으로 돌아가는 것이 낫지 아니하랴 이에 서로 말하되 우리가 한 지휘관을 세우고 애굽으로 돌아가자 하매"(민 14:3-4).

이스라엘 백성들은 그들 중에 대장을 세워서 애굽으로 돌아가려고 했습니다. 이에 하나님이 진노하십니다.

하나님을 불평하고 원망하는 이유

오늘 본문을 통해 탐욕에 대해 다루려고 합니다.

> "그들 중에 섞여 사는 다른 인종들이 탐욕을 품으매 이스라엘 자손도 다시 울며 이르되 누가 우리에게 고기를 주어 먹게 하랴"(민 11:4).

그들의 광야 생활은 당연히 불편했을 것입니다. 그러나 하나님은 그 상황 가운데 그들이 주려 죽거나 목말라 죽지 않도록 계속해서 그들을 보호해 주셨습니다. 여기서 주목할 것은, 하나님의 보호하심이 그들에게는 만족스럽지 않았다는 것입니다. 따라서 그들은 생존의 절대 필요 때문이 아니라 탐욕 때문에 하나님을 원망하고 불평했습니다. 그들은 더 많은 것과 더 편한 것을 원했고, 광야에서 그것을 이루지 못하니 과거의 일들을 마치 누렸던 것처럼 착각해서 과거의 일을 아름답게 보고 현재를 더 비관적으로 보았습니다. 사람들은 종종 현재에 불만이 있으면 과거의 일을 생각하고 그때가 더 좋았다고 말합니다. 과거가 좋았다고 말하면서 현재에 주신 하나님의 은혜를 사소하게 여기고, 그 인도하심의 섭리를 간과해버립니다. 그러고는 이내 불만을 터뜨립니다. 성경은 그러한 것을 탐욕 때문이라고 말합니다. 이스라엘 백성은 탐욕 때문에 하나님 앞에서 죄를 범했고, 마침내는 조직을 갖춰서 하나님을 떠나 애굽으로 돌아가기로 작정합니다. 조직적인 반항이 일자, 하나님은 그들을 내어치십니다. 하나님은 자기에게 반역했던 20세 이상의 사람들, 곧 1세대가 전부 가나안 땅에 들어가지 못하고 광야에서 죽을 것이라는 심판의 말씀을 하십니다. 그리고 그 말씀대로, 그들은 전부 광야에서 죽습니다. 하나님은 염병으로 만 사천칠백 명을 죽이기도 하십니다. "고라의 일로 죽은 자 외에 염병에 죽은 자가 만 사천칠백 명이었더라"(민 16:49). 모세는 광야를 지나며 계속해서 하나님께 기도합니다. "하나님, 이 백성을 불쌍히 여겨주시고 이 백성을 살려주옵소서. 차라리 저를 데려가시고 이들을 살려주옵소서." 사실상, 이스라엘 백성은 애굽에서부터 광야를 지나면서 매일의 은혜를 받았습니다. 따라서 그들은 자고 일어나면 새벽에 드리워지는 만나를 보고, 하나님이 베푸시는 손길로 살아가는 인생에서 그분의 신실하심과 보호하심과 자비하심을 찬송할 수도 있었습니다. 또한 반석에서 물이 나오는 기적을 보면서, 하나님이 우리를 잊지 않고 계시다는 것을 느낄 수도 있었습니다. 그러나 그들은 그 모든 은혜를 다 간과해버리고, 하나님을 향해 찬송이 아니라 불평과 원망을 쏟아냄으로써 그들의 불신앙을 나타냅니다.

우리는 이스라엘 백성들처럼 불편한 생활을 하거나 혹은 어렵고 고통스럽고 아프고 슬프고 역경이요 곤경이요 환난이라고 말할 수밖에 없는 일을 당할 경우, 탄식할 것입니다. 어떤 사람이 탄식하는 일을 가지고, 그 사람에게 신앙이 없다고 말하지 마세요. 그리스도인도 아프면 탄식이 나오고, 주님 앞에 눈물로 지새워 기도를 합니다. 그런데 그 탄식은 불평과 원망과는 성격이 다릅니다. 불평과 원망은 "하나님이 선하시다면 왜 이런 일을 내게 주시는가. 그분에게 능력이 있다면 왜 이런 일을 내게 허락하시는가. 날 사랑하신다면 이럴 수 없어. 하나님은 사랑이 아니시고 선한 분도 아니야. 하나님은 나쁘셔."라고 말합니다. 불평과 원망에는 모든 일에 대해 하나님을 판단하고 정죄하고 비판하는 신학적 관점이 담겨 있습니다.

말라기 선지자가 활동했던 당시에도 이스라엘 백성들은 불평하고 원망합니다. 그들은 하나님이 자기들을 사랑하지 않으신다고 말합니다.

> "여호와께서 이르시되 내가 너희를 사랑하였노라 하나 너희는 이르기를 주께서 어떻게 우리를 사랑하셨나이까 하는도다"(말 1:2a).

또한, 그들은 하나님의 제사를 멸시하여 하나님께 가장 선한 것으로 드리기를 거부하고 병든 양을 제물로 바칩니다.

> "만군의 여호와가 이르노라 너희가 또 말하기를 이 일이 얼마나 번거로운고 하며 코웃음치고 훔친 물건과 저는 것, 병든 것을 가져왔느니라 너희가 이같이 봉헌물을 가져오니 내가 그것을 너희 손에서

받겠느냐 이는 여호와의 말이니라"(말 1:13).

그 당시 이스라엘 백성들의 영적 상태는 매우 악했습니다. 그들은 하나님이 자기들에게 베푸신 은혜와 돌봄과 보호하심 등, 그 사랑의 손길을 전부 기억하지 않았습니다.

사람들은 결핍으로 인해 상처를 받으면 그것을 너무 과장해서 받아들이고, 그간 하나님께 받았던 사랑과 위로와 아름다운 것들은 간과하면서 지금 당장 죽게 되었다고 말합니다. 그리고 그 일로 하나님을 대적하기까지 합니다. 사람들은 왜 이렇게 악하게 하나님을 원망하는 것일까요? 그 이유는 인간이 타락했기 때문입니다. 인간은 타고난 성향이 부패합니다. 따라서 하나님은 출애굽해서 광야를 지나 가나안 땅으로 가는 데 빠르고 쉬운 길로 이스라엘 백성들을 인도하지 않으셨습니다. 그들은 애굽의 종살이에서 해방은 되었으나, 하나님이 약속하신 가나안 땅에 들어가기까지 그분의 계획대로 훈련과 연단을 받아야 했습니다. 따라서 "하나님은 열흘이면 들어가는 가나안 땅을 왜 사십 년이나 돌아가게 인도하셨는가" 묻는 사람에게 이렇게 대답할 수 있습니다. "이스라엘 백성들을 광야로 인도하신 것이 하나님의 크신 사랑의 보살핌이었다." 즉, 그들은 광야 생활을 겪지 않았다면 하나님의 은혜를 깨닫지 못했을 것입니다. 그들은 그곳을 지나며 하나님의 선하심을 발견했고 그제서야 비로소 가나안 땅에 들어갈 수 있었습니다.

이와 마찬가지로, 하나님은 우리의 인생 가운데 광야 생활을 허락하십니다. 우리가 놓인 처지는 각각 다르지만, 하나님은 그분의 섭리 가운데 우리를 부르셨습니다. 따라서 우리는 하나님이 우리를 항상 붙잡아주신다는 사실을 기억해야 합니다.

하나님의 선하심을 깨닫는 일

하나님은 이스라엘 백성에게 다음과 같이 약속의 말씀을 하셨습니다.

> "내가 오늘 명하는 모든 명령을 너희는 지켜 행하라 그리하면 너희가 살고 번성하고 여호와께서 너희의 조상들에게 맹세하신 땅에 들어가서 그것을 차지하리라"(신 8:1).

그리고 다음 구절은 하나님이 왜 이스라엘 백성들을 광야로 이끄셨는지, 즉 그분이 광야의 일을 통해서 원하시는 바가 무엇인지를 분명하게 보여줍니다.

> "네 하나님 여호와께서 이 사십 년 동안에 네게 광야 길을 걷게 하신 것을 기억하라 이는 너를 낮추시며 너를 시험하사 네 마음이 어떠한지 그 명령을 지키는지 지키지 않는지 알려 하심이라"(신 8:2).

하나님은 이스라엘 백성들이 광야의 길을 걸을 때 그들을 낮추시고 시험하시며, 그들의 마음이 어떠한지 그 명을 지키는지 지키지 않는지 알고자 하셨습니다.

하나님은 우리가 고난과 환난 가운데 그분의 선하심을 깨닫고 이러한 고백을 하기 원하십니다. "하나님, 저는 부패한 자입니다. 저는 만나를 하찮게 여기고 반석의 물을 가볍게 여기며, 저에게 베풀어 주신 하나님의 은총을 기억하지 못했습니다. 저는 하나님께 죄를 범하였습니다. 저를 불쌍히 여겨주옵소서." 하나님은 우리가 이렇게 낮아지도록 때로는 우리를 광야로 보내십니다.

> "너를 낮추시며 너를 주리게 하시며 또 너도 알지 못하며 네 조상들도 알지 못하던 만나를 네게 먹이신 것은 사람이 떡으로만 사는 것이 아니요 여호와의 입에서 나오는 모든 말씀으로 사는 줄을 네가 알게 하려 하심이니라"(신 8:3).

인간은 부패하고 죄악된 환경에 조금만 있어도 이내 곧 하나님을 떠납니다. 따라서 만나를 통해 사람이 떡으로만 사는 것이 아니라 하나님의 말씀으로 산다는 것을 일깨워주신 것입니다.

다음의 말씀에서도 하나님이 왜 이스라엘 백성들을 광야로 이끄셨는지, 즉 그분이 광야의 일을 통해서 원하신 바가 무엇인지 분명하게 나타납니다.

> "이 사십 년 동안에 네 의복이 해어지지 아니하였고 네 발이 부르

트지 아니하였느니라"(신 8:4).

"네가 먹어서 배부르고 아름다운 집을 짓고 거주하게 되며 또 네 소와 양이 번성하며 네 은금이 증식되며 네 소유가 다 풍부하게 될 때에 네 마음이 교만하여 네 하나님 여호와를 잊어버릴까 염려하노라…"(신 8:12-14).

하나님은 이스라엘 백성들이 가나안 땅에 들어가 풍요를 누릴 때, 마음이 교만하여 자기를 잊어버릴까봐 광야 생활을 먼저 허락하셨습니다. 하나님은 먹고 배부른 것과 아름다운 집과 소유 등이 그들을 살리는 것이 아니라, 하나님의 말씀이 그들을 살린다고 가르쳐주십니다. 하나님은 만물보다 더 부패한 것이 사람의 마음이라는 것을 아시기 때문에, 가나안 땅에 들어가기 전에 광야 생활을 허락하사 그들을 낮추셨고 기적들을 행하사 그들이 하나님을 알고 그분만을 섬기는 자가 되도록 하셨습니다.

우리는 인생을 살면서 때로 불편한 일, 역경, 환난, 고난 등을 겪습니다. 그것들이 없는 인생이 어디 있겠습니까? 그렇다면 신자는 그런 일을 맞닥뜨릴 경우, 어떻게 감당해야 할까요? 하나님의 보호하심을 믿어야 합니다. 그리고 인생의 행복에 대해 말할 때, 물질, 건강, 사업의 번성, 욕망의 만족 같은 것들을 기준으로 삼지 않도록 경비해야 합니다. 욕망이 앞서면 하나님의 뜻을 다 이해하지 못하고, 하나님의 명령을 전부 불편하게 여기면서 그것이 자기를 억누른다고 생각합니다. 예를 들어, 마음에 미움이 가득 찬 사람, 간음하는 사람은 "살인하지 말라. 간음하지 말라"는 말씀이 불편할 것입니다. 하나님의 말씀은 우리가 죄인이라는 사실을 드러내기 때문입니다.

우리가 가져야 할 자세

불평과 원망이 죄인 이유에 대해 더 살펴봅시다. 탄식과 슬픔과 아픔 자체는 죄가 아니며 환난으로 인해 나타나는 일반적인 감정입니다. 상처가 나면 아픈 것처럼, 환경이 어려우면 마음이 눌리고 편하지 않습니다. 악한 생각도 마음을 근심하게 만드는데, 실제적인 생활 속에 어려움이 닥치면 우리는 당연히 근심할 수밖에 없습니다. 그리스도인이라 할지라도 그것을 괴로워하는 자체는 불신앙의 요소가 아닙니다. 하나님은 그 아픔을 다 아시는 분입니다. 그러나 예상치 못한 어려움이 닥쳤다고 해서 하나님을 원망하는 것은 분명한 죄입니다. 하나님은 당신이 겪는 환난과 역경 때문에 원망을 들어야 할 분이 아니십니다. 만일 당신이 "하나님이 날 사랑하신다면 이러실 수 없어. 내가 이런 일을 겪는 것은 하나님이 날 사랑하지 않기 때문이야."라고 생각한다면(자기가 판단을 내리고 하나님을 원망할 수 있는 충분한 이유가 있다고 생각한다면), 당신은 참 하나님을 믿지 않고 있다는 신앙의 문제를 드러내는 것입니다. 자기 안에 잘못된 신앙을 가지고, 하나님이 아닌 다른 신을 만들어 내면 안 됩니다.

모세는 탄식하며 하나님께 이렇게 기도합니다.

"모세가 여호와께 여짜오되 어찌하여 주께서 종을 괴롭게 하시나이까 어찌하여 내게 주의 목전에서 은혜를 입게 아니하시고 이 모든 백성을 내게 맡기사 내가 그 짐을 지게 하시나이까 이 모든 백성을 내가 배었나이까 내가 그들을 낳았나이까 어찌 주께서 내게 양육하는 아버지가 젖 먹는 아이를 품듯 그들을 품에 품고 주께서 그들의 열조에게 맹세하신 땅으로 가라 하시나이까 이 모든 백성에게 줄 고기를 내가 어디서 얻으리이까 그들이 나를 향하여 울며 이르되 우리에게 고기를 주어 먹게 하라 하온즉 책임이 심히 중하여 나 혼자는 이 모든 백성을 감당할 수 없나이다 주께서 내게 이같이 행하실진대 구하옵나니 내게 은혜를 베푸사 즉시 나를 죽여 내가 고난 당함을 내가 보지 않게 하옵소서"(민 11:11-15).

불평과 원망과는 다르게, 우리는 하나님 앞에서 탄식하고 기도할 수 있습니다. 그리고 여기서 더 나아가 우리가 가져야 할 자세가 있습니다. 그것은 바로 그러한 상황 가운데서도 하나님을 찬양하는 것입니다.

"보좌에 앉으신 이와 어린 양에게 찬송과 존귀와 영광과 권능을 세세토록 돌릴지어다"(계 5:13b).

요한계시록에 쓰인 대로, 하나님은 찬양받기 합당한 분이십니다. "세세토록"은 '어떤 경우에도'라는 의미를 갖습니다. 그렇다면 누가 하나님께 영광을 돌려야 하나요? "하늘 위에와 땅 위에와 땅 아래와 바다 위에와 또 그 가운데 모든 피조물이" 해야 합니다(계 5:13a). 하나님은 인간에게 역경으로 인해 탄식할 수 있으나 불평과 원망은 하지 말라고 말씀하시고, 나아가 찬양하라고 하십니다. 누군가는 그런 하나님을 강압적이라고 말할지도 모릅니다. 그러나 하나님께 불평과 원망을 하는 사람은 절대로 자기가 처한 슬픔에서 헤어 나올 수 없습니다. 그런 자는 오히려 그 역경 가운데 갇힌 자가 되고 하나님의 은혜의 손길과 위로하심을 얻지 못합니다.

본문의 말씀은 우리가 살아가는 삶의 측면을 넘어서서 영적인 측면에까지 교훈을 가져다줍니다. 광야 생활 당시에 이스라엘 백성들은 만나를 하찮게 여겼는데, 사실상 만나는 예수 그리스도의 생명의 떡, 곧 복음을 상징합니다. 오늘날의 그리스도인 가운데 교회 안에는 있으나 복음을 하찮게 여기는 사람들이 있습니다. 이스라엘 백성들이 광야 생활 속에서 겪는 고난과 아픔 때문에 만나를 주신 하나님의 은총을 하찮게 여겼던 것처럼, 오늘날의 신자도 인생을 살면서 자기 생활에서 겪는 불편함과 어려움 때문에 복음을 하찮게 여기거나 업신여기곤 합니다. 그러나 이 말씀은 그것이 죄라고 말하면서, 복음이 신자에게 어떤 의미인지를 다시 한번 상기시켜줍니다. 어쩌면 매일 먹는 만나가 지겹다는 것처럼 매일 듣는 복음이 지겹다고 하는 그리스도인들도 있을 것입니다. 그러나 복음은 우리의 슬픈 인생을 감당할 힘을 주는 매일의 양식이며, 우리가 한평생 들어야 할 말씀입니다.

결론

여러분은 십자가의 은혜로 살고 있습니까? 여러분에게 십자가의 감동이 있습니까? 만약 십자가 앞에서 눈물이 없다면, 여러분의 심령을 위해 기도하십시오. 그리고 성령님의 역사하심 가운데 하나님의 말씀에 순종하면서 살아가는 성도의 아름다움에 참여하십시오.

이 세상의 부귀와 영광은 잠깐이요, 그리스도 안에서 성도로 부르사 들어가게 하신 하나님의 영광은 영원한 것입니다(벧전 5:10). 성경은 곳곳에서, 모든 인간은 죄인이고, 예수 그리스도만이 생명이 되시며, 하나님의 긍휼만이 우리를 구하실 수 있고, 죄인된 우리는 성령님의 역사하심 가운데 말씀대로 살아가야 한다고 말합니다. 또한 우리가 예수 그리스도의 다시 오심과 새 하늘과 새 땅의 약속을 바라보며, 오늘 하루의 인생을 어떻게 살아야 하는지 계속해서 말합니다. 복음을 소홀히 여기지 마십시오. 광야 생활 가운데 만나를 업신여기고 유익한 교훈을 받아들이지 못한 이스라엘 백성들(1세대)은 하나님이 자기들에게 베푸신 모든 은혜를 보지 못했고, 결국 광야에서 죽고 말았습니다.

요한복음 6장에서 예수님을 따르던 많은 사람들이 다 떠나갔고, 예수님은 열두 제자에게 이렇게 말씀하십니다. "예수께서 열두 제자에게 이르시되 너희도 가려느냐"(67절). 이에 베드로가 이렇게 대답합니다. "시몬 베드로가 대답하되 주여 영생의 말씀이 주께 있사오니 우리가 누구에게로 가오리이까 우리가 주는 하나님의 거룩하신 자이신 줄 믿고 알았사옵나이다"(68-69절). 예수님을 따르는 일들이 배부르고 부요한 일은 아니었을 것입니다. 그러나 베드로는 영생의 말씀이 예수님께 있는 줄 알았고, 예수님이 영생이신 줄 알고 따랐습니다. 베드로가 걸어간 그 길은 사도의 길이었습니다. 그리고 그 길은 오늘날 우리가 걸어가야 할 길입니다.

인생 가운데 어떤 고난과 역경이 있다 할지라도 언제나 하나님의 은혜를 보는 믿음의 눈을 가지세요. 하나님이 우리에게 주신 것들을 세어 보세요. 작은 결핍과 상실로 인해 이제껏 받은 큰 은혜를 헤아리지 못하는 미련하고 눈이 어두운 자가 되어서, 하나님을 향하여 탄식을 넘어 불평과 원망을 해서는 안 됩니다. 인생은 무력하고 연약하고 유한하고 슬픈 것임을 알고, 우리의 참 소망이 되시는 예수 그리스도 안에서 만족을 누리세요. 우리는 어려운 상황 가운데서도 다음과 같이 고백해야 합니다. "그리스도께서 나를 사랑하사 주의 백성으로 삼으셨으니 이 얼마나 큰 은혜인가. 살아온 인생을 돌아보니, 하나님이 나를 사랑하사 모든 고난과 역경을 통과하게 하셨네."

하나님을 향하여 불평과 원망을 하지 말고, 하나님이 주시는 소망과 새로운 힘으로 살아가세요. 그러면 마음에 용기와 감사가 생기고, 슬픔을 이길 만한 기쁨도 찾아오고, 새로운 삶을 바라볼 수 있을 것입니다. 하나님은 자기를 원망하는 자를 징계하시고, 그가 자신이 죄인인 줄 알고 다시 주 앞에 나오도록 이끄십니다. 이 말씀이 여러분에게 놓인 인생 가운데에 잘 적용되어서 여러분의 삶 가운데 하나님의 은혜가 흘러넘칠 수 있기를 바랍니다. 하나님은 여러분을 사랑하시고 언제나 붙들고 계십니다.

3장
애통의 절규 가운데 올려드리는 찬송의 역설

시편 13편 1-6절

[1]여호와여 어느 때까지니이까 나를 영원히 잊으시나이까 주의 얼굴을 나에게서 어느 때까지 숨기시겠나이까 [2]나의 영혼이 번민하고 종일토록 마음에 근심하기를 어느 때까지 하오며 내 원수가 나를 치며 자랑하기를 어느 때까지 하리이까 [3]여호와 내 하나님이여 나를 생각하사 응답하시고 나의 눈을 밝히소서 두렵건대 내가 사망의 잠을 잘까 하오며 [4]두렵건대 나의 원수가 이르기를 내가 그를 이겼다 할까 하오며 내가 흔들릴 때에 나의 대적들이 기뻐할까 하나이다 [5]나는 오직 주의 사랑을 의지하였사오니 나의 마음은 주의 구원을 기뻐하리이다 [6]내가 여호와를 찬송하리니 이는 주께서 내게 은덕을 베푸심이로다

인간의 타락 이후에 시작된 슬픈 인생

그리스도인은 슬픔과 고난을 맞닥뜨렸을 때 하나님을 원망하면 안 됩니다. 슬픔과 아픔과 고난의 일은 성도들이 겪는 일반적인 일과 다를 것이 없습니다. 그리고 하나님이 원망을 들으실 이유가 없기 때문에 우리는 어떠한 일이 있어도 하나님을 원망하면 안 됩니다.

우리가 슬퍼하고 탄식하는 일들은 하나님이 태초에 천지를 창조하셨을 때 만드신 일들이 아닙니다. 하나님은 천지를 창조하시고 "보시기에 좋았더라"라고 말씀하셨고, 그곳은 그분께서 일곱째 되는 날 편안히 안식하시듯 쉼과 평강과 기쁨이 있는 그런 곳이었습니다. 그런데 인간이 하나님의 말씀에 불순종하였습니다. 따라서 인간의 타락 이후에, 이 세상에는 슬픔과 아픔과 고통 그리고 저주가 생겼습니다.

> "또 여자에게 이르시되 내가 네게 임신하는 고통을 크게 더하리니 네가 수고하고 자식을 낳을 것이며 너는 남편을 원하고 남편은 너를 다스릴 것이니라 하시고 아담에게 이르시되 네가 네 아내의 말을 듣고 내가 네게 먹지 말라 한 나무의 열매를 먹었은즉 땅은 너로 말미암아 저주를 받고 너는 네 평생에 수고하여야 그 소산을 먹으리라 땅이 네게 가시덤불과 엉겅퀴를 낼 것이라 네가 먹을 것은 밭의 채소인즉 네가 흙으로 돌아갈 때까지 얼굴에 땀을 흘려야 먹을

것을 먹으리니 네가 그것에서 취함을 입었음이라 너는 흙이니 흙으로 돌아갈 것이니라 하시니라"(창 3:16-19).

실제로 인간관계의 갈등 문제도 이 타락 이후에 시작됐다고 전해집니다. 그리고 그때부터 살인과 음욕으로 인한 일부다처제 등이 일어났습니다. 심지어는 성경 구절에 나오는 여러 가지 비참한 표현들도(원수, 고통, 저주, 수고, 땀 흘림, 너는 흙이니 흙으로 돌아갈 것이니라 등) 인간의 타락 이후에 등장합니다. 이러한 일들은 창조 세계 당시에는 없었고, 사람이 죄를 범한 이후에 하나님이 이를 심판하시면서 나타났습니다. 하나님이 심판하신 일들이 사람들의 삶 속에 어려움과 고통과 슬픔을 가져다준다고 해서 그 심판을 행하신 이를 가리켜 악하다고 원망할 수는 없습니다.

인생을 사는 가운데 우리가 구할 위로와 소망

우리가 세상에서 겪는 슬픔과 악한 일들이 인간의 타락 이후에 생겨난 것이라면, 슬픔과 악한 일로 충만한 세계 속에서 살아가는 우리들은 어디에서 소망을 찾고 어디에서 위로를 구하며 살아야 하나요? 오직 하나님의 긍휼과 자비에서 그 답을 찾으세요. 우리를 향하신 그분의 긍휼과 자비는 창세기 3장 15절에 밝히 드러나 있습니다.

"내가 너로 여자와 원수가 되게 하고 네 후손도 여자의 후손과 원수가 되게 하리니 여자의 후손은 네 머리를 상하게 할 것이요 너는 그의 발꿈치를 상하게 할 것이니라 하시고."

이 말씀은 우리의 구주가 되신 예수 그리스도가 이 땅에 오셔서 이루실 구원 사역으로, 마귀를 궤멸하고 심판할 것을 약속하신 말씀입니다. 우리의 소망은 오직 예수 그리스도뿐입니다. 수고와 슬픔뿐인 이 세상에서 예수 그리스도를 의지하지 않고 다른 곳에서 위로와 소망을 찾는다면, 그것은 헛수고요 더욱더 비참한 결과를 맞이할 것입니다. 오직 우리의 의지할 바는 우리가 죄인임에도 불구하고 우리를 사랑하시어 그리스도를 내어주신 하나님의 긍휼과 자비, 그리고 그분의 선하심입니다.

타락 이후로 인생은 슬픔과 아픔과 고통이 가득한 세상을 살아가면서 여러 역경, 환난, 고난 등을 겪습니다. 어떤 이는 잘못한 것이 아무것도 없는데 어려움에 처하고 큰 환난과 아픔을 당합니다. 어떤 이는 한 음주운전자로 인하여 교통사고를 당하고, 교통 법규를 무시한 차로 인해서 온 가족이 엄청난 사고를 당하기도 합니다. 이런 사고와 슬픔은 이 세상을 짓누릅니다. 이전에 있었던 세월호 사건은 우리 모두에게 슬픔뿐만 아니라 분노까지도 자아내게 했습니다. 세상에는 이러한 일들이 가득 차 있습니다. 또한, 우리는 누군가에게 책임이 있다고 딱 짚어 말하기도 어려운 그런 불행을 당하기도 합니다. 어떤 성실한 근로자는 회사가 구조조정을 한다는 이유로 실직하게 됩니다. 그리고 이후에도 상황이 계속 여의치 않자 결국 경제적으로 큰 어려움을 겪게 되고 말할 수 없는 슬픔과 아픔에 잠깁니다. 질병을 앓게 된다면 그 질병 때문에 누구를 탓할 수 있을까요? 건강 문제는 건강으로 그치지 않고 생계의 문제로 이어지며, 인생 전체를 어그러뜨립니다. 세상에는 악한 자들의 탐욕으로 인해서 슬픔을 당하게 되는 일들이 많이 있습니다. 세상에는 악한 자들이 많이 있으며, 숱한 범죄 사건들이 있습니다. 그리고 범죄 사건이 많다는 것은 결국, 희생자들의 슬픔과 고통과 눈물 또한 많다는 것을 의미합니다. 주위 사람들이나 당신의 인생을 돌아보면서 한번은 겪었을 그러한 일들을 생각해보세요. 당신은 이 세상이 죄에 대한 하나님의 심판으로 사망의 징조, 사망의 냄새로 가득 차 있다는 사실을 알게 될 것입니다.

자기 자신의 마음을 들여다보세요. 우리의 심령은 맑고 따뜻하지 않으며, 사랑, 위로, 온유, 오래 참음과 같은 것으로 가득 차 있지도 않습니다. 신자의 마음도 그렇지 못할진대, 세상에 드리워져 있는 하나님의 심판 아래 살아가는 많은 사람들과 그 가운데 공중의 권세 잡은 마귀의 일이 온통 어우러져 우리 인생을 힘들게 만듭니다. 만일 그 가운데서 비교적 편한 인생을 살고 있다면, 그 인생은 아주 특별한 인생일 뿐입니다. 이러한 인생을 사는 가운데 우리가 구할 위로와 소망은, 우리를 죄와 사망의 권세에서 유일하게 구원하실 수 있는 예수 그리스도 한 분뿐입니다. 예수 그리스도를 믿는 것이 무엇인지, 왜 그리스도를 믿어야 하는지, 그리스도를 믿으며 살아가는 신앙이란 도대체 어떤 것인지 등, 이런 것들을 하나씩 배워 가면서 구습을 따르는 옛 사람의 모습을 벗어버리고, 성령님이 조명하시는 은혜로 깨닫고 세상을 다르게 보세요. 그럴 때, 우리는 소망을 가질 수 있고 간구하여 기도하는 능력 가운데 사는 위로도 받게 됩니다.

역설적인 애통의 시편

시편 13편은 슬픔과 고통을 탄식하는 애통의 시편을 대표하는 시 중 하나입니다. 애통의 시편은 150개의 시편 가운데 하나님의 사랑에 감사하고 구원받은 행복을 노래하는 시들과는 대조를 이룹니다. 시편 150편 가운데 약 15편 정도가 애통의 시로 분류됩니다. 인생이 슬프고 고통스러운 만큼 애통의 시도 그렇게 많은 것입니다. 애통의 시편은 어려운 상황 속에서 하나님께 절규하는 내용을 담고 있습니다. 그 내용은 낙심이고 분노이며 놓여진 상황에 대한 저항이요 항거이며 더 나아가 하나님에 대해 의문을 품는 것들입니다. 하나님은 하늘을 향한 의문과 처한 상황에 대한 저항, 분노, 낙심으로 가득 찬 이 언사적 표현들을 성경에 그대로 담아 놓으셨습니다. 다시 말해, 그것을 보고 불쾌히 여기거나 믿음 없는 자들이라고 내쳐버리거나 진노하지 않으셨고, 그 글을 성경에 그대로 두셨습니다. 그리고 우리로 하여금 읽게 하시고 그것을 읽는 주의 모든 백성들로 하여금 살아가는 현실 속에서 말씀의 계시를 통해 비추어 깨닫게 하셨습니다.

성경은 신자라 할지라도 살아가는 인생의 슬픔과 고통과 아픔을 무시하거나 멸시하면 안 된다고 말합니다. 믿음이 없어서 당하는 것이라고 말하지 않습니다. 주님은 순전하고 경건한 참 성도가 당하는 슬픔과 아픔을 귀히 보시고, 그분의 말씀을 계시하십니다. 그러니까 하나님은 우리에게 힘겹고 아프고 눈물이 나는데 겉으로는 치장하고 웃으면서 전혀 근심이 없는 자처럼 살아가도록 신앙의 이름으로 요구하시지 않는다는 말입니다. 하나님은 우리가 슬픈 인생의 시기에 울고 산발하고 재를 뿌리고 옷을 찢는 아픔으로 살아가는 그 모든 형편을 보고 계시면서 그대로 받으십니다. 하나님은 자기를 향해 품는 의심이나 의문의 질문들을 외면하지 않으시고 성경에 그대로 두시어 그러한 상황에 있는 신자가 그 말씀을 보고 답을 찾도록 하십니다. 애통의 시편은 거의 모두가 그런 가운데서 하나님의 도움을 구하고 도움을 주실 하나님을 찬송하는 것으로 끝나는 특징을 갖고 있습니다. 애통의 시편은 단순하게 즐거움과 감사의 찬송으로 시작하고 끝나지 않으며, 대부분 눈물과 탄식과 절규로 시작해서 하나님을 찬송하는 역설과 역전과 반전으로 끝납니다. 우리는 이러한 시편에서 도대체 어떻게 역전과 반전이 가능한 것인지 묻고 배우게 됩니다.

슬픔과 고난의 상황

시편 13편 1-2절을 읽어보세요.

> "여호와여 어느 때까지니이까 나를 영원히 잊으시나이까 주의 얼굴을 나에게서 어느 때까지 숨기시겠나이까 나의 영혼이 번민하고 종일토록 마음에 근심하기를 어느 때까지 하오며 내 원수가 나를 치며 자랑하기를 어느 때까지 하리이까."

직역하자면, "얼마나 오랫동안 그렇게 하실 건가요?"입니다. 성경은 직역하지 않고 "어느 때까지"라는 말을 사용하여 묻고 있습니다. "어느 때까지"라는 것은 일을 오랫동안 겪은 것을 암시하기 때문에, 성경은 '얼마나 오랫동안'이라는 말보다 "어느 때까지"라는 말을 사용하여 시편 기자의 탄식이 잘 드러나도록 했습니다. 1-2절에서는 "주님 이러한 일을 얼마나 오랫동안 내게 행하시나이까. 어느 때까지 제가 참아야 하고 당해야 하는 것입니까"라는 말이 무려 4번이나 반복됩니다. 1절은 이렇게 말합니다. "어느 때까지이니까 영원히 잊으셨나이까. 주님의 오랜 침묵이 영원으로 다가옵니다. 주님께서 침묵하시는 이 기간이 얼마나 긴 시간인지 알 수 없습니다." 고난을 받고 있는 시편 기자는 영원한 시간을 체감합니다. 그만큼 고통이 심했고 또 실제로 그가 인내할 수 있는 시간을 넘어서까지 힘든 일이 계속되었다는 사실을 암시합니다. 그 일이 무엇이기에 그리고 시편 기자가 어떤 사람이기에 이렇게까지 고통의 절규를 하였을까요? 이것은 다윗의 시입니다. 이 시편의 기자가 다윗이라는 사실은 우리에게 많은 생각을 하게 합니다.

"여호와는 나의 목자시니 내게 부족함이 없으리로다 그가 나를 푸른 풀밭에 누이시며 쉴 만한 물 가로 인도하시는도다"(시 23:1-2).

이 시편 말씀은 다윗의 찬양입니다. 이 말씀 속에서 다윗의 심령은 평온하고 풍요로우며 안정되게 느껴지고, 평화의 기쁨이 넘쳐 보입니다. 그런데 그런 다윗이 시편 13편에서는 절규하고 있습니다. 주석가들은 다윗이 어떠한 상황 속에서 시편 13편의 애통의 시를 썼을까 찾아보았습니다. 사실 아무리 찾아보아도 단서가 없기 때문에 시편 13편이 다윗의 인생 가운데 어느 시기인지를 알긴 어렵습니다. 그러나 다윗이 슬프고 이런 심정을 담을 만한 그때가 언제인지 추론해볼 수는 있습니다. 아마도 남유다의 왕으로 기름부음을 받았으나 사울의 추격을 피해서 내내 쫓김을 당해야 했던 10년에 가까운 광야의 시기가 아닐까 유추해봅니다. 악은 성행하고 자신은 생명을 부지하기 위해 온 힘을 다해야 했던 그런 때 말입니다. 어쨌든 다윗의 상황을 다 알 수는 없지만, 당신이 하나님의 오랜 침묵을 경험한 신자라면, 이 시편 속에 있는 고백이 어렵지 않게 공감될 것입니다. 또한, 당신이 결핍이든 상실이든, 그런 고통 속에서 오랫동안 눈물로 기도해 왔고 그에 대한 하나님의 응답 대신 하나님의 오랜 침묵을 경험한 사람이라면, 이 말씀이 깊이 공감될 것입니다.

"주의 얼굴을 나에게서 어느 때까지 숨기시겠나이까"라는 말씀은 "하나님, 얼마나 오랫동안 주의 은택으로 은혜의 단비를 내려주지 않으시고 따뜻한 손길을 맛보지 못하게 하시고 냉정하고 차가운 상황으로 저를 몰아가실 것입니까"라는 말입니다. 우리는 하나님을 실제로 뵈올 수는 없습니다. 하나님의 은혜의 손길을 맛보아 아는 것, 그것이 그분의 얼굴을 보는 것입니다. 그것을 구하는 것은 우리에게 가장 큰 간구가 됩니다.

> "나의 영혼이 번민하고 종일토록 마음에 근심하기를 어느 때까지 하오며 내 원수가 나를 치며 자랑하기를 어느 때까지 하리이까"(2절).

2절 전반절을 보면, 다윗은 그런 상황 속에서 자신이 쏟은 노력에 대해 말합니다. "이토록 어려운 상황 속에서 내가 이것을 어떻게 피할 수 있을지 혹은 벗어날 수 있을지 염려하며 할 수 있는 모든 것을 해보았습니다. 내 영혼이 번민하고 종일토록 마음에 근심하지만, 아무런 소득이 없습니다. 주님, 제가 이런 번민과 고통을 언제까지 경험해야 합니까?" 그는 자신이 쏟은 노력이 아무 소용없음을 하나님 앞에 토설합니다. 그리고 그런 상황이 계속되는 것에 대해 2절 하반절에서 이렇게 말합니다. "내 원수가 나를 치며 자랑하기를 어느 때까지 하리이까." 즉, 다음과 같이 말하는 것입니다. "내 원수는 나를 대항하며 자기를 높이고 승하는데, 나는 점점 어렵고 상황이 나빠져서 원수의 조롱거리가 되는 일이 더욱더 심해집니다. 내가 번민하고 근심하는 것은 아무 소용없고 주님만이 답일진대, 나를 어느 때까지 이런 상황에 두려고 하십니까?" 원수는 점점 강해지고 다윗이 약해진다는 것은 하나님의 공의에 대한 신학적인 질문이 됩니다. "불의하고 악한 자는 승하는데 순전하고 경건한 하나님의 사람이 어려움을 당한다니, 하나님은 공의롭지 않으신 게 아닙니까? 어찌하여 불의를 향하여 잠잠하십니까? 이것은 불의요, 부조리요, 불합리한 것입니다. 어떻게 그러실 수가 있습니까?" 2절에 "어느 때까지"라고 외치는 다윗의 절규 속에 있는 내용들은, 신자가 하나님을 향해 입에 담을 수도 없는 원망을 하는 것처럼 보이기도 합니다. 그래서 그 말은 불신자가 믿음이 없는 가운데서나 외칠 수 있는 것이 아니냐는 질문이 나올 수도 있을지 모르겠습니다. 그러나 이 탄식과 절규는 하나님께 대한 원망이 아니며, 불신앙도 아닙니다. 오히려 이 탄식은 오직 하나님에 대한 강한 믿음을 기반으로 한 것입니다.

흔들림 없는 신앙과 간구의 내용

하나님은 성도가 흘리는 애통의 눈물을 귀하게 보십니다. 애통은 하나님을 믿을 때 뒤따라오는 것이기 때문입니다. 애통하는 것은 하나님을 원망하고 불평하며 그분의 신관을 왜곡하고 뒤트는 것이 아니라, 온전한 신관과 믿음의 전제 위에서 자기 상황의 애처로움과 피곤함과 고통을 하나님께 호소하는 것입니다. 이것은 역설적으로 하나님만이 이 모든 상황의 답이 되시며 하나님이 침묵하시면 나는 어디서 위로를 얻느냐는 절규요, 답을 구하고 있는 것입니다. 따라서 하나님은 신자의 애통을 귀하게 보십니다. 원망과 기도는 근본부터 성질이 다른 것입니다. 원망하는 사람은 하나님께 책임을 추궁하고 그분에게 책임을 요하며 그분을 비판적으로 판단합니다. 그러나 슬픔과 고통 가운데 간구하는 사람은 하나님을 향한 책임 추궁이 아니라 하나님의 크신 긍휼과 선하심에 기대어 기도를 드립니다. 이를 토대로 다윗은 3-4절에서 다음과 같이 간구합니다.

> "여호와 내 하나님이여 나를 생각하사 응답하시고 나의 눈을 밝히소서 두렵건대 내가 사망의 잠을 잘까 하오며 두렵건대 나의 원수가 이르기를 내가 그를 이겼다 할까 하오며 내가 흔들릴 때에 나의 대적들이 기뻐할까 하나이다."

다윗의 신앙은 아주 분명합니다. 곧 그는 하나님을 나의 하나님, 언약의 하나님, 약속의 하나님이라고 부릅니다. 다윗은 "여호와 내 하나님이여"라고 말하면서 하나님을 찾습니다. 이것이 하나님이 기뻐하시는 신자의 애통입니다. 하나님은 그리스도 안에 있는 모든 자들에게 자기를 '아빠 아버지'라고 부를 수 있는 놀라운 은혜를 허락하셨습니다. 그 은혜를 받은 우리는 하나님을 아버지라고 부르며 나아갈 수 있습니다. 만일 당신이 절망 중에 있고 하나님이 당신에게 오랫동안 침묵하셨을지라도, 그분이 여전히 내 아버지가 되신다는 사실을 굳게 믿고 나아가야 합니다. 다윗은 하나님과 자신의 관계를 의심하지 않고 흔들림 없는 고백으로 간구를 시작합니다. "언약의 하나님, 나를 생각하소서. 내게 응답하소서. 자녀를 눈동자처럼 지키시는 그 보호하심으로 나를 살펴보소서." 하나님께 "다 보고 계시지 않은가요?"라고 묻는 것은 주무시지 말고 일어나시라고 말하는 게 아닙니다. 이 말씀은 "하나님, 나를 돌아보소서. 내게 응답하소서. 하나님은 다 듣고 계시지 않습니까?"라고 주 앞에 간절히 구하는 것입니다.

그리고 이후에 다윗은 "나의 눈을 밝히소서"라는 특별한 기도로 간구합니다. 다윗은 그 상황 가운데 자기의 눈을 밝혀주셔서 무언가를 볼 수 있게 해달라고 기도합니다. 그것을 보지 못하면 어떤 일이 있을 것이라고 생각하며 그 은혜를 구합니다. 그는 "두렵건대 내가 사망의 잠을 잘까" 하오니 이런 일이 없도록 "나의 눈을 밝히소서"라고 기도합니다. 그렇다면 눈을 밝혀 달라는 것은 어떤 것을 의미할까요? 단순하게 자기 육체의 생명을 가리켜서 말하는 것이라고 생각할 수도 있지만, 이 간구에는 그것보다 더 깊은 의미를 지닌 것이 있습니다. 다윗은 결코 외면하지 않으시고 그 얼굴을 숨기지 않으시는 하나님께 언제까지 잊으시고 숨으실 것이냐고 절규할 수밖에 없는 자신의 상황에 비추어, 자기가 정말로 하나님이 숨으시고 잊으신 것이라는 잘못된 판단을 내려 하나님을 외면하고 떠나는 자가 되지 않도록 자기의 마음을 붙들어 달라고 한 것입니다. 따라서 그는 자기의 눈을 밝혀 달라고 기도했습니다. 영적 사망에 이른 사람은 하나님의 존재를 부정하고, 하나님을 가리켜 사랑이 아니라고 말합니다. 다윗은 영적 사망의 잠에 들어가지 않으려고, 자기를 불쌍히 여기시고 눈을 밝혀 달라고 하나님께 기도했습니다. "오랜 침묵 속에서도 하나님을 바라보게 하소서. 하나님이 얼굴을 숨기신 것 같은 상황에서도 외면하지 않으시는 하나님의 얼굴과 하나님이 비추시는 빛을 끝까지 믿고 바라보게 하소서. 사람들은 삶의 현실을 놓고 하나님을 판단하나, 저는 고난과 슬픔과 아픔이 있어도 그 뒤를 넘어 여전히 빛을 비추고 계시는 하나님을 바라보기 원합니다. 그것을 바라볼 수 있는 영적 안목을 주옵소서." 이 간구의 내용 자체가 이미 그가 그 은혜를 입은 자라는 사실을 드러냅니다. 하나님을 보지 못하는 일, 하나님에 대한 올바른 신앙의 안목을 놓치는 것보다 더 두렵고 끔찍한 일은 없기 때문에 이제는 자기의 상황을 넘어 주 앞에 하나님과 자신의 관계를 끝까지 붙들어 달라고 기도하는 것입니다.

아름다운 확신의 찬송

따라서 다윗은 5-6절에서 하나님 앞에 이렇게 기도합니다.

> "나는 오직 주의 사랑을 의지하였사오니 나의 마음은 주의 구원을 기뻐하리이다 내가 여호와를 찬송하리니 이는 주께서 내게 은덕을 베푸심이로다."

다윗은 3-4절에서 그러한 간구를 하고, 5-6절에서 놀랍게도 주 앞에 찬송을 드립니다. 만일 3-4절을 손으로 가리고, 1-2절과 5-6절을 바로 연결해서 읽는다면 도무지 이해하기 어려운 그런 이중 감정을 보게 될 것입니다. "여호와여 어느 때까지니이까 나를 영원히 잊으시나이까 주의 얼굴을 나에게서 어느 때까지 숨기시겠나이까 나의 영혼이 번민하고 종일토록 마음에 근심하기를 어느 때까지 하오며 내 원수가 나를 치며 자랑하기를 어느 때까지 하리이까"라고 외쳤던 그가 어떻게 해서 "오직 주의 사랑을 의지하였사오니 나의 마음은 주의 구원을 기뻐하리이다"라고 찬송할 수 있었을까요? 그렇게 할 수 있었던 이유는 3-4절에 나와 있습니다. 3-4절이 무엇이었나요? 하나님께 드리는 기도와 간구였습니다. 1-2절의 애통하는 상황 속에서도 하나님을 향해 드리는 3-4절의 기도가 있었습니다.

> "여호와 내 하나님이여 나를 생각하사 응답하시고 나의 눈을 밝히소서 두렵건대 내가 사망의 잠을 잘까 하오며 두렵건대 나의 원수가 이르기를 내가 그를 이겼다 할까 하오며 내가 흔들릴 때에 나의 대적들이 기뻐할까 하나이다."

기도의 내용은 상황에 대한 구체적인 지적과 변화를 구하는 것이 아니었습니다. 그 기도는 자기의 연약함을 놓고 하나님의 도우심만을 구한 기도였습니다. "하나님, 제 영적인 연약함과 그 한계를 잘 아시오니 이 상황 속에서 저를 붙드사 이 상황을 넉넉히 이길 수 있도록 도와주소서."

이 기도를 얼마나 오랫동안 어떻게 드려 왔는지 알 수는 없지만, 이 기도가 바로 1-2절에서 5-6절로 오게 한 힘이요 변화시킨 토대요 다리인 것을 분명하게 보여줍니다. 1-2절에서는 감정적인 호소를 했던 다윗이 마음의 변화를 받자, 5-6절에서는 놀랍게도 네 가지의 확신을 드러내며 이야기합니다. 첫째로 다윗은 하나님에 대한 사랑을 확신합니다. 그는 오직 주의 사랑과 주의 인자하심을 의지하겠다고 말합니다. 둘째로 하나님의 구원을 분명히 확신하고 기뻐한다고 말합니다. 셋째로 하나님을 찬송하는 일을 굳건히 하겠다고 확신합니다. 넷째로 하나님이 자기에게 은덕을 베풀어 주실 것을 확신합니다. 다시 말해, 살아계신 하나님에 대한 확신이요 그분의 구원에 대한 확신이요 그분을 찬송할 이유에 대한 확신이요 그분이 자기에게 은덕을 베푸실 것에 대한 확신입니다. 이 짧은 말씀 속에 확신이 네 번이나 나옵니다. "어느 때까지니이까"라고 외쳤던 갈등과 갈망과 고통의 소리가 5-6절에서는 네 번의 아름다운 확신의 찬송으로 바뀝니다. 시편 13편 1-2절은 시편 23편에서 고백하고 있는 신앙의 정서와 동떨어져 있는 것 같지만, 3-4절을 읽고 5-6절을 읽으면서 시편 23편과 다르지 않은 신앙의 정서와 고백을 볼 수 있게 됩니다.

> "여호와는 나의 목자시니 내게 부족함이 없으리로다 그가 나를 푸른 풀밭에 누이시며 쉴 만한 물 가로 인도하시는도다 내 영혼을 소생시키시고 자기 이름을 위하여 의의 길로 인도하시는도다"(시 23:1-3).

시편 23편 1-3절의 고백은 지극한 행복과 평안이 드리워져 있습니다. 패배는 없고 승리만 있고, 절망은 없고 소망만 있으며, 낙심은 없고 형통만 있는 듯한 아름다운 표현들입니다. 그러나 4-6절까지 읽어봐야 합니다.

> "내가 사망의 음침한 골짜기로 다닐지라도 해를 두려워하지 않을 것은 주께서 나와 함께 하심이라 주의 지팡이와 막대기가 나를 안위하시나이다"(4절).

다윗은 사망의 음침한 골짜기를 다녔는데, 그는 그 걸음 가운데서도 두렵지 않다고 말했습니다. 다윗은 하나님께 사망의 음침한 골짜기를 다니지 않게 해달라고 기도하지 않았습니다. 그는 사망의 음침한 골짜기에서도 하나님의 선하신 뜻과 섭리를 믿었습니다. 도리어 그는 "내 평생에 선하심과 인자하심이 반드시 나를 따르리니"라고 고백함으로(6절) 하나님께 영원한 찬송을 드렸습니다.

> "주께서 내 원수의 목전에서 내게 상을 차려 주시고 기름을 내 머리에 부으셨으니 내 잔이 넘치나이다"(5절).

지금은 악인이 승하여 자신이 이겼다고 자랑하겠지만, 그것은 결국이 아니요 마지막이 아니요 최종적인 것이 아닙니다. 결국에는 "주께서 내 원수의 목전에서 내게 상을 차려 주시고 기름을 내 머리에 부으셨으니" 내 잔이 넘쳐서 악인의 멸망과 의인의 승리를 보게 하실 것입니다.

교인의 장례를 치르는 경우, 대개 빈소에 성경을 펴 놓는데 보통 고인이 즐겨 읽은 말씀을 펴 놓습니다. 그러면 시편 23편을 종종 볼 수 있는데, 10개의 장례식을 간다고 하면 그중에 8-9개 정도는 시편 23편이 놓여 있습니다. 갈 길을 다 간 후에 주의 나라에 이른 인생을 돌아보면서, 우리는 시편 23편의 절절한 고백을 합니다. 이때 1-3절의 고백으로 그치지 않습니다. 4절이 우리 인생의 실상을 잘 반영하기 때문에 4절 말씀의 고백을 하게 됩니다.

> "내가 사망의 음침한 골짜기로 다닐지라도 해를 두려워하지 않을 것은 주께서 나와 함께 하심이라 주의 지팡이와 막대기가 나를 안위하시나이다"(4절).

결론

다윗의 행복은 "어느 때까지니이까"라고 절규할 상황이 없는 데에 있지 않았습니다. 그는 그러한 상황이 있었음에도 불구하고 "내 평생에 선하심과 인자하심이" 항상 따랐다고 말하며, 거기에 행복이 있다고 말합니다. 다윗은 그 선하심과 인자하심을 확인하고 깨달아 아는 데까지 기도해 왔습니다. 비록 지금은 캄캄한 터널 속을 걷고 있지만 하나님이 숨으시거나 잊어버리신 것이 아니라는 것을 알기 위해 눈이 뜨일 때까지 그 사이에 계속 기도한 것입니다. 그것이 13편 3-4절에 쓰인 기도입니다. 그리고 그 기도는 오직 하나님의 인자와 자비를 굳게 의지하는 가운데 한 것입니다.

여러분이 지금 슬픔과 애통 가운데 있다면(그게 아니더라도 지난 슬픔과 고난의 때를 기억해보면서), 이와 같이 고백하고 믿을 수 있기 바랍니다. 하나님은 여러분을 절대로 잊지 않으십니다. 그분은 그 은혜의 빛을 비춰주시는 얼굴을 절대로 감추지 않으십니다. 우리는 시편 13편을 읽고, 절망적인 상황에 있을지라도 하나님이 그런 분이심을 바라보고 주 앞에 그러한 영적 안목과 깨달음을 달라고 기도해야 합니다.

구약 교회의 어떤 성도는 하나님이 자신들을 버리셨다고 말했습니다. 이에 하나님은 이사야 선지자에게 그 교회에 가서 이렇게 선포하라고 말씀하셨습니다.

“여인이 어찌 그 젖 먹는 자식을 잊겠으며 자기 태에서 난 아들을 긍휼히 여기지 않겠느냐 그들은 혹시 잊을지라도 나는 너를 잊지 아니할 것이라”(사 49:15).

하나님은 구약 교회가 타락하여 자기를 배반한 자가 숱할지라도 남은 자를 향한 사랑을 절대로 잊지 않으셨습니다. 그 이스라엘 백성 중에 남은 자를 향한 하나님의 사랑이 한 번도 거두어진 적이 없으니, 하나님의 택함을 입고 그리스도 안에 있는 자기 자녀를 향한 하나님의 사랑은 그만큼 절대적입니다. 세상이 사라져도 그분의 사랑은 변하지 않습니다. 하나님은 이 세상이 다 허물어져도 새 하늘과 새 땅을 만드셔서 자기가 택한 자녀들을 그곳에 두십니다.

여기에 잊지 말아야 할 사실이 있습니다. 절망과 낙심과 고통의 순간에서도 하나님이 우리를 잊지 않으시는 이유는, 우리가 생명을 걸고 오지에 나간 선교사이거나 복음 사역을 위해 당신의 물질을 전부 내어드리고 가난한 삶을 살았거나 하나님을 위하여 온 육체의 힘을 다하여 헌신하는 자이기 때문이 아닙니다. 그리고 그러한 상황을 전제로 하여 우리가 어려움을 겪은 것이 아님을 기억해야 합니다. 이것은 아주 중요합니다. 하나님이 자기를 잊으신 것 같다고 종종 잘못 생각하는 이유 중 하나는 “내가 하나님 앞에서 사랑받을 만한 일을 아무것도 하지 못했으니, 이 절망과 낙심에서 그분이 나를 잊고 계신 것이 맞는 일이지” 하는 것입니다. 그러면서 하나님 앞에서 자신의 부끄러운 모습을 드러내며 체념하고 자기를 절망과 낙심으로 집어던집니다.

우리가 지금까지 이렇게 살아온 것은 다 하나님의 은혜입니다. 살아온 경험들을 기억하고 절대로 놓지 말아야 합니다. 하나님은 우리가 훌륭할 때는 잊지 않으시고 우리가 부끄러울 때는 자신의 얼굴을 숨겨버리시는 그런 하나님이 아닙니다. 그분은 징계로 우리를 다스릴 때도 우리를 잊지 않으시고, 용서와 오래 참음으로 우리를 다스릴 때도 우리를 잊지 않으시며, 우리에게 칭찬과 위로를 줄 때에도 우리를 잊지 않으시는 분입니다. 하나님은 우리의 형편과 처지와 관계없이 우리를 대해 주십니다. 그분은 다윗이 밧세바를 범했을 때도 다윗을 잊지 않으셨습니다. 주님은 그분이 택한 자녀들을 끝까지 사랑하십니다. "여인이 어찌 그 젖 먹는 자식을 잊겠으며 자기 태에서 난 아들을 긍휼히 여기지 않겠느냐 그들은 혹시 잊을지라도 나는 너를 잊지 아니할 것이라"(사 49:15).

하나님 앞에 나와 기도하면, 나를 잊지 않으시는 그 사랑의 감격을 누릴 수 있습니다. 여전히 어두운 길을 겪고 있다 할지라도 하나님 앞에 엎드려 기도하고 간구하면서 나아가면, 하나님은 주의 사랑과 주의 구원을 바라보게 하시고 여호와를 찬송하는 그 찬양을 내 입에 넣어주시며 주의 은택을 맛보게 하십니다. 이것은 하나님의 약속입니다. 당신이 이전에 그런 슬픔과 애통을 겪은 일이 있었다면 지금 이 말씀이 뜻하는 바를 알 수도 있을 것입니다. 모든 이가 겪는 슬픔과 애통은 같지 않지만, 어떤 사람은 "과거에 그런 때가 있었지. 그러나 지금 와서 보니 나는 이제 '슬퍼하는 자에게 화

관을 주어 그 재를 대신하며 기쁨의 기름으로 그 슬픔을 대신하'는 (사 61:3) 그 은혜를 알아"라고 말할 수도 있습니다. 그러나 어떤 사람은 그러한 상황 가운데 여전히 아파할 수도 있습니다. 우리는 짧은 인생을 살아가는 존재이지만, 하나님은 영원한 분이십니다. 우리가 슬픈 인생 가운데 하나님께 구할 것은, 죄악이 가득 찬 이 세상 속에서 성도로서 살아가는 힘입니다. 우리는 이 신앙에 기초해서 기도, 곧 간구를 해야 합니다. 간구는 눈물을 훔치게 하고 일어날 수 있게 합니다.

여기에 하나님의 약속의 말씀이 있습니다.

> "아무 것도 염려하지 말고 다만 모든 일에 기도와 간구로, 너희 구할 것을 감사함으로 하나님께 아뢰라 그리하면 모든 지각에 뛰어난 하나님의 평강이 그리스도 예수 안에서 너희 마음과 생각을 지키시리라"(빌 4:6-7).

즉, 하나님은 우리가 걸어가는 인생길에 성도로서 사는 데 필요한 은혜를 공급하고 붙들어주겠다고 말씀하십니다. 이 약속을 당신이 살아가는 인생 속에서 넉넉히 누리고 족하게 누리고 충만히 누려서, 시편을 읽을 때에 그 찬송을 당신의 찬송으로 적용하여 고백할 수 있기를 바랍니다.

4장
슬픈 인생을 돌보시는 하나님

시편 147편 1-20절

[1]할렐루야 우리 하나님을 찬양하는 일이 선함이여 찬송하는 일이 아름답고 마땅하도다 [2]여호와께서 예루살렘을 세우시며 이스라엘의 흩어진 자들을 모으시며 [3]상심한 자들을 고치시며 그들의 상처를 싸매시는도다 [4]그가 별들의 수효를 세시고 그것들을 다 이름대로 부르시는도다 [5]우리 주는 위대하시며 능력이 많으시며 그의 지혜가 무궁하시도다 [6]여호와께서 겸손한 자들은 붙드시고 악인들은 땅에 엎드러뜨리시는도다 [7]감사함으로 여호와께 노래하며 수금으로 하나님께 찬양할지어다 [8]그가 구름으로 하늘을 덮으시며 땅을 위하여 비를 준비하시며 산에 풀이 자라게 하시며 [9]들짐승과 우는 까마귀 새끼에게 먹을 것을 주시는도다 [10]여호와는 말의 힘이 세다 하여 기뻐하지 아니하시며 사람의 다리가 억세다 하여 기뻐하지 아니하시고 [11]여호와는 자기를 경외하는 자들과 그의 인자하심을 바라는 자들을 기뻐하시는도다 [12]예루살렘아 여호와를 찬송할지어다 시온아 네 하나님을 찬양할지어다 [13]그가 네

문빗장을 견고히 하시고 네 가운데에 있는 너의 자녀들에게 복을 주셨으며 [14]네 경내를 평안하게 하시고 아름다운 밀로 너를 배불리시며 [15]그의 명령을 땅에 보내시니 그의 말씀이 속히 달리는도다 [16]눈을 양털 같이 내리시며 서리를 재 같이 흩으시며 [17]우박을 떡 부스러기 같이 뿌리시나니 누가 능히 그의 추위를 감당하리요 [18]그의 말씀을 보내사 그것들을 녹이시고 바람을 불게 하신즉 물이 흐르는도다 [19]그가 그의 말씀을 야곱에게 보이시며 그의 율례와 규례를 이스라엘에게 보이시는도다 [20]그는 어느 민족에게도 이와 같이 행하지 아니하셨나니 그들은 그의 법도를 알지 못하였도다 할렐루야

슬픈 인생과 하나님의 돌보심

많은 그리스도인은 자기에게 주어진 인생을 신자로서 어떻게 살아가야 하는지 궁금해합니다. 인생을 살다가 여러 가지 문제를 맞닥뜨리다 보면 하나님이 자기와 멀리 계신 것처럼 느껴지고, 이 내 자신이 하나님 앞에 고백했던 대로 살아내지 못하는 모습을 발견하게 됩니다. 이 세상에는 아픔과 눈물과 슬픔과 괴로움이 끝도 없이 있습니다.

오늘 살펴볼 시편 말씀은 145편부터 150편까지 이어지는 일련의 찬양시입니다. 이 시편들은 각각의 독립적인 시인 동시에 하나의 연작시처럼 어우러져 있습니다. 내 마음이 편안할 때 이 시편 찬송들을 부르면 박수가 저절로 나옵니다. 시편 찬송은 하나님을 찬송하는 선하고 아름다운 도리를 행할 수 있도록 우리를 도와줍니

다. 시편 찬송은 선율보다 가사의 묵상을 통해 그 아름다움이 드러납니다. 따라서 우리가 기쁠 때나 슬플 때나 언제든 평안과 감사 속에서 하나님을 찬양할 수 있게 이끌어줍니다.

많은 그리스도인들은 이렇게 질문합니다. "하나님이 나를 그분의 자녀로 택하시고 그리스도의 보혈로 모든 죄를 씻겨주셨습니다. 그러나 심판이 계속되는 이 죄악된 세상 속에서 나는 신자로서 어떻게 살아야 할까요?" 그 질문에 하나님은 이렇게 대답하십니다. "내 아들아, 내 딸아. 새 하늘과 새 땅이 열릴 때까지 이 세상에는 슬픔과 저주와 아픔과 환난이 있겠지만, 너희들이 살아가는 상황 속에서 넉넉히 이겨낼 힘과 돌봄이 나로부터 끊임없이 있을 것이니 견디거라." 하나님의 이러한 말씀이 시편 찬양에도 담겨 있습니다. 특별히 하나님은, 교회를 통하여 우리를 돌보겠다고 말씀하십니다. 이것이 아주 중요하며 핵심적인 답입니다.

시편 147편은 1-6절, 7-11절, 12-20절로 3연으로 나누어져 있습니다. 여기서 각 연은 세 가지의 같은 내용을 강조하고 있습니다. 첫째, 하나님을 찬양해야 마땅하지 않느냐는 초청, 즉 찬양하라는 명령입니다. 이 명령은 각 연마다 제일 먼저 쓰여 있습니다. 둘째, 우리가 찬양을 해야 하는 이유에 대해 말합니다. 셋째, 찬양해야 하는 이유를 아는 자들과 그것을 알지 못하는 자들이 얼마나 많이 다른지 우리에게 보여줍니다. 그러면 이 세 가지 구성 요소가 각 연마다 어떻게 쓰여 있는지 살펴보면서, 하나님이 우리에게 주시는 위로와 돌보심의 의미를 알아봅시다.

하나님을 찬양하라

먼저 1절을 보겠습니다. 첫 번째 연에서 가장 먼저 나오는 말씀이기도 합니다.

> "할렐루야 우리 하나님을 찬양하는 일이 선함이여 찬송하는 일이 아름답고 마땅하도다."

1절에서 "찬양"을 선하고 아름다우며 마땅한 일이라고 말합니다. 여기서 찬송하는 일이 마땅하다는 것은 "찬송을 하지 않으면 못마땅한 일이 된다"고도 말할 수 있습니다. 못마땅하다는 말은 '어울리지 않다', '이상하다', '자연스럽지 않다'는 말입니다. 예를 들어 봅시다.

"예수님을 믿으시나요?"

"그럼요."

"당신은 하나님의 자녀이신가요?"

"그럼요."

"그렇군요. 그러면 당신은 하나님을 찬송하면서 살아가고 있나요?"

"아, 찬송은 가끔 해요."

당신은 이렇게 말할 수 없다는 것입니다. 당신이 하나님의 자녀라면, 이렇게 대답해야 마땅합니다. "네. 하나님을 찬송하면서 살아가고 있어요. 기쁠 때나 슬플 때나 제 삶의 목적은 오직 하나님을 찬양하는 것입니다."

어떤 새가 날지도 않고 걷지도 않으면서 자꾸 배로 기어가려고 하면, 우리는 그 새를 이상하게 생각하겠지요. 새는 날거나 걸어가야 해요. 마찬가지로, 성도는 자기의 상황과 살아가는 형편이 어떠하든지 하나님을 찬양하는 인생의 목적과 부름 가운데로 나아가야 합니다. 인생이 슬퍼서 하나님의 도움을 구하는 것도 찬양이 됩니다. 하나님은 자기 앞에 슬퍼하며 눈물 흘리는 기도를 찬양으로 받으십니다. 그것은 신자가 하나님만이 소망인 줄 알고 고백하며 나아가는 것이기 때문입니다. 또한, 주어진 일에 감사하고 기뻐하는 것도 찬양으로 받으세요. 하나님은, "하나님만이 모든 것의 주인이시며, 우리는 하나님의 은택으로 살아가는 피조물일 뿐입니다. 우리는 하나님 없이 아무것도 할 수 없습니다."라는 고백들 속에서 영광을 받으십니다. 따라서 성도는 하나님을 찬양해야 합니다. 하나님이 우리의 찬양을 통해 영광 받으시기 때문에, 하나님을 찬양하며 사는 것은 선하고 아름답고 마땅한 일이 됩니다.

두 번째 연으로 가서 7절을 보겠습니다.

> "감사함으로 여호와께 노래하며 수금으로 하나님께 찬양할지어다."

간단히 말해, 감사가 찬양의 동기가 되어야 한다는 것입니다. 슬프거나 어려운 일을 당해도 하나님께 불평하지 말고, 모든 아픔을 주 앞에 토로하고, 이 모든 일을 아시는 하나님이 당신의 인생을 선하게 이끄시고 그분의 뜻대로 이끄실 것을 믿는다는 고백을 드리세요. 그렇게 감사함으로 나아가야 합니다.

세 번째 연으로 가서 12절을 보겠습니다.

> "예루살렘아 여호와를 찬송할지어다 시온아 네 하나님을 찬양할지어다."

이 말씀은 예루살렘(시온)에게 찬양하라고 명령합니다. 예루살렘(시온)은 '교회'를 가리킵니다. 따라서, 교회요 성도요 하나님의 자녀들에게 다 나아와 하나님을 찬양하라고 말합니다. 여기서 명백히 찬양받으실 대상은 오직 하나님 한 분뿐이요, 그 찬양을 할 수 있는 자는 그분의 은혜를 입어 택함 받은 그분의 백성뿐입니다. 세상은 하나님을 찬양하지 못합니다. 그들은 하나님을 알지 못할 뿐 아니라 하나님을 찬양할 수 있는 대상도 아니기 때문입니다. 찬양은 오직 하나님의 자녀된 우리에게 주어진 특권입니다. 웨스터민스터 소요리문답 제1문은 "사람의 제일 되는 목적이 무엇입니까?"입니다. 그리고 그 답은 시편 147편 1절, 7절, 12절에 분명하게 쓰여 있습니다. 즉, 사람의 제일 되는 목적은 하나님을 영화롭게 하는 것과 그분을 영원토록 즐거워하는 것입니다. 연약한 피조물임에도 불구하고 우리가 무엇으로 하나님을 영화롭게 할 수 있을까요? 우리가 가진 세상의 돈과 권력과 지식으로는 그렇게 할 수 없습니다. 하나님은 우리가 하나님을 진정으로 받아들이고 그분의 말씀에 순종할 때, 영광을 받으십니다.

그렇다면 무엇으로 하나님을 영원토록 즐거워할 수 있을까요? 하나님을 즐거워한다는 말은 우리에게 주신 그분의 말씀을 사랑하는 것입니다. 말씀(교훈)의 단맛을 맛보아 알기 때문에 심령이 달달한 것입니다. 또한, 그리스도인은 하나님의 말씀을 통해 힘과 소망을 얻고 즐거워할 수 있습니다. 따라서 하나님을 영화롭게 하는 것과 하나님을 영원토록 즐거워하는 것을 넓은 의미로 "찬양"이라고 말할 수도 있습니다. 계속해서 각 연마다 첫 구절에서 "하나님을 찬양하라"고 명령하고 있는 이유는 무엇인가요? 다음의 구절들이 그에 대한 분명한 이유를 가르쳐줍니다.

하나님을 찬양해야 하는 이유

첫 번째 연으로 가서 2-3절을 보면, 우리가 왜 하나님께 영광을 돌려야 하는지에 대한 첫 번째 이유가 나옵니다.

> "여호와께서 예루살렘을 세우시며 이스라엘의 흩어진 자들을 모으시며 상심한 자들을 고치시며 그들의 상처를 싸매시는도다."

바로 우리를 향한 하나님의 선하심 때문입니다. 이 말씀은 너무 유명한 구절입니다. 이 구절은 역사적으로 보면, 이스라엘이 멸망하고 백성들이 바벨론의 포로로 끌려갔는데, 약속된 70년이 지나자 하나님이 그들을 다시 가나안 땅으로 돌아오게 하셨고, 따라서 그들이 하나님의 은혜의 손길을 노래하는 것이라고 해석할 수 있습니다. "예루살렘을 세우시며 이스라엘의 흩어진 자들을 모으"신 하나님을 어찌 찬양하지 않을 수 있을까요? 이 해석이 잘못된 것이더라도, 이 구절은 하나님의 은혜로운 손길을 찬양하고 있습니다. 즉, 하나님은 세상 속에 죄 가운데 흩어져 있는 상심한 자, 상처 입은 자, 곧 그분의 백성들을 불러 모아 안으십니다.

3절은 하나님을 찬양하는 것이 마땅하고 아름다운 또 다른 이유를 말하고 있습니다. 즉, 하나님이 상심한 자, 상처 입은 자를 교회 멤버로 불러 모으셨다는 것입니다. 우리는 예수 그리스도의 도움이 없이는 어떤 소망도 없는 죄인입니다. 우리는 마치 사마리아인 비유에서 나오는 강도를 만나 거반 죽게 된 자와 같습니다. 하나님은 예수 그리스도 안에서 그러한 우리를 불러주셨습니다. 고린도전서 1장 26-29절에서 사도 바울은 고린도 교회의 성도들을 특별한 말로 표현했습니다. "형제들아 너희를 부르심을 보라 육체를 따라 지혜로운 자가 많지 아니하며 능한 자가 많지 아니하며 문벌 좋은 자가 많지 아니하도다"(26절). 교회에는 지혜와 능력과 문벌이 뛰어난 자가 많지 않고, 세상은 그러한 것을 볼 때 우리를 하찮게 여길 수도 있습니다. 그러나 사도 바울은 다음의 원리를 말하고자 했습니다. "그러나 하나님께서 세상의 미련한 것들을 택하사 지혜 있는 자들을 부끄럽게 하려 하시고 세상의 약한 것들을 택하사 강한 것들을 부끄럽게 하려 하시며 하나님께서 세상의 천한 것들과 멸시 받는 것들과 없는 것들을 택하사 있는 것들을 폐하려 하시나니 이는 아무 육체도 하나님 앞에서 자랑하지 못하게 하려 하심이라"(27-29절). 그러나 세상에서 가진 자라고 해서 하나님 나라에 못 들어가거나, 연약한 자라고 무조건 하나님 나라를 보장받는 것은 아닙니다. 이 말씀은 우리가 육체로는 자랑할 수 없고, 육체를 자랑하는 자는 하나님 나라에 들어갈 수 없으니 하나님의 도우심만을 간절히 구하라는 겁니다. 우리는 하나님의 도우심으로 살아가는 연약한 육체임을 아는 이상 내 영혼의 살아가는 삶의 소망이 주님 외에는 어디에 있겠느냐고 생각하고, 살아계신 하나님의 말씀을 듣기 좋아하고 그분의 말씀 가운데 거하기를 좋아하고, 교회의 형제자매와 함께 어울리기를 좋아합니다. 그런 자들 안에 하나님 나라의 행복과 기쁨이 있으니, 하나님은 그런 자를 사랑한다고 말씀하십니다.

예수님은 산상수훈에서 "심령이 가난한 자는 복이 있나니 천국이 그들의 것임이요"라고 말씀하셨습니다(마 5:3). 누가복음은 "너희 가난한 자는 복이 있나니"라고 말합니다(눅 6:20). 여기서 가난한 자는 물질이 없는 것을 말하지 않습니다. 무언가가 없기 때문에 하나님을 의지하는 믿음을 나타내고자 그렇게 말한 것입니다. 심령(마음)이 상했다는 것은 크게 두 가지를 의미합니다. 하나는 율법을 어긴 죄 때문에 두려워서 생기는 근심입니다. 죄를 범한 자가 하나님의 법정에서 자기의 죄가 드러나고 심판받을 생각을 하니까, 인생이 캄캄하고 너무 두려워서 근심하는 것입니다. 다른 하나는, 복음으로 인한 마음의 상함입니다. 우리의 완악하고 교만한 심령은 복음으로 인해 깨어집니다. 죄인 것을 알면서도 변명과 핑계로 죄악된 일의 즐거움을 놓지 못하고 외면했던 우리 심령이 하나님 앞에 용서를 구하기 위해 엎드릴 때, 마음이 깨어지는 일이 생깁니다. 그렇다면 율법으로 인한 마음의 상함이 어떻게 하나님 앞에서 용서와 긍휼을 구하고 그로 인해 감사하는 마음으로 바뀔 수 있나요? 그것은 복음이 주는 위로의 약속 때문입니다.

요엘서 2장 13절을 보겠습니다.

> "너희는 옷을 찢지 말고 마음을 찢고 너희 하나님 여호와께로 돌아올지어다 그는 은혜로우시며 자비로우시며 노하기를 더디하시며 인애가 크시사 뜻을 돌이켜 재앙을 내리지 아니하시나니."

이 말씀을 주의해서 보지 않으면, 우리의 행위에 대한 대가로 은혜로우신 하나님의 인애를 맛보게 된다고 생각할 수 있습니다. 그러나 성경적인 해석은 결코 그렇지 않습니다. 사람은 죄로 인해 누구나 율법의 정죄 아래 있습니다. 하나님이 "여호와의 말씀이니라 내 말이 불 같지 아니하냐 바위를 쳐서 부스러뜨리는 방망이 같지 아니하냐"(렘 23:29)라고 말씀하신 것처럼, 그분의 말씀은 모든 것을 삼키는 불이요 바위도 산산조각 낼 수 있는 강한 것입니다. 이 말씀의 엄위로움 앞에서 우리의 죄가 샅샅이 드러나 쪼개지고 부서질 수밖에 없는 영혼의 두려움이 엄습할 때에 우리는 살길이 무엇인가 찾아야 합니다. 그것이 바로 하나님의 말씀입니다. "마음을 찢고 돌아오라"는 말씀을 주실 때 이미 전제되고 있는 것이 있는데, 그것은 하나님의 용서와 자비입니다. 하나님은 우리에게 "은혜로우시며 자비로우시며 노하기를 더디하시고 인애가 크시사 뜻을 돌이켜 재앙을 내리지 아니하시"는 분이시니, 그 하나님을 바라보고 돌아오라고 말씀하시는 것입니다.

하나님은 은혜를 알려주고 돌아오라고 말씀하십니다. 모든 사람들이 그 하나님을 바라보고 그 복음을 듣고 예수님을 믿고 구원받기를 바랍니다. 예수님이 십자가에 못 박혀 죽으신 것은 세상의 짐을 지고 죽으신 것이니 누구든지 회개하는 자마다 하나님의 용서를 받습니다. 우리는 마음을 찢고 그분께 돌아가야 합니다. 십자가를 받아들이고 붙들어야 합니다. 이 복음의 말씀이 마음에 심어지면, 이 말씀을 붙들고 죄를 고백하고 용서를 구하며 하나님 앞으로 나아가세요. 하나님이 크신 긍휼로 그 심령에 죄 사함의 은총과 하나님 자녀 됨과 의인이요 거룩한 자요 훗날에 영생을 보게 될 확신까지 부어주실 것입니다. 회개와 믿음이 먼저가 아니고 그리스도의 사랑이 먼저 있는 것입니다. 그분의 사랑이 먼저 있기 때문에 회개하고 믿으라고 외치는 것입니다. 복음으로 인하여 자신의 죄를 깨닫고 교만하고 완악한 마음을 깨뜨리고 물리칠 때, 그때의 무너진 마음을 가리켜서 상한 심령이라고 합니다. 하나님은 그런 자를 불러 모으십니다. 그리고 그런 자들을 모아 교회를 세우십니다. 이에 대한 말씀이 이사야서 57장 15절에 기록되어 있습니다.

> “지극히 존귀하며 영원히 거하시며 거룩하다 이름하는 이가 이와 같이 말씀하시되 내가 높고 거룩한 곳에 있으며 또한 통회하고 마음이 겸손한 자와 함께 있나니 이는 겸손한 자의 영을 소생시키며 통회하는 자의 마음을 소생시키려 함이라.”

이 말씀은 거룩한 곳에 영원히 거하시는 하나님이 통회하고 마음이 겸손한 자와 함께 계셔서 겸손한 자의 영을 소생시키시며 통회하는 자의 마음을 소생시키시니, 우리가 위로를 얻고 생명을 얻는다는 말입니다. 하나님은 죄악된 자를 멸시하지 않으시고 함께 거하십니다. 따라서 여전히 옛 구습을 다 버리지 못한 우리들에게도 이 땅에 사는 동안에 성령님이 내주하시는 것입니다. 그 은혜 때문에 우리가 죄로 인해 성령을 근심하게 해도, 하나님은 우리를 떠나지 않으시고 끝까지 붙들어주십니다.

사람은 죄의 유혹에 따라 이끌릴 때가 많습니다. 그러나 하나님은 그리스도인에게 은혜를 주사, 그들이 죄에서 돌이켜 주의 말씀으로 권면 받고 회개하고 다시 영적 힘을 얻게 하십니다. 예수님은 누가복음에서 다음과 같이 말씀하셨습니다.

> “주의 성령이 내게 임하셨으니 이는 가난한 자에게 복음을 전하게 하시려고 내게 기름을 부으시고 나를 보내사 포로 된 자에게 자유

> 를, 눈 먼 자에게 다시 보게 함을 전파하며 눌린 자를 자유롭게 하고 주의 은혜의 해를 전파하게 하려 하심이라 하였더라"(눅 4:18-19).

이 말씀은 이사야가 이미 예언한 말씀(사 61:1-3)을 예수님께서 인용하신 것입니다. 예수님은 이 말씀을 읽으시고 자신의 사역의 성격을 설명하셨습니다. 여기에 우리가 찬양할 이유가 있습니다. 바로 하나님이 우리를 부르셨기 때문입니다. 우리는 마음이 상한 자요, 주님의 돌보심이 필요한 자입니다. 실제로 그것 때문에 우리를 불러 모아 교회를 이루셨으니, 우리는 주님을 찬양할 이유가 있는 것입니다.

두 번째 연에서 주님을 찬양해야 하는 또 다른 이유를 설명합니다.

> "여호와는 말의 힘이 세다 하여 기뻐하지 아니하시며 사람의 다리가 억세다 하여 기뻐하지 아니하시고"(10절).

여기서 "말의 힘이 세다 하여"와 "사람의 다리가 억세다 하여"라는 말은 세상을 지배할 만한 힘과 능력을 의미합니다. 그러나 하나님은 그러한 것들 때문에 기뻐하지 않으십니다. 하나님은 시편에서 이런 말씀을 하셨습니다. "삼림의 짐승들과 뭇 산의 가축이 다 내 것이며 산의 모든 새들도 내가 아는 것이며 들의 짐승도 내 것임이로다 내가 가령 주려도 네게 이르지 아니할 것은 세계와 거기에 충만한 것이 내 것임이로다 내가 수소의 고기를 먹으며 염소의 피를 마시겠느냐"(시 50:10-13). 하나님은 우리가 가진 것(세상적인 힘과 능력)으로 자기에게 영광 돌리기를 바라지 않으십니다. 또한, 하나님은 사람들이 하나님의 영광을 위해 자기를 축복해 달라고(세상의 왕으로 삼거나 많은 재물을 주시거나 등) 간구하는 기도를 기뻐하지 않으십니다. 하나님이 그리스도인을 기뻐하시는 것은 그들의 높음과 강함과 부유함에 있지 않습니다. 하나님은 우리가 그분을 경외하고 그분의 인자하심을 바랄 때 기뻐하십니다.

> "여호와는 자기를 경외하는 자들과 그의 인자하심을 바라는 자들을 기뻐하시는도다"(11절).

따라서 우리는 하나님을 경외하고, 그분의 인자하심을 바라보아야 합니다. 우리는 죄인이기 때문에 하나님의 자비와 긍휼이 없이는 살길이 없고, 하나님은 높고 크시니 경외하지 않을 수가 없습니다. 이러한 신앙의 양태 안에서 주님을 바라보고 나아갑시다. 그럴 때에 하나님이 우리를 사랑해주실 것입니다.

이 원리를 모르는 바리새인들은 "나는 이레에 두 번씩 금식하고 또 소득의 십일조를 드리나이다"(눅 18:12)라고 말하며 자기의 열심을 자랑했습니다. 그러나 하나님 앞에서 자기를 높이는 순간, 그 예배는 아무것도 아닌 것이 됩니다. 이와 반대로 "세리는 멀리 서서 감히 눈을 들어 하늘을 쳐다보지도 못하고 다만 가슴을 치며 이르되 하나님이여 불쌍히 여기소서 나는 죄인이로소이다"(눅 18:13)라고 기도했습니다. 따라서 예수님은 바리새인들이 세리보다 못하다고 말씀하십니다. 예수님은 세리의 기도를 기뻐하셨습니다. 그분은 자기를 경외하고 자기의 인자하심을 바라는 자를 기뻐하시기 때문입니다. 우리가 하나님을 찬양해야 하는 이유가 여기에 있습니다. 가진 것이 많든 적든, 힘이 강하든 약하든 하나님을 경외하고 그분의 인자하심을 바라며 찬양하기 바랍니다. 지금 여러분의 마음을 들여다보아야 합니다. 하나님을 경외하고 그분의 인자하심을 날마다 생각하면, 일상 속에 다양한 관계 아래서 나의 생각과 마음과 행동과 말이 달라져서 나갈 것입니다.

13-15절은 우리가 하나님을 찬양해야 하는 세 번째 이유를 말합니다.

> "그가 네 문빗장을 견고히 하시고 네 가운데에 있는 너의 자녀들에게 복을 주셨으며 네 경내를 평안하게 하시고 아름다운 밀로 너를 배불리시며 그의 명령을 땅에 보내시니 그의 말씀이 속히 달리는도다."

이 말씀은 하나님이 이스라엘 백성들에게 가나안 땅에 들어가면 기름진 양식을 먹을 거라고 약속하셨던 말씀과 같습니다. 가나안 땅에서 하나님과 더불어 평안한 가운데 그분을 찬송하며 사는 자의 영적 행복과 하나님의 돌보심에 대해 말씀하신 것입니다. 하나님은 이를 위해 교회를 보존하십니다. 이것은 모든 교인들이 세상에서 복을 누리고 세상적인 기준에 따라 남보다 우월한 위치에 있다는 말이 아닙니다. 교회를 통해 하나님이 함께하심으로 우리를 평강으로 채워주신다는 것입니다. 하나님은 그분의 특별한 구원의 은혜를 받은 교회뿐 아니라, 그분이 만드신 세상을 향해서도 그분의 선하심을 나타내고 계십니다. 그 선하심 또한, 우리가 하나님을 찬송할 이유가 됩니다.

> "그가 별들의 수효를 세시고 그것들을 다 이름대로 부르시는도다 우리 주는 위대하시며 능력이 많으시며 그의 지혜가 무궁하시도다"(4-5절).
> "그가 구름으로 하늘을 덮으시며 땅을 위하여 비를 준비하시며 산에 풀이 자라게 하시며 들짐승과 우는 까마귀 새끼에게 먹을 것을 주시는도다"(8-9절).
> "눈을 양털 같이 내리시며 서리를 재 같이 흩으시며 우박을 떡 부스러기 같이 뿌리시나니 누가 능히 그의 추위를 감당하리요 그의 말씀을 보내사 그것들을 녹이시고 바람을 불게 하신즉 물이 흐르는도다"(16-18절).

말씀으로 천지 만물을 지으신 하나님이 오늘도 그 말씀과 그 능력으로 모든 것을 보존하고 계시니, 우리는 선하신 하나님을 찬양해야 합니다. 우리가 사는 이 세상은 비록 죄악 가운데 있지만 지옥은 아닙니다. 그러나 하나님이 이 세상을 죗값대로 심판하시면 바로 멸망의 자리가 될 것입니다. 하나님은 그러한 세상 가운데 교회가 존재할 수 있도록 선하심을 베풀어주시고, 자연 만물과 세상의 질서 또한 붙들어주고 계십니다. 그 가운데 베푸시는 은택을 받아 누리면서 하나님의 선하심을 맛보아 알며 특별한 은총을 받은 자들이 바로 저와 여러분입니다. 따라서 이 시편 말씀은 상심한 자들도 다 나아와 하나님의 인자하심을 찬양하라고 불러 모으는 것입니다.

마지막으로 찬양을 해야 하는 결정적인 이유는, 이 찬양의 이유를 아는 자들과 알지 못하는 자들의 궁극적인 운명의 갈림길 때문입니다. 첫 번째 연의 마지막 절인 6절은 이렇게 말합니다.

> "여호와께서 겸손한 자들은 붙드시고 악인들은 땅에 엎드러뜨리시는도다."

결국 하나님은 심판 날에 의인과 악인을 가르십니다. "겸손한 자"는 상심한 자요 상처 입은 자를 말합니다. 세상이 볼 때는 미천해 보여도 하나님은 그런 자를 높이시고, 악인은 엎드러지게 하십니다. 마리아는 가브리엘 천사로부터 자기가 예수님을 잉태하고 낳을 것이라는 소식을 받고 너무 놀랐습니다. 그리고 그녀는 자기에게 이루어진 일에 대해 찬송합니다.

> "마리아가 이르되 내 영혼이 주를 찬양하며 내 마음이 하나님 내

구주를 기뻐하였음은 그의 여종의 비천함을 돌보셨음이라 보라 이제 후로는 만세에 나를 복이 있다 일컬으리로다 능하신 이가 큰 일을 내게 행하셨으니 그 이름이 거룩하시며 긍휼하심이 두려워하는 자에게 대대로 이르는도다 그의 팔로 힘을 보이사 마음의 생각이 교만한 자들을 흩으셨고 권세 있는 자를 그 위에서 내리치셨으며 비천한 자를 높이셨고 주리는 자를 좋은 것으로 배불리셨으며 부자는 빈 손으로 보내셨도다 그 종 이스라엘을 도우사 긍휼히 여기시고 기억하시되 우리 조상에게 말씀하신 것과 같이 아브라함과 그 자손에게 영원히 하시리로다 하니라"(눅 1:46-55).

여기서 말하고자 하는 것은, 하나님은 그분께 대적하여 교만한 자는 낮추시고, 하나님 나라를 사모하는 겸손한 자는 높이신다는 것입니다. 즉, 교만하며 자기 권세를 자랑하는 자는 하나님 나라와 상관없는 자라고 선포하십니다. 하나님을 경외하는 자에게는 그분의 긍휼하심이 있습니다.

11절에서 "여호와는 자기를 경외하는 자들과 그의 인자하심을 바라는 자들을 기뻐하시는도다"라고 말한 것을 기억하십시오. 하나님은 자기를 경외하기는 고사하고 멸시하는 자를 미워하시고 싫어하십니다. 19-20절을 보겠습니다.

"그가 그의 말씀을 야곱에게 보이시며 그의 율례와 규례를 이스라엘에게 보이시는도다 그는 어느 민족에게도 이와 같이 행하지 아니하셨나니 그들은 그의 법도를 알지 못하였도다 할렐루야."

성경은 하나님의 율례와 규례와 법도를 배워 마음에 깨닫고 알아 그것을 사랑하는 자를 가리켜서 하나님의 백성이라고 말합니다. 이와 반대로, 하나님의 말씀을 멸시하고 성경이 그분의 말씀인 것을 부인하며 자기 소견대로 살아가는 사람은 다 하나님의 백성에 해당되지 아니하니, 그들은 결국 영원한 나라에 들어가지 못하고 멸망할 것입니다. 하나님은 우리에게 그분의 말씀을 알도록 행하셨습니다. 우리는 그 이유로 하나님을 찬양할 수 있습니다. 앞에서 다룬 시편 147편 말씀의 요점을 따라서 시편 1편을 읽어보면, 일맥상통하게 잘 읽힐 것입니다.

"복 있는 사람은 악인들의 꾀를 따르지 아니하며 죄인들의 길에 서지 아니하며 오만한 자들의 자리에 앉지 아니하고 오직 여호와의 율법을 즐거워하여 그의 율법을 주야로 묵상하는도다 그는 시냇가에 심은 나무가 철을 따라 열매를 맺으며 그 잎사귀가 마르지 아니함 같으니 그가 하는 모든 일이 다 형통하리로다 악인들은 그렇지 아니함이여 오직 바람에 나는 겨와 같도다 그러므로 악인들은 심판을 견디지 못하며 죄인들이 의인들의 모임에 들지 못하리로다 무릇 의인들의 길은 여호와께서 인정하시나 악인들의 길은 망하리로다."

심판 날이 오면, 하나님은 사람들을 의인과 악인으로 가르십니다. 지금은 모두가 이 세상 속에 섞여 살지만, 그날이 되면 둘로 나누어집니다. 우리는 하나님께 특별한 은혜를 입어 그분의 백성으로 받아들여졌기 때문에, 그분을 찬양하는 일이 마땅합니다. 그리고 하나님의 말씀을 사모해야 합니다. 하나님은 우리에게 그 말씀을 듣게 하시려고 의인들을 불러 모아 선포하십니다. 또한, 그 일을 위하여 예루살렘(시온), 곧 교회를 세우십니다. 그렇게 하여 이스라엘의 흩어진 자들을 불러 모으시는 것입니다. 하나님은 교회 외에 그리스도의 복음 안에서 살아가는 다른 방도를 우리에게 주신 적이 없습니다. 예수 그리스도께서 다시 오실 때까지 교회는 계속될 것입니다. 교회 안에서 하나님의 말씀이 선포되는 것을 듣고 성도와 교통함으로 여호와의 율법을 즐거워하고 묵상하세요. 그것이 죄로 인해 슬픔과 어려움으로 살아가는 인생 중에 하나님의 돌보심의 길이요 방식이요 장치인 것입니다. 만일 교회가 없었다면 우리는 혼자 신앙생활을 해야 했는데, 그 일은 결코 쉽지 않습니다. 따라서 우리에게 교회를 주신 것이 얼마나 감사한지 모릅니다. 하나님은 교회를 통해 세상과 구별하여 우리에게만 그분의 말씀을 주십니다. 그 말씀을 통해, 하나님을 경외하고 인자하심을 구하며 사는 자들로 우리의 심령을 바꾸어주시고, 세상 속에 살다가 맞닥뜨리는 슬픔이 있을 경우 감당하며 살 수 있는 용기와 힘과 돌보심을 베푸십니다. 따라서 어려움을 당할지라도 언제나 하나님의 선하심을 기억하십시오. 하나님의 자녀로서, 선하고 아름다우며 마땅하게 하나님을 찬양하고 영광 돌리는 여러분이 되기를 주의 이름으로 축복합니다.

5장
나그네 신앙 길의 피난처이신 하나님

시편 46편 1-11절

[1]하나님은 우리의 피난처시요 힘이시니 환난 중에 만날 큰 도움이시라 [2]그러므로 땅이 변하든지 산이 흔들려 바다 가운데에 빠지든지 [3]바닷물이 솟아나고 뛰놀든지 그것이 넘침으로 산이 흔들릴지라도 우리는 두려워하지 아니하리로다 (셀라) [4]한 시내가 있어 나뉘어 흘러 하나님의 성 곧 지존하신 이의 성소를 기쁘게 하도다 [5]하나님이 그 성 중에 계시매 성이 흔들리지 아니할 것이라 새벽에 하나님이 도우시리로다 [6]뭇 나라가 떠들며 왕국이 흔들렸더니 그가 소리를 내시매 땅이 녹았도다 [7]만군의 여호와께서 우리와 함께 하시니 야곱의 하나님은 우리의 피난처시로다 (셀라) [8]와서 여호와의 행적을 볼지어다 그가 땅을 황무지로 만드셨도다 [9]그가 땅 끝까지 전쟁을 쉬게 하심이여 활을 꺾고 창을 끊으며 수레를 불사르시는도다 [10]이르시기를 너희는 가만히 있어 내가 하나님 됨을 알지어다 내가 뭇 나라 중에서 높임을 받으리라 내가 세계 중에서 높임을 받으리라 하시도다 [11]만군의 여호와께서 우리와 함께 하

시니 야곱의 하나님은 우리의 피난처시로다 (셀라)

교회를 통해 돌보시는 하나님

예수님을 믿고 구원받은 하나님의 백성들도 죄로 인하여 심판 가운데 있는 세상에 살고 있기 때문에 아픔과 고통이 있습니다. 그래서 하나님은 그리스도인들에게 교회를 주셨습니다. 앞 장에서 살펴본 시편 147편 말씀처럼, 하나님은 예루살렘을 세우시고 이스라엘의 흩어진 자들을 모으십니다. 하나님은 상심한 자들을 고치시며 그들의 상처를 싸매십니다. 그리고 율례와 규례와 법도를 주셔서 그들을 생명 길로 인도하십니다. 이 험한 세상 속에 나그네 길을 걷는 그리스도인들은 교회를 통해 보호받는데, 그 교회의 울타리는 말씀이라고 말할 수 있습니다. 시편 46편은 하나님이 교회를 얼마나 사랑하시고 어떻게 붙드시는지 말합니다. 그리스도인들은 하나님이 교회를 잊어버리신 것이 아니냐고 말할 만큼 환난과 역경을 당하더라도, 이 말씀을 통해 약속의 말씀과 힘과 소망을 얻을 수 있습니다.

교회의 외적, 내적 문제

사실상 교회는 하나님을 멀리하면서 무너졌습니다. 구약 교회는 외적으로 교회의 모습이 잘 갖추어져 있었고, 내적으로도 성도들이 하나님을 잘 섬기며 은혜 가운데 있었습니다. 그러나 그 교회는 결국 황폐하여 버려진 바 됩니다.

> "예루살렘아 예루살렘아 선지자들을 죽이고 네게 파송된 자들을 돌로 치는 자여 암탉이 그 새끼를 날개 아래에 모음 같이 내가 네 자녀를 모으려 한 일이 몇 번이더냐 그러나 너희가 원하지 아니하였도다"(마 23:37).

교회는 교회 밖의 세상으로부터 시달리거나 내부적으로 여러 가지 문제를 겪습니다. 세상이 교회를 핍박하고, 마귀와 부패한 우리의 심령이 우리를 영적으로 괴롭힙니다. 특히 교회 내부적인 문제는 올바르고 참된 신앙 곧 하나님 편에 서고자 할 때에 우리에게 전투요 싸움으로 다가오게 됩니다. 따라서 교회를 바르게 세워가는 일은, 하나님이 교회를 통해 슬픈 인생을 살아가는 성도를 보호하시고 지키시기 때문에 제일 중요한 일이 됩니다.

그 중요한 일을 위해 마르틴 루터가 종교개혁을 일으켰습니다. 루터는 시편 46편을 너무 사랑했습니다. 1517년, 루터는 독일 비텐베르크 성채교회 정문에 면죄부 판매에 항의하는 '95개조 반박문'을 붙였습니다. 그 반박문의 내용 중 일부는 로마 교회의 부패, 면벌부라고 말하는 면죄부에 대한 과오 등 몇 가지를 지적한 것입니다. 루터는 교회의 일차적 개혁, 현실적 개혁의 측면을 외쳤습니다. 루터의 종교개혁이 큰 지지를 얻게 되자, 루터 이전부터 있어 왔던 중

세 후기의 개혁의 외침들도 힘을 얻어 신학적으로 정립되어 갔고, 그것이 교회개혁이란 큰 힘으로 모아지게 됩니다. 루터는 그런 가운데 하나님의 쓰임을 받았고 그 결실을 보게 됩니다. 그는 그러한 은혜를 입은 자였습니다.

종교개혁이 있고 나서 3-4년 후인 1521년에 루터는 생명의 위협을 느끼고 피하는 신세가 됩니다. 한번은 바르트부르크라는 성으로 들어갔고, 그 성주가 루터를 보호해줍니다. 그 성은 사방이 탁 트인 산꼭대기에 지어진 요새 같은 성이였고, 목숨을 부지하기 위한 최적의 장소였습니다. 하나님의 은혜로 그가 요새 같은 성에 들어가서 제일 먼저 한 일은 성경 번역이었습니다. 그는 고대 그리스어로 기록된 신약 성경을 누구나 쉽게 접할 수 있는 생활 독일어로 번역하였습니다. 그는 성경 안에 잘못된 오역과 잘못된 신학을 수정하기 위해 노력했습니다. 루터의 종교개혁의 시발점이요, 첫 번째 사역은 성경 번역이었습니다. 하나님의 은혜로 그는 빠른 시간에 신약 성경을 전부 번역합니다. 그때 번역한 독일어 성경은 지금도 굉장히 아름답고 뛰어난 문체로 인정을 받고 있고, 여전히 사용되고 있습니다. 루터는 1,500년 역사를 지녀 온 교회(기관적 교회, 제도적 교회, 권위적 교회 등)를 향해 성경을 들고, "너희들은 참된 교회가 아니다"라고 주장합니다. 이것이 얼마나 놀라운 일인가요? 루터는 이전에 자기와 뜻을 같이했다가 죽임을 당한 자들을 많이 보았고, 자기도 붙잡히면 고문을 당하거나 화형이 있을 것을 알았습니다. 특히 젖은 장작에 태워 죽이는 화형은 가장 지독한 사형입니다. 그런데 루터는 계속해서 그 일을 합니다. 어떻게 그렇게 할 수 있었을까요? 두렵지 않았을까요? 루터는 두려웠을 것입니다. 루터에 대한 일화를 들어보면, 그는 겁도 많고 죽음을 굉장히 두려워했던 사람이었습니다. 따라서 그는 종교개혁의 활동 속에서도 두려워했을 것입니다. 그러나 시편 46편 말씀이 그에게 힘을 주었다고 기록됩니다.

> "하나님은 우리의 피난처시요 힘이시니 환난 중에 만날 큰 도움이시라"(1절).

루터는 이 사실을 굳게 믿고 나아갔습니다. 1521년 4월, 루터는 소집된 의회에서 책에 담긴 주장들을 철회하라는 요구를 받았고, 그다음 날 그는 자신의 주장이 성경과 이성에 근거해 오류가 없는 한 절대 철회할 수 없다고 밝혔습니다. 그때, 루터는 "하나님, 저는 달리 어떻게 할 도리가 없습니다. 제가 여기 있나이다. 나를 도우소서."라고 기도합니다. 그는 로마 교황 앞에 추궁 당했던 곳에서 그러한 기도를 드렸지만, 넓은 의미로 보면 성경 안에서 기도했다고 말할 수 있습니다. "하나님, 제가 여기 있나이다. 주의 말씀 가운데 서 있나이다. 그러니 저를 도우소서." 시편 46편 말씀의 위로는 결국 하나님 말씀 앞에 서 있는 자에게 주어집니다. 특히 담대함을 줍니다.

루터는 시편 46편 말씀을 사랑했습니다. 사실 루터뿐 아니라 많은 사람들이 이 말씀을 사랑합니다. 이 시편은, 찬송시로 만들어진 시편 중에 가장 널리 불리고 많은 사랑을 받은 시편이며, 독일 사람들은 그것을 국가보다 더 좋아한다는 소문도 있습니다. 심지어 우리나라에도 이 시편을 가지고 만든 찬양이 있습니다. 시편 46편이 말하고자 하는 것은 두 가지로 요약됩니다. "하나님은 우리의 피난처시다," "그러므로 너희는 상황을 핑계하지 말고 잠잠하라." 시편 46편의 전제는 "하나님은 우리의 피난처시다"이며, 왜 그분이 우리의 피난처가 되시는지 설명합니다. 그리고 우리에게 "잠잠하라"고 말합니다. 두려운 환경에서 잠잠하는 일은 쉽지 않은데, 그럼에도 불구하고 왜 잠잠하라고 말씀하시는 걸까요? 여기서 잠잠하라는 것은, "다시 하나님을 바라보라"고 말하는 것입니다. 말씀을 보며 함께 살펴봅시다.

우리의 피난처가 되시는 하나님

시편 46편은 연을 따라 세 부분, 곧 1-3절, 4-7절, 8-11절로 나뉩니다. 1-3절에서 특히 2-3절을 보면, 자연 만물이 요동치는 모습을 표현합니다.

> "그러므로 땅이 변하든지 산이 흔들려 바다 가운데에 빠지든지 바닷물이 솟아나고 뛰놀든지 그것이 넘침으로 산이 흔들릴지라도 우리는 두려워하지 아니하리로다 (셀라)"(2-3절).

시편 기자는 하나님이 만드신 천지의 모든 체계와 하늘과 땅의 질서가 뒤집히는 상황에서도 두려워하지 않을 거라고 말합니다. 배를 탔는데 태풍이 몰아치면 매우 두려울 것입니다. 비행기를 탔는데 돌풍이 불어서 비행기가 흔들리면, 너무 무서워서 기도가 저절로 나올 것입니다. 갑자기 지진이 나면, 사람들은 피할 수 있는 곳이 없다는 생각에 발걸음을 멈춘답니다. 집 밖으로 나가야 하는데 나가봤자 땅이 갈라지니까요. 그러나 하나님이 예수님의 재림과 더불어 새 하늘과 새 땅을 여시는 그 날(심판 날)에 그리스도인들은 놀라운 천지 개벽 사건을 보면서 두려워하지 않을 것입니다. 그 이유는 그들이 이미 그리스도 안에 있기 때문입니다.

두 번째 연으로 가서 4-7절 말씀을 보겠습니다.

> "한 시내가 있어 나뉘어 흘러 하나님의 성 곧 지존하신 이의 성소를 기쁘게 하도다 하나님이 그 성 중에 계시매 성이 흔들리지 아니할 것이라 새벽에 하나님이 도우시리로다 뭇 나라가 떠들며 왕국이 흔들렸더니 그가 소리를 내시매 땅이 녹았도다 만군의 여호와께서 우리와 함께 하시니 야곱의 하나님은 우리의 피난처시로다 (셀라)."

6절에서 "뭇 나라"가 떠든다고 말하는데, 여기서 뭇 나라는 이방인들을 의미합니다. 오늘날로 말하자면, 세상이 교회를 향하여 기독교를 비판하고 복음을 조롱한다는 것입니다. 그러나 시편 기자는 그럼에도 불구하고 두렵지 않다고 말합니다.

세 번째 연으로 가서 8-11절 말씀을 보겠습니다.

> "와서 여호와의 행적을 볼지어다 그가 땅을 황무지로 만드셨도다 그가 땅 끝까지 전쟁을 쉬게 하심이여 활을 꺾고 창을 끊으며 수레를 불사르시는도다 이르시기를 너희는 가만히 있어 내가 하나님 됨을 알지어다 내가 뭇 나라 중에서 높임을 받으리라 내가 세계 중에서 높임을 받으리라 하시도다 만군의 여호와께서 우리와 함께 하시니 야곱의 하나님은 우리의 피난처시로다 (셀라)."

9절에서 "땅 끝까지 전쟁을 쉬게 하심이여 활을 꺾고 창을 끊으며 수레를 불사르시는도다"라는 말씀은, 세상이 교회를 넘어뜨리지 못하게 하나님이 하신 일들을 말합니다.

시편 46편은 우리에게 많은 것을 일깨워줍니다. 먼저 각 연에서 말하는 환난들은 우리가 인생을 살아가면서 직면할 수 있는 환난들을 상징적으로 표현한 것입니다. 그리고 교회를 보호하시는 하나님의 은혜와 능력을 선포합니다. 세 연의 단락이 진행되면서 거듭 반복되는 키워드가 있습니다. 그 중심 단어는 무엇인가요?

> "하나님은 우리의 피난처시요 힘이시니 환난 중에 만날 큰 도움이시라"(1절).
> "만군의 여호와께서 우리와 함께 하시니 야곱의 하나님은 우리의 피난처시로다 (셀라)"(7절).

"만군의 여호와께서 우리와 함께 하시니 야곱의 하나님은 우리의 피난처시로다 (셀라)"(11절).

"피난처"입니다. 시편 46편은 "성도여, 교회여, 두려워하지 말라. 하나님이 우리의 피난처이시다."라고 분명하게 말합니다. 그러나 우리는 '자연이 뒤집히고, 세상이 교회를 삼키려고 하고, 전쟁이 일어났는데 어떻게 두려워하지 말라는 말인가'라고 생각할 수 있습니다. 물론 그것들은 두려울 것입니다. 그러나 이 말씀은 그 가운데서도 "하나님의 말씀 앞에 흔들리지 말라"고 말합니다.

두려워하지 않아도 되는 세 가지 이유

어려운 상황에 처했을 때, 마치 아무것도 안 본 것처럼 눈을 가리고 상황을 무시하면 안 됩니다. 그 상황 가운데 마귀의 세력이 얼마나 교회를 훼방하는지, 그 가운데 자기 자신이 얼마나 위기에 처했는지를 봐야 합니다. 그리고 그럼에도 불구하고 도망치지 말아야 합니다. 즉, 믿음을 포기해서는 안 됩니다. 하나님의 말씀 안에서 사는 것을 포기하지 말아야 합니다. 왜 그렇게 해야 할까요?

첫 번째 이유는 하나님이 "만군의 여호와"이시기 때문입니다. 7절과 11절에 하나님에 대한 설명이 나옵니다. "**만군의 여호와**께서 우리와 함께 하시니 야곱의 하나님은 우리의 피난처시로다 (셀라)."

그분은 "만군의 여호와"이십니다. 만군의 여호와라는 말은 그 어떤 것도 하나님보다 능력이 있을 수 없다는 말입니다. 하나님은 온 세상 만물을 창조하신 능력의 하나님, 그것을 보존하시는 하나님, 그리고 그것을 자기의 뜻대로 다스리시는 하나님입니다. 그분이 하시고자 하는 그 뜻을 누가 꺾으며, 그분이 만든 삼라만상을 누가 다 알 수 있을까요? 만군의 여호와란, 험한 상황에서든 아니면 대적하고 있는 상황에서든 모든 전쟁에 능하신 하나님이란 뜻입니다. 하나님은 이사야서 45장 12절에서 자신의 권위와 능력을 나타내 보이셨습니다. "내가 땅을 만들고 그 위에 사람을 창조하였으며 내가 내 손으로 하늘을 펴고 하늘의 모든 군대에게 명령하였노라." 그 하나님이 우리의 피난처가 되십니다. 그래서 우리는 두려워하지 않을 수 있습니다.

두 번째 이유는 하나님이 "야곱의 하나님"이시기 때문입니다. 7절과 11절에 나오는 "야곱의 하나님"이라는 말은 두 가지 의미를 담고 있습니다. 먼저, 야곱의 하나님은 **"선택받은 자들의 하나님"**을 말합니다. 하나님이 야곱의 열두 아들을 통해 열두 지파를 세우셨기 때문에, 야곱은 이스라엘의 시조가 됩니다. 그러나 거슬러 올라가면 야곱은 이삭이 낳고 이삭은 아브라함이 낳았으니, 결국 아브라함이 언약의 시조가 됩니다. 그래서 야곱의 하나님은 아브라함의 하나님이 되고, 하나님은 아브라함과 이삭과 야곱의 하나님이라고 불릴 수 있습니다. 이에 따라 결론을 내리자면, 결국 야곱의 하나님(이스라엘의 하나님)은 "선택받은 자들의 하나님"입니다.

또한, 야곱의 하나님은 **"긍휼히 여기시는 하나님"**을 말합니다. 하나님은 야곱을 택하사 자기 백성으로 삼으셨습니다. 그의 인생 속에 나타난 하나님의 긍휼은 그렇게 풍성할 수가 없습니다. 사실, 야곱의 인생은 그다지 행복한 인생은 아니었습니다. 야곱은 노년에 바로 앞에 나아가 이렇게 자기를 소개했습니다.

> "내 나그네 길의 세월이 백삼십 년이니이다 내 나이가 얼마 못 되니 우리 조상의 나그네 길의 연조에 미치지 못하나 험악한 세월을 보내었나이다"(창 47:9).

야곱은 130년을 나그네 인생으로 살았고, 험악한 세월을 보냈다고까지 말합니다. 그는 왜 그러한 인생을 살았나요? 야곱의 인생은 처음부터 죄인으로 시작됩니다. 즉, 그는 형과 아버지를 속이는 죄를 범했습니다. 그러나 자기만 속이는 자면 좋은 것을 쉽게 얻으면서 살아갈 텐데 세상은 그보다도 더합니다. 따라서 야곱은 그의 인생 가운데 계속해서 속임을 당하는 고통을 겪습니다. 그는 아버지 이삭을 속이고 장자권을 받은 후, 삼촌 라반의 집으로 도망갔습니다. 그런데 거기서 삼촌 라반에게 속임을 당합니다. 삼촌 밑에서 일을 하고 그에 대한 약속으로 라헬과 결혼하기로 했는데, 라반이 그를 속여서 레아와 동침하게 됩니다. 그래서 야곱은 또다시 라반의 밑에서 일을 하고 뒤늦게 라헬을 취합니다. 그 외에도 그는 자기 자식들에게 속임을 당합니다. 심지어는 요셉이 죽었다 하여 엄청난 슬픔 속에 살기도 했습니다. 속이는 자였던 야곱은 속이는 자들에 의해 속임을 당하는 일을 겪으며 살아왔습니다. 이러한 야곱의 파란만장한 인생과 슬픔 속에는 하나님의 징계와 긍휼이 어우러져 있습니다. "야곱의 하나님"은 야곱과 같은 우리의 인생을 붙드셔서 변화시켜주시는 하나님을 말합니다. 우리를 가난한 심령을 가진 자로, 심령이 상한 자로 바꾸어주시는 것입니다. 야곱은 자신이 죄인이고, 가난한 심령을 가진 자이며, 심령이 상한 자라는 사실을 깨달아 고백하고, 하나님의 치유의 손길을 기다렸습니다. 자기의 소견대로 행하지 않고, 하나님의 긍휼을 기다리는 사람으로 바뀌었습니다. 그래서 그는 얍복강에서 끝까지 하나님의 사자를 놓지 않았습니다. 하나님을 놓아버리면 자기에게 소망이 없는 줄로 알고 그분을 끝까지 붙들었습니다. 이것이 바로 신자에게 요구되는 모습입니다. 하나님은 상한 갈대를 꺾지 아니하며 꺼져가는 등불을 끄지 않으시는 분이십니다(사 42:3). 그리고 그 긍휼을 야곱에게 나타내셨습니다. 따라서 오늘날 우리도 다음과 같이 고백할 수 있습니다. "하나님은 만군의 여호와, 야곱의 하나님이십니다. 하나님이 우리를 불쌍히 여기사 우리를 택하여 자기 백성으로 삼으셨고, 우리와 함께 계십니다. 그러므로 우리는 어떤 상황에도 두려워할 필요가 없습니다."

세 번째 이유는 그 하나님이 "우리와 함께 하시니" 어떤 상황에서도 두려워하지 않을 수가 있는 것입니다. 7절과 11절이 말한 대로, 하나님은 우리와 함께 계십니다. 물론 그분은 하늘 보좌에 계시지만, 성경은 우리가 교회에 나아와 기도하면 하나님이 들으신다고 말씀합니다. 역대하 6장 26-42절은 솔로몬의 기도입니다. 솔로몬은 거듭 반복해서 이렇게 기도했습니다. "내가 주의 이름을 위하여 건축한 성전 있는 쪽을 향하여 기도하거든 주는 계신 곳 하늘에서 그들의 기도와 간구를 들으시고 그들의 일을 돌보시오며 주께 범죄한 주의 백성을 용서하옵소서"(38-39절). 하나님은 "두세 사람이 내 이름으로 모인 곳에는 나도 그들 중에 있느니라"라고 말씀하셨습니다(마 18:20). 따라서 하나님은 높은 곳에 계시지만, 낮은 곳에 있는 성도들 가운데에도 함께 계시고, 지금 이곳에도 계십니다.

하나님은 낮에는 구름 기둥, 밤에는 불 기둥으로 우리의 모든 걸음을 지키시고 보호하십니다. 임마누엘의 하나님은 우리가 살아가는 인생에 우리와 항상 함께 계십니다. 특별히 하나님은 우리에게 긍휼을 베푸시려고, 이 땅에 아들을 보내주셨습니다. "보라 처녀가 잉태하여 아들을 낳을 것이요 그의 이름은 임마누엘이라 하리라 하셨으니 이를 번역한즉 하나님이 우리와 함께 계시다 함이라"(마 1:23). 따라서 예수 그리스도로 말미암아 우리는 하나님의 자녀가 되고 놀라운 기업을 상속받게 되었을 뿐 아니라, 영원토록 우리를 떠나지 않으시는 하나님의 은총 가운데 살게 됩니다. 그래서 시편 46편 말씀은 "그런 우리가 무엇을 두려워하겠는가"라고 말합니다. 우리는 1절 말씀을 고백하며 살아야 합니다.

> "하나님은 우리의 피난처시요 힘이시니 환난 중에 만날 큰 도움이시라."

하나님이 "만군의 여호와, 야곱의 하나님, 임마누엘의 하나님" 이신 것을 알고 고백하는 그리스도인은, 환난을 당해도 믿음이 흔들리거나 두려워하지 않습니다. 어떤 이들은 이를 너무 단호하게 주장하는 것이 아니냐고 말할 수 있습니다. 초대교회 당시, 그리스도인들은 콜로세움에 끌려가서 굶주린 사자들에게 던져졌습니다. 그러면 그들은 당연히 무서워하고 두려워하며 발버둥쳤습니다. 이제 곧 죽게 될 텐데 비명을 지르고 통곡하고 탄식하고 아파하는 것은 당연한 일입니다. 그러나 그들은 그 가운데서도 종교를 버리거나 믿음을 포기하지 않았고, 거기서 죽음을 맞이했습니다. 그들은 그 환난 날에 피난처 되시는 하나님께 자기 자신을 의탁한 것입니다. 우리가 다루는 말씀, 그리고 우리에게 요구되는 신앙생활이란 그러한 것입니다. 인생이 괴롭고 힘들어도 끝까지 믿음을 포기하지 않고, "하나님은 우리의 피난처시요 힘이시니 환난 중에 만날 큰 도움이시라"라고 말하는 것입니다.

다시 하나님을 바라보라

루터도 죽음을 건 각오를 했습니다. 그러나 그도 당연히 죽음이 두려웠을 것입니다. 예수님 당시에 이 사실을 잘 설명해주는 예화가 있습니다. 예수님이 배를 타고 제자들과 함께 갈릴리 호수로 나가셨는데 거센 바람이 불었습니다. 성경은 "큰 광풍이 일어나며 물결이 배에 부딪쳐 들어와 배에 가득하게 되었더라"라고 말합니다

(막 4:37). 실제로 갈릴리 바다는 간혹가다 큰 발작을 한다고 하는데, 그럴 때면 바람이 정말 거세고 무섭다고 합니다. 그들은 모두 두려워하며, '이제 배가 가라앉는 일만 남았구나'라고 생각했습니다. 이러한 상황에서 예수님은 주무시고 계셨고, 제자들은 예수님을 깨웁니다. "예수께서는 고물에서 베개를 베고 주무시더니 제자들이 깨우며 이르되 선생님이여 우리가 죽게 된 것을 돌보지 아니하시나이까 하니"(막 4:38). 이때, 예수님은 일어나서 그 상황에 놀라지 않으시고, "바람을 꾸짖으시며 바다더러 이르시되 잠잠하라 고요하라"라고 말씀하십니다. 이에 바람이 그치고 바다가 잔잔해집니다(막 4:39). 예수님은 말씀으로 바람과 바다를 재우시고, 제자들을 책망하십니다. "어찌하여 이렇게 무서워하느냐 너희가 어찌 믿음이 없느냐"(막 4:40). 예수님은 그들이 무서워하고 두려워한 일을 책망하신 것이 아니라, 그들이 "함께 하시니"의 의미를 그들의 내면 안에서 놓쳐버린 것을 책망하십니다. 결국 이 말씀은 "바람과 바다도 순종하게 하시는 이 분은 누구신가"라는 제자들의 두려움으로 이어지며 끝이 납니다(막 4:41).

본문 6-8절을 보겠습니다.

> "뭇 나라가 떠들며 왕국이 흔들렸더니 그가 소리를 내시매 땅이 녹았도다 만군의 여호와께서 우리와 함께 하시니 야곱의 하나님은 우리의 피난처시로다 (셀라) 와서 여호와의 행적을 볼지어다 그가 땅을 황무지로 만드셨도다."

8절은 뭇 나라가 떠들고 왕국이 흔들리고 요동을 치는데 "와서 여호와의 행적을 볼지어다 그가 땅을 황무지로 만드셨도다"라고 격려하며 초대합니다. 한마디로, "오라" 그리고 "보라"입니다. 이 말씀은 모든 교회의 신자들을 초대하며, 와서 여호와의 행적을 보라고 하는 것입니다. 사랑하는 교우 여러분, 삶에 어떠한 어려움이 있든지 눈을 들어 하나님이 하신 일을 보시기 바랍니다. 여호와의 행적의 모든 것이 성경에 기록되어 있습니다. 하나님은 이스라엘 백성들이 출애굽한 내용을 오늘날 우리에게 알려주시려고 성경에 기록하셨고, 따라서 우리는 그 기록을 통해 하나님의 행하심을 볼 수 있습니다. 출애굽기를 펴서 그 당시 홍해가 갈라진 놀라운 사건을 읽어보세요. 기록된 말씀을 보고, 하나님이 하신 일을 보는 것입니다. 예수 그리스도께서 하나님이심에도 불구하고 사람이 되신 이 놀라운 낮아지심을 보세요. 그리고 그분의 고난과 십자가에서 죽으신 일, 부활의 승리를 보세요. 또한, 예수님이 승천하신 권세를 보고, 하늘에서 우리를 중보하시는 대제사장의 사역을 바라보면서 그리스도의 영인 성령님의 은혜로 모든 교회를 세워 가시는 은총을 보기 바랍니다. 또한, 자기 자신과 서로를 돌아보세요. 우리가 바로 하나님이 행하신 행적들입니다. 이 땅에서는 세상 세력이 교회를 이기는 것 같으나 하나님의 행적은 계속해서 말씀과 우리들을 통해서 생생히 증거되고 있습니다. 그러니 두려워하지 말고, 그리스도의 오심을 기대하며 하늘을 바라보기 바랍니다. 하나님은 교회를 보존하시고, 그 교회를 통해서 그분의 자녀 된 우리를 끝까지 보호하십니다.

성령님의 인도하심을 받는 교회와 그리스도인

교회는 성도가 모인 건물이라기보다, 하나님의 자녀들의 모임 그 자체라고 말할 수 있습니다. 하나님의 자녀들은 한곳에 모이고, 하나님의 기관을 갖습니다. 그 기관 안에서 말씀 선포의 책무와 권징이 주어지고, 그들은 교회를 성결하게 파수해 나갑니다. 그러면서 성도의 교통이 이루어지고 아름답고 복된 성령님의 충만한 열매를 맺으며 진리와 사랑이 어우러져 갑니다. 한마디로, 교회가 세워지는 것입니다. 그리고 성도는 교회 안으로 들어옵니다(보여지는 모든 성도는 그 자체가 교회가 되어집니다). 하나님은 교회를 통하여 성도의 슬픈 인생에 함께하시고 그들을 보호하십니다. 그래서 성도들을 교회로 불러 모아 그들을 지켜 나가십니다.

4절에는 "성소를 기쁘게" 하는, 즉 교회를 기쁘게 하는 한 가지 이유가 나옵니다.

> "한 시내가 있어 나뉘어 흘러 하나님의 성 곧 지존하신 이의 성소를 기쁘게 하도다."

바로 "한 시내"인데, 그것은 나뉘어 흐르는 시내입니다. 역사적으로 봤을 때 이 시내는 실제로 예루살렘에 있는 히스기야의 수로입니다. 히스기야 왕은 예루살렘 성 밖 기드론 골짜기에 있는 기혼 샘물을 예루살렘 성 안 실로암 연못으로 끌어오기 위해 수로를 만들었습니다. 산헤립이 침공하여 이스라엘을 포위하며 공격할 때가 임박했음을 알고 장기적인 전쟁을 대비한 것입니다(대하 32:2-4, 30). 그 수로의 길이는 약 533m입니다. 그 당시, 땅을 파서 지하 돌을 뚫고 지하 수로를 만든 일은 대단한 일이었습니다. 이후에 이스라엘은 포위되었으나 그 수로 때문에 물이 있어서 견딜 수 있었습니다. 물이 있으면 도시가 살고, 물이 없으면 도시는 당장 망합니다.

그렇다면 이 말씀을 적용하여, 교회는 무엇이 있어야 살겠습니까? 교회에는 말씀과 성령이 있어야 삽니다. 성령님이 말씀으로 역사하시는 교회는 생기가 돕니다. 성령님은 진리를 사용하시고, 특히 사랑으로 교회가 하나 되게 묶으십니다. 그리고 중요한 것은 그것(성령님이 역사하시는 말씀과 진리의 줄기)이 나뉘어 성도 개개인에게 흐릅니다. 공예배를 통해 진리의 말씀이 선포되면, 성도의 심령은 사는 것이고 힘을 얻고 변화가 이루어집니다. 또한 개인의 성품이 변하고 가정 안에 변화가 생기며 살아가는 자태 안에 변화가 있게 됩니다. 하나님은 성경 곳곳에서 이 시내를 하나님이 주시는 성령으로 자주 말씀하셨습니다. 예레미야서 2장 13절에서 하나님은 이스라엘 백성들이 우상숭배하는 것에 대해 책망하시면서 이렇게 말씀하십니다. "내 백성이 두 가지 악을 행하였나니 곧 그들이 생수의 근원되는 나를 버린 것과 스스로 웅덩이를 판 것인데 그것은 그 물을 가두지 못할 터진 웅덩이들이니라." 생수의 근원이 하나님이신 것을 기억하십시오. 예수님은 이 땅에 오셔서 이렇게 외치셨습니다. "명절 끝날 곧 큰 날에 예수께서 서서 외쳐 이르시되 누구든지 목마르거든 내게로 와서 마시라 나를 믿는 자는 성경에 이름과 같이 그 배에서 생수의 강이 흘러나오리라 하시니 이는 그를 믿는 자들이 받을 성령을 가리켜 말씀하신 것이라"(요 7:37-39). 스가랴서 13장 1절은 "그 날에 죄와 더러움을 씻는 샘이 다윗의 족속과 예루살렘 주민을 위하여 열리리라"라고 말합니다. 여기서 "다윗의 족속과 예루살렘 주민"은 하나님의 자녀 된 우리를 가리킵니다. 이 말씀은 우리를 위하여 죄와 더러움을 씻는 샘이 열린다고 말합니다. 그리고 그 샘은 바로 예수 그리스도를 의미합니다. 예수 그리스도께서 이 땅에 오셔서 복음의 진리로 생명을 주시고 그 가운데 역사하시는 생명수의 능력은 성령을 가리키니, 말씀을 가지고 역사하시는 성령님의 일이 교회 안에 주시는 생명수입니다. 교회가 스스로 말씀을 덮어버리면 그것은 교회가 성령님의 인도하심을 거부해버리는 일이 됩니다. 교회가 자기의 꾀로 일을 도모하고 스스로 불순종을 선택하면 그것은 환난 중에도 보호하시는 하나님의 은총을 거부해버리는 일이 됩니다.

사람은 하나님을 신뢰하지 못할 때, 그분을 버리고 자기의 뜻대로 나아가고자 합니다. 사사 시대의 사람들이 그러했습니다. 그들은 자기들에게 보이는 왕이 필요하다며 하나님께 왕을 세워 달라고 요구했습니다. 그들은 왕을 세우면 왕권 유지를 위해 필요한 고역과 희생이 얼마나 따르는지 알지 못했습니다. 이스라엘 백성들은 하나님이 왕이 되시니 그대로 믿고 나아가면 되는 것이었습니다. 그런데 저들은 보이지 않는 하나님이 아니라, 보이는 왕을 달라고 말합니다. 하나님은 그들이 나를 버렸다고 말씀하시고, 초대 왕으로 사울을 세우십니다. 인간은 누구나 그렇습니다. 자기 생각에 하나님이 미덥지 않을 때 다른 방편을 찾아 나섭니다. 하나님이 미덥지 않은 까닭은 새벽이 이르기 직전까지도 하나님의 도우심이 안 나타나기 때문이지요. 새벽이란, 가장 어둠이 깊었던 그 다음입니다. "이제 끝이구나. 답도 없고, 더 이상 믿어봐야 소용없다"는 결론에 이를 만큼 어두움이 덮쳐버린 그 순간, 희미한 빛이 비치는 새벽이 옵니다. 5절 말씀을 보면, 새벽에 하나님이 도우신다고 말합니다.

> "하나님이 그 성 중에 계시매 성이 흔들리지 아니할 것이라 새벽에 하나님이 도우시리로다."

여기서 우리가 기억할 것이 있습니다. 하나님은 자신이 정한 때에 우리에게 도움을 주십니다. 그리고 그분은 "만군의 여호와, 야곱의 하나님, 임마누엘의 하나님"이시기 때문에 절대로 우리를 떠나지 않으시고 반드시 도우시는데, 도우시는 때는 그분의 지혜로 그분이 결정하시는 것입니다. 그러므로 우리가 인생에서 기가 막힐 웅덩이와 수렁에 빠질지라도, 하나님이 자기를 도와줄 것을 포기하거나 잊으셨다고 스스로 결론 내리면 안 됩니다. 즉, 절대 낙심하지 말아야 합니다.

아브라함에게 주신 약속은 실행되기까지 2천 년이 걸렸습니다. 이삭을 통해 예수 그리스도께서 이 땅에 오시기까지 2천 년의 세월이 걸릴 줄은 그 누구도 몰랐습니다. 그동안 모세와 같은 선지자를 통해 복음을 들은 많은 사람들이 예수님이 오시기를 얼마나 기다렸는지 모릅니다. 다윗도 기다렸습니다. "이는 주께서 내 영혼을 스올에 버리지 아니하시며 주의 거룩한 자를 멸망시키지 않으실 것임이니이다"(시 16:10). 다윗은 예수님으로 말미암아 자기도 죽음 이후에 부활할 것이라고 말합니다. 즉, "그분이 부활의 주이시기 때문에 그와 연합한 나도 부활할 것을 바라본다"고 말하는 것입니다. 다윗은 그러한 놀라운 은혜를 바라보면서 주 오심을 기다렸습니다. 그러나 당대는 어림도 없고 긴 세월(약 1천 년 후)이 지나야 했습니다. 예수님 당시에, 시므온이라는 사람은 아기 예수를 바라보고, 그분이 그리스도이심을 바로 알았습니다. "예루살렘에 시므온이라 하는 사람이 있으니 이 사람은 의롭고 경건하여 이스라엘의 위로를 기다리는 자라 성령이 그 위에 계시더라 그가 주의 그리스도를 보기 전에는 죽지 아니하리라 하는 성령의 지시를 받았더니 성령의 감동으로 성전에 들어가매 마침 부모가 율법의 관례대로 행하고자 하여 그 아기 예수를 데리고 오는지라 시므온이 아기를 안고 하나님을 찬송하여 이르되 주재여 이제는 말씀하신 대로 종을 평안히 놓아 주시는도다 내 눈이 주의 구원을 보았사오니 이는 만민 앞에 예비하신 것이요 이방을 비추는 빛이요 주의 백성 이스라엘의 영광이니이다 하니"(눅 2:25-32). 이스라엘의 위로를 기다렸던 시므온은 하나님의 약속의 성취를 보았고, 기뻐 찬송하였습니다.

환난과 하나님의 위로

여러분의 인생 가운데 어떤 환난이 있을지라도 낙심하지 마시기 바랍니다. 한번은 어떤 사람이 저에게 연락해서 왜 하나님이 자기 문제에 대해 침묵하시는지 물었습니다. 그 사람은 그 문제가 재판에 걸려 있고 변호사까지 동원했으나 효과를 못 보고 있으며, 주변에 기도를 부탁하고 자기도 열심히 기도했는데, 왜 하나님이 도와주시지 않는지 원망하는 마음까지 들어 힘들다고 했습니다. 사람은 하나님의 지혜를 다 알 수 없습니다. 하나님은 먹을 것을 구하는 자에게 양식을 주기도 하시고 주지 않기도 하십니다. 하나님은 사람을 향한 선한 뜻 가운데서 그분의 지혜로 그때를 허락하시거나 늦추시면서, 좋은 것으로 만족하게 하십니다. 따라서 본문 8절과 10절은 이렇게 말씀합니다.

> "와서 여호와의 행적을 볼지어다 그가 땅을 황무지로 만드셨도다"(8절).
>
> "너희는 가만히 있어 내가 하나님 됨을 알지어다"(10a절).

한마디로, 하나님이 하신 일을 보고, 하나님을 알고, 믿음을 굳게 하라고 명령합니다.

유월절 사건 이후에 어린아이와 노인까지 합해서 약 200만 명의 이스라엘 백성이 애굽을 떠납니다. 그런데 애굽의 대군이 그들을 좇아왔고, 이에 그들의 뒤에는 바로의 군사들이, 앞에는 홍해 바다가 놓이게 됩니다. 이때, 그들은 "왜 우리를 애굽에서 이끌어 내어 이와 같이 광야에서 죽게 하는가"라고 말하며, 하나님과 모세를 원망합니다. 그러자 모세는 "너희는 두려워하지 말고 가만히 서서 여호와께서 오늘 너희를 위하여 행하시는 구원을 보라 너희가 오늘 본 애굽 사람을 영원히 다시 보지 아니하리라 여호와께서 너희를 위하여 싸우시리니 너희는 가만히 있을지니라"라고 말합니다(출 14:13-14). 그리고 이스라엘 백성들은 홍해 바다가 갈라지는 것을 보게 됩니다. 예레미야애가 3장 20-29절은 다음과 같이 말합니다.

> "내 마음이 그것을 기억하고 내가 낙심이 되오나 이것을 내가 내 마음에 담아 두었더니 그것이 오히려 나의 소망이 되었사옴은 여호와의 인자와 긍휼이 무궁하시므로 우리가 진멸되지 아니함이니이다 이것들이 아침마다 새로우니 주의 성실하심이 크시도소이다 내 심령에 이르기를 여호와는 나의 기업이시니 그러므로 내가 그를 바라리라 하도다 기다리는 자들에게나 구하는 영혼들에게 여호와는 선하시도다 사람이 여호와의 구원을 바라고 잠잠히 기다림이 좋도다 사람은 젊었을 때에 멍에를 메는 것이 좋으니 혼자 앉아서 잠잠할 것은 주께서 그것을 그에게 메우셨음이라 그대의 입을 땅의 티끌에 댈지어다 혹시 소망이 있을지로다."

사람은 티끌과 같은 존재라는 것을 잊지 말아야 합니다. 만일 하나님이 멍에를 지우신다면, 우리는 티끌과 같은 존재인 줄 알고 그리고 그 멍에를 지우신 이가 하나님이신 줄 알고, 하나님께 불평과 원망하지 말고 하나님께서 지워주신 짐이니 오히려 좋은 것인 줄 알고 감당해야 합니다.

이사야서 45장 9-11절 말씀은 신자의 올바른 자세가 무엇인지를 알려줍니다.

> "질그릇 조각 중 한 조각 같은 자가 자기를 지으신 이와 더불어 다툴진대 화 있을진저 진흙이 토기장이에게 너는 무엇을 만드느냐 또는 네가 만든 것이 그는 손이 없다 말할 수 있겠느냐 아버지에게는 무엇을 낳았소 하고 묻고 어머니에게는 무엇을 낳으려고 해산의 수고를 하였소 하고 묻는 자는 화 있을진저 이스라엘의 거룩하신 이 곧 이스라엘을 지으신 여호와께서 이같이 이르시되 너희가 장래 일을 내게 물으며 또 내 아들들과 내 손으로 한 일에 관하여 내게 명령하려느냐."

이 말씀은 사람을 깨진 질그릇 중에 한 조각과 같은 자들이라고 말합니다. 그리고 그것에 불과한 사람이 어떻게 사람을 만드신 창조주와 다투겠느냐고 말합니다. 부모에게 왜 자기를 낳았냐고 말하는 자녀는 용서받지 못할 자이며, 불효자입니다. 마찬가지로, 하나님을 향하여 왜 자기와 교회를 사랑하지 않으시고 고통을 주시는 거냐고 따지는 자들은 패역한 자들입니다. 행여 교회나 교인의 삶이 어둡고 빛이 보이지 않더라도, 하나님은 그 일로 인하여 우리에게 책임을 추궁 받을 분이 아니십니다. 더 중요하게, 하나님은 자신이 행하신 일에 대하여 우리에게 설명할 책임이 있지 않으십니다.

욥기서를 보면, 욥은 한순간에 재산과 자식을 잃습니다. 그의 몸은 창상을 입어 고름이 질질 흐르고, 그는 그 가려움과 아픔을 이기려고 질그릇 조각으로 자기 몸을 긁습니다. 욥의 아내는 그에게 "당신이 그래도 자기의 온전함을 굳게 지키느냐 하나님을 욕하고 죽으라"라고 말합니다(욥 2:9). 그러나 그는 다음과 같이 대답하고 행동합니다.

> "그가 이르되 그대의 말이 한 어리석은 여자의 말 같도다 우리가 하나님께 복을 받았은즉 화도 받지 아니하겠느냐 하고 이 모든 일에 욥이 입술로 범죄하지 아니하니라"(욥 2:10).

욥의 신앙은, 하나님의 주권 앞에 있는 사람의 인생은 질그릇 조각과 같으며, 따라서 그분의 섭리 가운데 사람이 하나님을 판단하는 것은 있을 수 없다는 것입니다. 그러나 마지막에 이르러, 욥은 다음과 같은 질문을 하면서 넘어지고 맙니다.

> "욥이 말하기를 내가 의로우나 하나님이 내 의를 부인하셨고…이르기를 사람이 하나님을 기뻐하나 무익하다 하는구나"(욥 34:5, 9).

욥은 하나님이 자기의 의를 무시하신다고 생각했고, 사람이 하나님을 기뻐하고 섬기는 것이 헛되다고 말했습니다. 그러면서 자기가 고난당하는 것이 어떤 이유 때문인지 이치를 한 가닥이라도 보이셔야만 하나님을 계속해서 경외하며 믿음으로 나아갈 수 있지 않겠냐고 말합니다. 이때, 하나님은 다음과 같이 말씀하심으로 욥의 입을 다물게 하십니다.

> "그 때에 여호와께서 폭풍우 가운데에서 욥에게 말씀하여 이르시되 무지한 말로 생각을 어둡게 하는 자가 누구냐 너는 대장부처럼 허리를 묶고 내가 네게 묻는 것을 대답할지니라 내가 땅의 기초를 놓을 때에 네가 어디 있었느냐 네가 깨달아 알았거든 말할지니라"(욥 38:1-4).

하나님은 자기가 정한 때에 일하시는 분입니다. 국립현대미술관에 가보면 그림이 많이 있습니다. 그러나 그 그림들 중에는 이해하기 어려운 것도 많습니다. 사실상, 그림을 완전히 이해하려면 그 그림을 미리 연구하고 가서 봐야 하고, 그 그림 앞에서 30분이고 1시간이고 필요한 만큼 들여다보아야 합니다. 아마 국립현대미술관의 그림을 다 이해하려면 10년이 걸릴지도 모릅니다. 하나님의 섭리의 역사도 마찬가지입니다. 하나님은 우리에게 그분의 뜻을 단번에 말씀하실 수도 있고 그렇게 하지 않으실 수도 있습니다. 삶을 살아가는 동안에 그 뜻을 가르쳐주시는 경우도 있고, 그렇게 죄를 깨닫게도 하십니다. 작품이 난해할수록 이해하기 어려운 것처럼, 사람이 직면하는 문제가 심오할수록 우리를 향한 하나님의 지혜로운 손길을 이해하는 데는 시간이 더 걸립니다.

허드슨 테일러라는 선교사가 있습니다. 그분은 중국 내지 선교회의 창설자입니다. 그분이 다음과 같이 말했습니다. "우리가 환난을 당하면, 너무 힘들어서 성경을 읽지 못하고 찬송이 입에서 그치며 심지어는 기도조차 못할 때가 있다. 그러나 그때에도 그리스도인이 끝까지 할 수 있는 일이 한 가지 있으니, 그것은 바로 하나님을 신뢰하는 것이다. 모든 일에 하나님의 뜻이 있음을 그저 믿는 일이다."

시편 46편은 슬픈 인생을 살아가는 사람에게 왜 힘들고 어려운 일이 주어졌는지를 가르쳐주는 말씀이 아닙니다. 다시 말해, 어떻게 해야 하는지를 알려주는 말씀이 아닙니다. 본문은 한마디로, "잠잠하라"고 말합니다. 이 말씀은 우리에게 하나님이 "만군의 여호와, 야곱의 하나님, 임마누엘의 하나님"이심을 알려줍니다. 그리고 "하나님은 우리의[너희의] 피난처시요 힘이시니 환난 중에 만날 큰 도움이시라", "너희는 가만히 있어 내가 하나님 됨을 알지어다"라고 말하고 신자의 올바른 자세에 대해 알려줍니다(1절, 10절). 어떤 어려움에 놓일지라도 믿음을 포기하지 말고, 우리를 붙드시는 하나님의 은혜로 주 앞에 나아가시기 바랍니다. 하나님은 교회를 보존하시고 교회를 통해 신자들을 보호하신다는 것을 기억해야 합니다. 이 믿음 안에서 여러분의 신앙과 삶을 살아가는 생활이 참으로 복될 수 있기를 바랍니다. 하나님이 침묵하실 때, 그분은 우리에게 자신의 궁극적인 뜻과 이유를 다 알려주시지 않지만, 위로까지 거두어 가시지는 않습니다. 하나님은 그 가운데서도 우리에게 긍휼을 베풀어 주시고 위로를 주십니다. 지금 여러분이 사는 인생에도 하나님의 위로가 함께하고 있음을 기억하시기 바랍니다.

6장
수고와 슬픔뿐인 인생을 살아가는 지혜

시편 90편 1-17절

[1]주여 주는 대대에 우리의 거처가 되셨나이다 [2]산이 생기기 전, 땅과 세계도 주께서 조성하시기 전 곧 영원부터 영원까지 주는 하나님이시니이다 [3]주께서 사람을 티끌로 돌아가게 하시고 말씀하시기를 너희 인생들은 돌아가라 하셨사오니 [4]주의 목전에는 천 년이 지나간 어제 같으며 밤의 한 순간 같을 뿐임이니이다 [5]주께서 그들을 홍수처럼 쓸어가시나이다 그들은 잠깐 자는 것 같으며 아침에 돋는 풀 같으니이다 [6]풀은 아침에 꽃이 피어 자라다가 저녁에는 시들어 마르나이다 [7]우리는 주의 노에 소멸되며 주의 분내심에 놀라나이다 [8]주께서 우리의 죄악을 주의 앞에 놓으시며 우리의 은밀한 죄를 주의 얼굴 빛 가운데에 두셨사오니 [9]우리의 모든 날이 주의 분노 중에 지나가며 우리의 평생이 순식간에 다하였나이다 [10]우리의 연수가 칠십이요 강건하면 팔십이라도 그 연수의 자랑은 수고와 슬픔뿐이요 신속히 가니 우리가 날아가나이다 [11]누가 주의 노여움의 능력을 알며 누가 주의 진노의 두려움을

알리이까 [12]우리에게 우리 날 계수함을 가르치사 지혜로운 마음을 얻게 하소서 [13]여호와여 돌아오소서 언제까지니이까 주의 종들을 불쌍히 여기소서 [14]아침에 주의 인자하심이 우리를 만족하게 하사 우리를 일생 동안 즐겁고 기쁘게 하소서 [15]우리를 괴롭게 하신 날수대로와 우리가 화를 당한 연수대로 우리를 기쁘게 하소서 [16]주께서 행하신 일을 주의 종들에게 나타내시며 주의 영광을 그들의 자손에게 나타내소서 [17]주 우리 하나님의 은총을 우리에게 내리게 하사 우리의 손이 행한 일을 우리에게 견고하게 하소서 우리의 손이 행한 일을 견고하게 하소서

하나님의 사람 모세의 기도

'하나님의 사람 모세의 기도'라는 표제를 보면 알 수 있듯이, 시편 90편 말씀은 모세가 썼습니다. 이름 앞에 '하나님의 사람'이라는 말이 붙는 것은 얼마나 명예롭고 기쁜 일일까요? 그렇게 불린 사람들이 몇몇 있습니다. 하나님의 사람 사무엘, 하나님의 사람 엘리야, 하나님의 사람 엘리사, 하나님의 사람 다윗이 그러합니다.

하나님은 모세를 택하여 부르시고 그분의 사역을 맡기셨습니다. 하나님은 교회를 세워 가는 모든 일의 토대를 구축하는 일을 모세를 통해서 행하셨습니다. 이스라엘 백성들은 광야 생활 가운데 반석에서 나오는 물을 마시고 만나와 메추라기를 먹었습니다. 그리고 그런 그들을 은혜 가운데 이끌어 갔던 종이 바로 모세입니다. 그는 하나님과 직접 대면한 자이기도 합니다. 따라서 시편 90편 말씀은

모세가 인생을 어떻게 바라보았는지, 그리고 모든 신자에게 인생길이란 무엇이고 어떻게 승리해야 하는지 알려줍니다. 이 말씀을 통해 남은 인생을 어떻게 살아가야 하는지에 대해 크게 교훈받으시기를 바랍니다.

오늘 본문은 크게 세 부분으로 나누어져 있습니다. 첫 번째 연은 1-6절로, 창조주 하나님의 영원성과 그와 대조되는 사람의 인생을 노래합니다. 두 번째 연은 7-12절로, 사람의 모든 날이 주의 진노 아래 놓여 있으며 따라서 누구도 죽음을 피할 수 없고 그 인생이 비참하다는 것을 강력하게 드러냅니다. 세 번째 연은 13-17절로, 그러한 인생 가운데 하나님의 긍휼을 구하라고 가르쳐줍니다.

인생을 어떻게 살아야 하는가

이 말씀은 우리에게 한 가지 생각을 분명하게 깨우쳐줍니다. "인생을 어떻게 살아야 합니까?"라는 질문 앞에서 어떤 사람도 스스로 답을 내릴 수 없다는 사실입니다. 사람이 존재하는 것은 사람으로부터 기원된 것이 아니고, 그들이 살아가는 삶의 걸음걸음도 그들로부터 비롯된 것이 아닙니다. 사람은 스스로 존재하는 자가 아니요, 피조물입니다. 따라서 사람은 자기가 원하는 대로, 감정을 따라 살 수 없습니다. 사람은 피조물이기 때문에 자신을 지으신 하나님을 바라보아야 합니다. 하나님을 바라볼 때에야 복된 인생이 무엇인지 분별할 수 있습니다. 따라서 인생을 어떻게 살 것인가에 대해 스스로 판단하고 결정을 내려서는 안 됩니다. 사람은 지혜가 부족할 뿐 아니라 그나마 있는 지혜도 죄악된 심성으로 굴절되어 있기 때문입니다.

어떤 사람은 도대체 인생에 대한 올바른 관점이 왜 필요하냐고 하면서 이 주제를 가볍게 여길지도 모릅니다. 그들은 "인생이란 슬픔이나 고난을 당하지 않으면서 그저 잘 살면 되는 것이다"라고 생각합니다. 그러나 기억해야 할 것은, 누구나 인생에 어려움이 반드시 찾아온다는 것입니다. 슬픔과 아픔을 피해 갈 인생은 없습니다. 갑자기 건강이 나빠지거나 재물이나 명예나 권력을 잃어버리거나 아끼던 것을 손에 넣지 못하게 되면, 사람은 낙심과 절망 가운데 있게 됩니다. 그러한 일을 당하면, "그저 잘 살면 되는 것이지"라는 말은 할 수 없을 것입니다. 슬픔은 사람으로 하여금 하나님을 생각하게 만들고 그 안에서 답을 찾는 노력을 하게 합니다. 사람은 누구나 문제를 맞닥뜨리면, "도대체 나에게 왜 이런 일이 일어난 것인가"라는 질문을 합니다. 그 외에도 여러 가지 질문들이 계속해서 그의 생각과 마음을 사로잡습니다.

"어떻게 사는 것이 인생을 올바로 사는 것인가"라는 질문의 답은 시편 90편 말씀에 나와 있습니다. 현재 어려움을 겪고 있는 사람이라면 이 말씀 속에서 답을 발견할 것이고, 과거의 이런 일을 겪었다면 그때의 일을 해석하는 답을 찾을 것입니다. 나아가 앞으로 마주할 일에 대한 준비를 할 수 있을 것입니다.

그리스도인이 기억해야 할 사실들

사람은 피조물에 불과하기 때문에 창조주이신 하나님 앞에 무릎 꿇는 것 외에는 다른 답을 찾을 길이 없습니다. 시편 90편을 깊이 묵상해보세요. 바른 인생이요 복된 인생을 살기 위해 기억해야 할 몇 가지 사실이 나옵니다.

첫 번째로 기억해야 할 사실이 1-2절에 나옵니다.

> "주여 주는 대대에 우리의 거처가 되셨나이다 산이 생기기 전, 땅과 세계도 주께서 조성하시기 전 곧 영원부터 영원까지 주는 하나님이시니이다."

하나님이 창조주이시고 만물의 주인이시라는 사실을 항상 기억해야 합니다. 창조주 하나님은 태초부터 계셨고, 우리가 살아가는 삼라만상의 일은 그분이 다스리는 대로 일어난다는 사실을 항상 기억해야 합니다. 이것을 알지 못하고 주인 되신 하나님을 바라보지 못하면 잘못된 길로 가게 됩니다. 하나님은 우리가 살아가는 모든 것을 다스리시는 분이요 우리의 유일한 피난처가 되신다는 사실을 반드시 마음속에 새겨야 합니다. 천 년이 지나도 산이 그 모양 그대로이고 땅이 견고하다 할지라도, 산과 땅은 결코 우리의 피난처나 근거가 되지 못합니다. 역사 속에 유구하게 흘러온 인간 문명의 찬란함, 그 지식의 방대함 등은 얼핏 볼 때는 어마어마한 것 같으나,

전부 잠깐 있다가 없어지는 것들입니다. 따라서 산과 땅과 역사와 세상은 우리의 피난처나 근거가 되지 못합니다. 그것들은 우리와 마찬가지로 피조물입니다. 우리의 거처요 피난처요 처음부터 영원까지 계시는 분은 오직 하나님밖에 없습니다.

두 번째로 기억해야 할 사실은 3-6절에서 찾아볼 수 있습니다.

> "주께서 사람을 티끌로 돌아가게 하시고 말씀하시기를 너희 인생들은 돌아가라 하셨사오니 주의 목전에는 천 년이 지나간 어제 같으며 밤의 한 순간 같을 뿐임이니이다 주께서 그들을 홍수처럼 쓸어가시나이다 그들은 잠깐 자는 것 같으며 아침에 돋는 풀 같으니이다 풀은 아침에 꽃이 피어 자라다가 저녁에는 시들어 마르나이다."

사람의 인생은 아무것도 아니라는 사실을 기억해야 합니다. 사람은 누구나 자기의 인생을 귀하게 여기고, 자기가 행하는 일들을 자랑합니다. 그러나 사람은 티끌로 만들어진 존재라는 사실을 기억해야 합니다. 사람은 본래 티끌과 같은 존재입니다. 그렇다면 티끌 같은 우리가 어떻게 자기 자신의 모습을 보고, 서로를 바라볼 수 있는 걸까요? 현재 보이는 자기 자신의 모습, 그리고 서로가 서로에게 보이는 모습은 전부 영광을 입고 있기 때문에 보이는 것입니다. 즉, 하나님의 은혜 때문에 이런 모습을 갖고 있습니다. 하나님은 그분의 형상대로 사람을 만드셨고, 생명을 주셨습니다. 그리고 은혜로 보존하십니다. 따라서 우리가 먼지임에도 불구하고 영광의 모습으로 서로를 대하고 있는 것입니다.

하나님은 각 사람에게 생명을 주셨지만, 그 생명을 여러 가지 모양과 형편에 따라서 어느 때에 도로 찾아가십니다(3절). 그래서 인간은 죽음을 피할 수 없고, 그때 사람의 본래의 모습이 드러납니다. 우리는 본래 티끌, 곧 흙입니다. 인생을 살면서, 우리가 그런 존재라는 사실을 절대로 망각하면 안 됩니다. 사람의 가치는 자기 자신에게 있는 것이 아니요 하나님이 주시는 대로 받고 있는 것입니다.

하나님에게는 "천 년이 지나간 어제 같으며 밤의 한 순간 같"습니다(4절). 하나님은 시간을 만드신 분이며, 그 시간을 초월해서 계십니다. 그뿐 아니라 시간의 시작점에서 끝점까지 영원히 계십니다. 즉, 2천 년 전의 하나님, 천 년 전의 하나님은 오늘날 우리에게도 동일하게 계십니다. 앞으로 천 년이 지난 그날에도 하나님은 동일하게 계실 것입니다. 사도 바울의 하나님은 오늘날 나의 하나님이시며, 모세의 하나님도 나의 하나님이십니다. 하나님은 어제나 오늘이나 항상 영원토록 그분의 섭리 안에 계십니다. 시간을 초월하시는 하나님이 시간 안에 내재하시면서 함께 거하십니다.

이런 하나님 앞에 사람의 인생은, 노아 때 홍수가 나서 모든 것을 쓸어 담은 것처럼 한순간에 사라지는 것입니다(5절). 그 당시, 홍수가 났을 때 사람들은 피했을 것입니다. 비가 처음 내릴 때는 "비가 유난히 많이 오는구나"라고 말하다가, 점점 높은 곳으로 피해서 올라갔을 겁니다. 그리고 결국 모든 것을 삼켜버리는 물을 보고, 온 세상이 죽음으로 덮혀지는 것을 봅니다. 모든 것은 한순간에 사라집니다. 인생은 "잠깐 자는 것"과 같습니다. 이것은 사실 일반은총으로 아는 지식입니다. 하나님은 인생의 짧음과 덧없음을 보이셨으나, 사람들이 영원하신 하나님을 바라보지 못하고 살다가 죽습니다.

또한, 어제까지 생생했던 현실이 오늘에는 주어지지 않을 수도 있습니다. 어제는 만졌는데 오늘은 못 만지는 것입니다. 인간이 손에 쥐는 것은 모두 유한합니다(6절). 아침에 꽃이 피는 것을 보면 희망을 가져다주고 내일의 소망을 줄 것 같은데, 그 꽃은 하루도 안 돼서 시들어버립니다. 인생의 행복한 때를 생각해보세요. 그 행복이 영원하길 바라고 그 행복 때문에 내일의 소망이 있을 것 같았죠. 그러나 곧 사라지잖아요. 한나절이 지나면 이내 곧 저녁이 다가오는 것이 인생입니다. 따라서 인생은 덧없고 짧고 그 자체로 아무것도 아니라는 사실을 잘 기억해야 합니다.

세 번째로 기억해야 할 사실은 7-9절에 나옵니다.

> "우리는 주의 노에 소멸되며 주의 분내심에 놀라나이다 주께서 우리의 죄악을 주의 앞에 놓으시며 우리의 은밀한 죄를 주의 얼굴 빛 가운데에 두셨사오니 우리의 모든 날이 주의 분노 중에 지나가며 우리의 평생이 순식간에 다하였나이다."

사람에게 주어지는 모든 슬픔과 죽음의 비참함이 죄로 인한 것이라는 사실입니다. 사람은 제아무리 자신의 능력과 지식을 자랑해도 하나님의 진노 앞에 서면 두려워 떨 수밖에 없는 존재입니다. 힘이 센 사람, 지식이 많은 사람도 마찬가지입니다. 하나님과 논쟁을 해서 이겨보겠다는 사람은 어리석은 사람입니다. 앞 장에서 살펴봤듯이, 욥이 그러했습니다. 욥은 하나님께 한 가지 의문을 가지고 반드시 답을 달라고 요구합니다. 욥의 고집과 무지함과 어리석음은 결국 하나님이 하나님이심을 나타내실 때 죄로 드러났고, 이에 그는 회개합니다. 사람은 하나님 앞에 서는 것이 무섭고 두려운 것이라는 사실을 잘 기억해야 합니다. 하나님이 노하시면 우리는 소멸되고, 하나님이 분을 내시면 어쩔 줄 몰라 놀랄 것입니다(7절).

이어서 8절을 보면, 하나님은 우리의 모든 죄악을 자기 앞에 놓으시며 우리의 은밀한 죄를 주의 얼굴 빛 가운데에 두신다고 말합니다. 사람이 사람들 앞에서 자기의 죄악을 감추고 의인 행세를 할 수는 있지만, 하나님 앞에서는 누구라도 예외 없이 자기의 죄악을 감출 수 없습니다. 민낯으로 하나님을 뵐 수 있는 자는 아무도 없습니다. 우리의 죄를 그리스도의 보혈로 용서하신 하나님의 은총이 없으면 그 누구도 하나님을 뵈올 길이 없습니다.

세상의 모든 것에는 합당한 이치가 있습니다. 그러나 탐욕으로 일그러진 세상은 더 많은 재물과 권력을 얻기 위해 광명의 천사처럼 위장하여 명분을 찾아내고 실리를 추구합니다. 사람 개개인도 자기의 인생 속에서 종종 일을 그렇게 꾸며갈 것입니다. 그러나 그 모든 일은 하나님 앞에서 죄로 드러나게 됩니다. 그렇기 때문에 반드시 회개해야 합니다. 그렇게 해야 그리스도의 은총을 입어 비로소 살게 되는 것입니다. 히브리서 4장 12-13절은 이렇게 말합니다.

> "하나님의 말씀은 살아 있고 활력이 있어 좌우에 날선 어떤 검보다도 예리하여 혼과 영과 및 관절과 골수를 찔러 쪼개기까지 하며 또 마음의 생각과 뜻을 판단하나니 지으신 것이 하나도 그 앞에 나타나지 않음이 없고 우리의 결산을 받으실 이의 눈 앞에 만물이 벌거벗은 것 같이 드러나느니라."

마지막 날에 하나님 앞에서 자기 자신을 변명하거나 감출 수 있다고 생각하면 안 됩니다. 사람의 인생이란, 하나님의 분노 아래 떨 수밖에 없는 인생인데 그 인생은 순식간에 지나갈 만큼 매우 짧습니다(9절). 순식간이란, 눈을 한 번 깜짝하거나 숨을 한 번 쉴 만한 아주 짧은 시간을 말합니다. 인생이 바로 그만큼이라는 말입니다. 숨을 한 번 내쉬면 인생이 다 끝난 것입니다.

네 번째로 기억해야 할 사실은 10-12절 말씀에 나옵니다.

> "우리의 연수가 칠십이요 강건하면 팔십이라도 그 연수의 자랑은 수고와 슬픔뿐이요 신속히 가니 우리가 날아가나이다 누가 주의 노여움의 능력을 알며 누가 주의 진노의 두려움을 알리이까 우리에게 우리 날 계수함을 가르치사 지혜로운 마음을 얻게 하소서."

짧은 인생을 연수로 계산해보면, 기껏해야 칠십이고 강건하면 팔십입니다(10절). 모세는 120년을 살았고, 아론은 123년을, 다윗은 70년을 살았습니다. 모세와 아론은 그 당시 가나안 땅에 있던 사람들보다 오래 살았습니다. 모세는 80세, 곧 적지 않은 나이에 하나님의 부름을 받고, 더해진 인생을 살면서 주 앞에 살아간 사람입니다. 그는 광야 생활을 하면서 자기보다 젊었던 사람들이 칠십이요 팔십에 죽는 것을 봅니다. 출애굽 첫 세대가 다 죽을 때까지 가나안 땅에 이르지 못하니, 모세는 그들의 죽음을 지켜보면서 인생의 연약함과 비참함을 봅니다. 사람은 누구나 100세 인생을 살기 원하지만, 100세를 사는 사람이나 60세를 사는 사람이나 120세를 산 모세나 결국 마지막에는 인생이 부질없다는 것을 똑같이 보게 됩니다. 인생은 짧습니다. 그러나 누군가는 삶이 지치고 수고와 슬픔뿐이니까 빨리 마치고 싶은 마음에 그 인생을 길다고 느낄지도 모릅니다. 그러나 그것은 인생이 길다는 것을 말하는 게 아니라 수고와 슬픔뿐이라는 사실을 보여주는 것입니다.

당신의 인생은 얼마나 남았습니까? 이제껏 살아온 날에 비추어서 남은 인생이 몇 년입니까? 모세는 120년이나 살았으니 인생을 보는 특별한 눈이 있지 않을까요? 그는 시편 90편에서 인생에 대해 이렇게 말합니다.

> "그 연수의 자랑은 수고와 슬픔뿐이요 신속히 가니 우리가 날아가나이다"(10b절).

수고란, 일을 하느라고 힘을 들이고 애쓰는 것을 말합니다. 인생은 놀면서 살 수 없는 것입니다. 인생은 먹고 살기 위하여 노력해야 하며, 여러 일들을 겪고 반복하는 것입니다. 노력한 만큼 아름다운 결과를 만들면 고진감래의 위로가 있을 법도 한데, 인생은 고진감래의 법칙이 적용되지 않는 것 같습니다. 오히려 엎친 데 덮친 격이라는 설상가상이 훨씬 더 어울립니다. 그러니까 인생이 슬픈 것입니다. 우리가 이 문제를 어떻게 극복할 수 있겠습니까? 자기의 인생은 수고와 슬픔이 아니요 평안과 기쁨이 가득하다는 사람이 있을지도 모릅니다. 그러나 그런 사람은 즉시 겸손해야 합니다. 그 사람에게 주어진 평안과 기쁨은 그 사람의 것이 아니라 하나님이 잠깐 허락하신 것이기 때문입니다. 자기의 상황이 좋다고 해서 누구에게나 있을 수 있는 환난과 고통과 아픔과 상실을 생각하지 않고 교만하면, 이내 곧 무너지고 말 것입니다. 만일 당신이 지금 큰 어려움을 겪고 있다면, 너무 낙심하지 말기 바랍니다. 하나님이 모든 것을 아시기 때문입니다. 그분은 모든 것의 시작과 끝을 아십니다. 영원하신 하나님이 그분의 작정하심과 섭리 가운데 당신을 붙드실 것입니다. 그리고 누구에게나 그런 일이 있을 수 있다는 사실에 위로를 받으시기 바랍니다.

10절에는 인생이 "신속히 가니 우리가 날아가나이다"라고 표현됩니다. 아무도 자기 인생의 흐름을 자신의 의지로 막아낼 수 없다는 뜻입니다. 지금 이대로가 너무 좋아서 세월이 멈추기를 간절히 바란다고 해도 인생은 흘러갑니다. 우리는 각자에게 주어진 생명의 시간을 우리의 의지로 통제할 수 없습니다. 수고와 슬픔뿐인 인생을 손에 움켜잡고 놓지 않으려고 애를 쓰는 사람도 결국 죽을 것입니다. 그리고 그런 자는 땅에 티끌로 돌아가고 결국 하나님의 진노 앞에 서게 될 것입니다. 그렇게 되면, 그 진노 아래 두려워 떨다가 하나님의 작정의 때에 영원한 심판, 영원한 불못에 던져집니다. 따라서 인생을 올바로 살아가려면 자신의 인생이 얼마나 남았는가를 살피고 지혜로운 마음을 구하며 살아야 합니다(11-12절).

다섯 번째로 13절 말씀에 인생을 올바로 살기 위해 기억해야 할 내용이 있습니다.

> "여호와여 돌아오소서 언제까지니이까 주의 종들을 불쌍히 여기소서."

다시 말해, 하나님 앞에 끊임없이 기도하며 살아야 한다는 사실입니다. 이 기도는 하나님의 긍휼을 구하는 기도입니다. 죄 가운데 있는 인생, 즉 하나님의 진노를 받아 마땅한 인생이 의지할 것은 하나님의 긍휼밖에 없는 줄로 알고 그것을 간구해야 합니다. "돌아오소서"라는 말은 자기에게서 멀리 떠난 하나님이 다시 오시기를 바라는 그런 자기 중심적인 잘못된 표현입니다. 사실은 사람이 하나님을 떠난 것이기 때문입니다. 그가 하나님을 떠났다가 하나님께로 돌아오는 것입니다. 여기서 시편 기자는 돌아가는 자신을 하나님이 외면하지 말고 받아주시기를 바라는 마음으로 "여호와여 돌아오소서"라고 말했습니다.

탕자 이야기를 잘 아실 것입니다. 탕자가 아직 살아계신 아버지의 유산을 재촉하여 받아다가 먼 나라에 가서 허랑방탕하게 소비합니다. 결국 그는 거지 신세가 되었고, 비로소 아버지를 생각합니다. 그리고 하늘과 아버지께 죄를 지었음을 고백하며 "아버지의 아들이라 일컬음을 감당하지 못하겠나이다 나를 품꾼의 하나로 보소서"라고 엎드려 말하며 살길을 구하고자 합니다. 그러나 아버지는 탕자가 떠난 자리에 항상 있었고, 돌아오는 아들을 아무런 조건 없이 받아줍니다. 탕자는 자신을 도무지 아버지의 아들이라 말할 수 없었지만, 아버지는 항상 탕자를 아들로 품고 있었습니다. 하나님은 항상 계시고, 모든 것을 아시는 분이십니다. 그래서 멀리 떠났다가 돌아온 우리에게 무엇을 하다 왔는지 아무것도 묻지 않으시고, 오히려 제일 좋은 옷을 입혀주시고 아름다운 보화를 주시며 잔치를 열어주십니다. 따라서 어떤 어려움 가운데 있을지라도 하나님과의 아름다웠던 관계를 기억하고 주 앞에 나아가기 바랍니다. 인생이 어떠한가를 알고 주 앞에 엎드려 "불쌍히 여기소서"(13절)라고 기도하세요. 그것이 인생을 올바로 사는 자의 기도인 것입니다.

여섯 번째로 기억해야 할 사실은 14-15절에서 말합니다.

> "아침에 주의 인자하심이 우리를 만족하게 하사 우리를 일생 동안 즐겁고 기쁘게 하소서 우리를 괴롭게 하신 날수대로와 우리가 화를 당한 연수대로 우리를 기쁘게 하소서."

앞에서 하나님의 긍휼을 구하는 기도를 하라고 말했습니다. 이와 더불어 우리는 하나님의 인자하심을 구하는 기도를 해야 합니다. "아침에 주의 인자하심이 우리를 만족하게 하사"라는 말은 하루를 시작하는 데 주의 인자하심이 없으면 살 수 없다는 뜻입니다. 우리의 기쁨과 즐거움은 주의 인자하심에 있습니다.

많은 사람들은 "우리를 괴롭게 하신 날수대로와 우리가 화를 당한 연수대로 우리를 기쁘게 하소서"(15절)라는 말을 종종 다음과 같이 이해합니다. "하나님, 저를 5년 동안 괴롭게 하셨으니 5년은 복을 주셔야 합니다. 겨울에도 삼한사온이 있잖아요. 사흘 동안 추웠으니 나흘 동안은 따뜻하게 해주셔야 합니다. 저는 10년 동안 시달린 인생이니, 이제는 제 인생에 위로를 주셔서 10년은 따뜻한 빛 가운데 온기를 느끼며 살 수 있게 해주세요." 그러나 이 말씀은 그렇게 말하고 있는 것이 아닙니다. 먼저, 우리를 괴롭게 하신 날수와 화를 당한 연수는 '평생'을 가리킵니다. 인생은 죄 가운데 사는 날들이기 때문입니다. 따라서 15절 말씀을 다음과 같이 말할 수 있습니다. "일생 동안 우리를 잊지 마시고 주의 인자하심으로 대해 주세요. 그러면 평생 수고와 슬픔뿐인 인생 속에서도 비로소 기쁨을 얻을 수 있습니다." 주의 인자하심이 기쁨의 근원이기에, 주의 인자하심이 있으면 수고와 슬픔이 가득한 인생 속에서도 참 기쁨을 누릴 수 있다고 고백하는 것입니다. 주의 인자하심을 구하고 그 인자하심에 의지하여 살면, 우리의 인생은 수고롭고 결실을 못 보는 슬픔 속에 있더라도 하나님이 주시는 위로와 기쁨을 맛보며 살 수 있습니다.

그렇다면 주의 "인자하심"은 무엇을 말하는 것일까요? 16-17절 말씀에 그 답이 나와 있습니다.

> "주께서 행하신 일을 주의 종들에게 나타내시며 주의 영광을 그들의 자손에게 나타내소서 주 우리 하나님의 은총을 우리에게 내리게 하사 우리의 손이 행한 일을 우리에게 견고하게 하소서 우리의 손이 행한 일을 견고하게 하소서."

16절에 "주께서 행하신 일을 주의 종들에게 나타내시며 주의 영광을 그들의 자손에게 나타내소서"라는 말씀을 주목해서 보시기 바랍니다. 주의 종들을 위해 주께서 행하신 일이란 무엇이며, 주의 자손인 우리에게 나타내시는 주의 영광은 무엇일까요? 하나님이 우리를 위해 행하신 일을 볼 때에 비로소 주의 "인자하심"을 알 수 있습니다. 약속의 하나님은 그 언약을 기억하사 바로에게 시달리는 자기 백성을 구하시고 그들을 가나안 땅에 들어가게 하셨습니다. 그리고 그곳에 교회를 세우시고, 오늘날 우리에게도 교회가 있도록 보존해주셨습니다. 나아가, 하나님은 우리에게 구속의 은총을 베풀어주셨습니다. 따라서 우리를 위해 주께서 행하신 일은 구속의 사역이니, 우리가 그것을 통해 보는 주의 영광이란 다름 아닌 구속의 은총을 베푸시는 용서와 은혜의 영광입니다. 하나님은 이 자비로운 은혜의 영광을 오직 주의 자손에게만 나타내 보이십니다. 악인들에게는 그들의 죄를 심판하시는 일을 통해 공의의 영광을 나타내실 뿐입니다.

그렇습니다. 하나님은 죄 가운데 신음하는 비참한 인생들을 구원하는 은혜를 베푸십니다. 그 은혜를 아는 자들은 다음과 같이 고백합니다. "하나님이 하시는 모든 일들을 우리가 목도하였사오니, 주님은 바로 앞에서 우리를 열 가지 재앙으로 끌어내고 홍해를 가르시고 만나를 먹이시고 반석에서 물을 내신 분이십니다. 우리가 모두 하나님의 구원의 역사를 보았사오니 그것으로 주의 인자하심을 아옵나이다." 그리고 그 은혜를 아는 자들은 다음과 같이 기도합니다. "하나님, 우리의 죄를 하나님의 긍휼로 용서하여 주옵소서. 주 앞에서 패역한 우리를 참으시고 무궁한 인자로 품으신 것을 내가 보았사오니, 그것으로 참된 위로와 기쁨을 얻겠나이다."

17절은 "주 우리 하나님의 은총을 우리에게 내리게 하사"라고 말합니다. 주께서 행하신 일과 주의 영광을 아는 것은 오직 주의 은총으로 알게 되는 것입니다. 은총을 입어 알고, 은총 가운데 살게 됩니다. 그리고 이것은 우리에게 "오직 성경, 오직 은혜, 오직 믿음, 오직 그리스도, 오직 하나님께만 영광"이라는 종교개혁 5대 표어가 생각나게 합니다. 성경에 하나님이 행하신 일과 그분의 영광을 나타내 보이신 그 모든 일이 기록되어 있으니, 오직 성경은 하나님이 우리에게 행하신 일에 대한 답이 됩니다. 그리고 그 모든 일이 그리스도 안에서 이루어졌고, 그 모든 일이 은총으로 다가오니 예수 그리스도의 은혜만이 우리의 생명인 것입니다. 우리는 이 모든 일에 믿음으로 나아가고 이 모든 것을 통해 하나님을 찬양하며 오직 하나님께만 영광 돌려야 합니다.

주 안에서 견고하게 세워지는 인생

> "주 우리 하나님의 은총을 우리에게 내리게 하사 우리의 손이 행한 일을 우리에게 견고하게 하소서 우리의 손이 행한 일을 견고하게 하소서"(17절).

사람들은 "우리의 손이 행한 일을 우리에게 견고하게 하소서"라는 말씀을 종종 다음과 같이 이해합니다. "내가 시험공부를 열심히 했으니 좋은 결과가 있게 해주세요. 내가 수고하여 사업을 벌였으니 돈을 많이 벌게 해주세요." 그러나 이 말씀은 그런 뜻이 아닙니다. 시편 90편을 쓴 모세는 무엇을 말하고 있는 것일까요? 하나님이 광야에서 이스라엘 백성들을 다스리는 모든 일을 자기에게 맡기셨고 자기를 통하여 그 일을 행하시니, 비록 인생은 덧없고 짧고 수고와 슬픔뿐이지만 주를 섬기는 수고를 통해 짧은 인생이 영원해지며 덧없는 인생이 하나님 앞에서 의미를 갖는다고 말하는 것입니다. 따라서 17절은 "인생이 견고하게 세워지게 하소서"라는 의미를 갖습니다.

그리스도인으로 살아가는 인생이 주 안에서 견고하게 세워지려면 어떻게 해야 할까요? 예수 그리스도가 유일한 답입니다. 우리는 죄 가운데 사는 인생이요, 수고와 슬픔을 겪으며 살아갑니다. 그러나 그리스도인은 하나님의 은혜로 더 이상 인생이 덧없지 않고, 때로는 슬프지만 견고한 수고 끝에 기쁨을 아는 자로 살아갑니다. 나그네 길을 걷지만 세상 사람들이 사는 인생과는 다른 것입니다. 히브리서 4장 14-16절은 이렇게 말합니다.

> "그러므로 우리에게 큰 대제사장이 계시니 승천하신 이 곧 하나님의 아들 예수시라 우리가 믿는 도리를 굳게 잡을지어다 우리에게 있는 대제사장은 우리의 연약함을 동정하지 못하실 이가 아니요 모든 일에 우리와 똑같이 시험을 받으신 이로되 죄는 없으시니라 그러므로 우리는 긍휼하심을 받고 때를 따라 돕는 은혜를 얻기 위하여 은혜의 보좌 앞에 담대히 나아갈 것이니라."

우리는 구주 되신 예수님 때문에 이 기도를 할 수 있습니다. 은혜의 보좌 앞에 담대히 나아가 하나님의 은혜를 구하세요. 하나님은 때를 따라 우리를 도우십니다. 앞서 말했듯이 그분의 긍휼하심을 구하며 기도하는 인생이 복된 인생입니다. 그 긍휼하심을 구하며 은혜의 보좌 앞에 담대히 나아가세요. 그렇게 하면 하나님이 긍휼을 베풀어주실 것입니다. 먹고사는 일이 힘들고 고통과 슬픔을 맞닥뜨렸다고 그리스도를 떠나시겠습니까? 계속해서 수고와 슬픔뿐인 인생을 살아갈 텐데 그렇다고 해서 그리스도를 떠나시겠습니까? 아니면 그리스도를 더욱더 붙드시겠습니까? 시편 90편 말씀은 그리스도를 붙들라고 말합니다.

사람은 인생에 대한 올바른 관점을 갖는 것이 절대적으로 필요합니다. 그리고 인생을 올바르게 살려면 자신의 감정이나 생각에 따라 마음대로 살면 안 됩니다. 사람은 주어진 인생을 자기 생각대로 살게 하는 능력이나 자격이나 힘이 없습니다. 사람은 스스로 존재하는 자가 아니요, 피조물입니다. 따라서 우리는 인생을 살아가는 동안 자신을 지으신 하나님을 바라보아야 하고, 그분의 말씀을 배워서 익혀야 하며, 그 안에서 인생을 살아갈 방법과 능력과 지혜를 얻어야 합니다.

한마디로, 하나님의 말씀을 붙드세요. 그 말씀만이 우리가 걸어가는 인생의 등이요 빛이 되는 것입니다(시 119:105). 이 말씀이 여러분의 신앙과 삶 속에 큰 위로와 복이 되시기를 주의 이름으로 축복합니다.

7장
하나님의 성소를 바라보며 깨닫는 하나님의 공의

시편 73편 1-28절

[1]하나님이 참으로 이스라엘 중 마음이 정결한 자에게 선을 행하시나 [2]나는 거의 넘어질 뻔하였고 나의 걸음이 미끄러질 뻔하였으니 [3]이는 내가 악인의 형통함을 보고 오만한 자를 질투하였음이로다 [4]그들은 죽을 때에도 고통이 없고 그 힘이 강건하며 [5]사람들이 당하는 고난이 그들에게는 없고 사람들이 당하는 재앙도 그들에게는 없나니 [6]그러므로 교만이 그들의 목걸이요 강포가 그들의 옷이며 [7]살찜으로 그들의 눈이 솟아나며 그들의 소득은 마음의 소원보다 많으며 [8]그들은 능욕하며 악하게 말하며 높은 데서 거만하게 말하며 [9]그들의 입은 하늘에 두고 그들의 혀는 땅에 두루 다니도다 [10]그러므로 그의 백성이 이리로 돌아와서 잔에 가득한 물을 다 마시며 [11]말하기를 하나님이 어찌 알랴 지존자에게 지식이 있으랴 하는도다 [12]볼지어다 이들은 악인들이라도 항상 평안하고 재물은 더욱 불어나도다 [13]내가 내 마음을 깨끗하게 하며 내 손을 씻어 무죄하다 한 것이 실로 헛되도다 [14]나는 종일 재난을 당하며

아침마다 징벌을 받았도다 [15]내가 만일 스스로 이르기를 내가 그들처럼 말하리라 하였더라면 나는 주의 아들들의 세대에 대하여 악행을 행하였으리이다 [16]내가 어쩌면 이를 알까 하여 생각한즉 그것이 내게 심한 고통이 되었더니 [17]하나님의 성소에 들어갈 때에야 그들의 종말을 내가 깨달았나이다 [18]주께서 참으로 그들을 미끄러운 곳에 두시며 파멸에 던지시니 [19]그들이 어찌하여 그리 갑자기 황폐되었는가 놀랄 정도로 그들은 전멸하였나이다 [20]주여 사람이 깬 후에는 꿈을 무시함 같이 주께서 깨신 후에는 그들의 형상을 멸시하시리이다 [21]내 마음이 산란하며 내 양심이 찔렸나이다 [22]내가 이같이 우매 무지함으로 주 앞에 짐승이오나 [23]내가 항상 주와 함께 하니 주께서 내 오른손을 붙드셨나이다 [24]주의 교훈으로 나를 인도하시고 후에는 영광으로 나를 영접하시리니 [25]하늘에서는 주 외에 누가 내게 있으리요 땅에서는 주 밖에 내가 사모할 이 없나이다 [26]내 육체와 마음은 쇠약하나 하나님은 내 마음의 반석이시요 영원한 분깃이시라 [27]무릇 주를 멀리하는 자는 망하리니 음녀 같이 주를 떠난 자를 주께서 다 멸하셨나이다 [28]하나님께 가까이 함이 내게 복이라 내가 주 여호와를 나의 피난처로 삼아 주의 모든 행적을 전파하리이다

신정론의 문제

하나님이 하시는 일 중에는 도무지 이해할 수 없는 것들이 많이 있습니다. 그중 하나가 하나님은 왜 창조 세계 안에 그렇게 많은 자연적인 악과 도덕적인 악을 허락하셔서 인간과 모든 피조물에게 고통과 고난을 주시는 것일까 하는 문제입니다. 신정론Theodicy은 **"하나**

님이 존재하신다면, 악은 어디서 오는가?"라는 질문에 답하는 이론입니다. 사람들은 다음과 같은 물음을 가집니다. "무한히 선하시고 전능하신 하나님은 왜 이 창조 세계 안에 악인을 그냥 두시는가, 왜 악인이 더 번성하게 하시는가, 왜 의인의 고난을 돌아보지 않으시는가, 왜 슬픔 가운데 기도해도 응답하지 않으시는가." 뛰어난 철학자들과 신학자들은 이에 대한 답을 찾기 위해 노력했지만, 지금까지도 찾지 못했습니다. 사실상 그 답은 오직 하나에서 풀어지는데, 그것은 바로 예수 그리스도입니다. 이 세상의 모든 악의 존재와 그 악으로 인해 성도가 받는 곤고함과 슬픔과 아픔 등, 이 모든 것의 답은 십자가 안에서만 찾을 수 있는 문제가 됩니다. 그러나 구약 시대의 성도들은 그리스도 안에서 완성되는 십자가를 보지 못했습니다. 그들은 선지자들의 예언을 듣고, 그리스도가 오셔서 주시는 구원의 은혜를 그림자로만 아는 사람들이었습니다. 그렇다면 그들은 어떻게 신정론의 문제를 풀어가며 그 답을 찾아갔을까요?

시편 73편 말씀은 시편 기자가 악인의 형통함과 대조되는 자신의 슬픈 인생에 대해 말하면서, 그것을 어떻게 극복해 나갔는지 보여줍니다.

시편 기자가 실족한 이유

1절을 보겠습니다.

"하나님이 참으로 이스라엘 중 마음이 정결한 자에게 선을 행하시나"(1절).

이 전제는 모든 신앙의 보루이며 출발점이며 신념입니다. 1절의 "마음이 정결한 자"는 마태복음 5장 1-12절에 나오는 자들, 곧 심령이 가난한 자, 애통하는 자, 온유한 자, 의에 주리고 목마른 자, 긍휼히 여기는 자, 마음이 청결한 자, 화평하게 하는 자, 의를 위하여 박해를 받은 자를 간추려서 말한 것입니다. 즉, 하나님의 말씀에 따라 살아가는 자, 그분만을 바라보고 살아가는 자, 그분의 인도하심을 받기 원하는 자입니다. 그런데 그 신앙을 가지고 살아가는 "마음이 정결한 자"에게 엄청난 시련과 시험이 찾아왔습니다.

"나는 거의 넘어질 뻔하였고 나의 걸음이 미끄러질 뻔하였으니"(2절).

그는 하나님을 떠날 뻔했다고 말하면서 다음과 같이 덧붙여 말합니다.

"이는 내가 악인의 형통함을 보고 오만한 자를 질투하였음이로다"(3절).

그는 시험이 닥치자 악인과 오만한 자를 부러워하는 지경에까지 이릅니다. 그는 하나님이 마음이 정결한 자에게 선을 행하신다고 고백했지만, 어려움에 처하자 그 고백을 버리고 하나님은 선을 베푸시는 분이 아니라고까지 생각합니다.

3절에서 그는 자신이 그렇게 실족하게 된 이유를 설명합니다. "이는 내가 악인의 형통함을 보고 오만한 자를 질투하였음이로다." 여기서 "악인"과 "오만한 자"는 의미상 같은 말입니다. "악인"은 도덕적 측면에서, "오만한 자"는 영적 측면에서 표현한 말입니다. 도덕적으로 악하고 영적으로 하나님 앞에서 오만한 자는 한마디로 하나님을 떠난 자입니다. 시편 기자는 그런 자들의 형통함을 보면서, 인과응보의 원리가 도무지 작동하지 않는다고 생각합니다. 그리고 인과응보가 역사하지 않는 인생사 속에서 어떻게 하나님을 믿는가 고심합니다. 3절에 "보고"라는 말이 나오는데 이것은 계속된 관찰을 포함한 미완료 시제입니다. 따라서 그 의미는, 시편 기자가 그런 자들을 계속해서 지켜보았다는 것입니다. 하지만 하나님이 그들을 심판하시지 않는 것을 보았고, 그들이 일생을 마치고 죽을 때에도 고통이 없고 강건한 것을 보았고, 사람들이 일반적으로 당하는 고난이나 재앙이 그들에게는 없는 것을 보았습니다.

> "그들은 죽을 때에도 고통이 없고 그 힘이 강건하며 사람들이 당하는 고난이 그들에게는 없고 사람들이 당하는 재앙도 그들에게는 없나니"(4-5절).

악인과 오만한 자의 특징

4-12절은 시편 기자가 악인의 형통함을 보고 오만한 자를 질투한 것에 대해 말합니다. 그는 낱낱이 풀어가며 설명합니다. 이것은 실제 자신의 경험이요 자신의 판단이기 때문에 아주 귀납적인 것입니다. 악인과 오만한 자는 죽을 때도 고통이 없고 힘이 강건하며, 누구나 당하는 고난과 재앙이 그들에게는 없습니다(4-5절). 그들은 도대체 어떤 사람들인가요? 6절을 보겠습니다.

> "그러므로 교만이 그들의 목걸이요 강포가 그들의 옷이며"(6절).

그들은 교만하며, 다른 이들을 강포로 대합니다. 옷은 날마다 입는 것이니 강포가 그들의 옷이라는 말은 일상화된 저들의 성정을 뜻합니다. 그들은 매우 강포하고 포악합니다. 7절은 그들의 외적인 모습을 묘사합니다.

> "살찜으로 그들의 눈이 솟아나며 그들의 소득은 마음의 소원보다 많으며"(7절).

사실상 눈은 보암직하고 먹음직스러운 것을 탐하기 때문에 살쪄서 눈이 솟았다는 것은 탐욕이 굉장히 많다는 것을 뜻합니다. 즉, 그들은 탐욕을 채우고자 하는 욕망이 굉장히 강했습니다. 그런데 7

절 하반절을 보면, 그들의 소득이 마음의 소원보다 많다고 합니다. 이 말은 그들이 욕망했던 것보다 더 큰 소득을 얻었다는 것입니다. 어떻게 된 일일까요? 그들이 원하는 탐욕 자체도 악한데, 하나님은 왜 그들에게 욕망보다도 더 많은 것을 주신 것일까요?

> "그들은 능욕하며 악하게 말하며 높은 데서 거만하게 말하며 그들의 입은 하늘에 두고 그들의 혀는 땅에 두루 다니도다"(8-9절).

악인과 오만한 자는 이내 곧 자기들에게 모든 것을 해결할 힘이 있다고 생각하며, 마음의 완악함으로 교만하게 행합니다.

그들은 조롱과 비웃음과 모욕을 합니다. 그들의 입이 하늘에 가 있다는 말은 그들 자신이 하나님의 자리를 차지해서 모든 이치를 헤아려 모든 것을 아는 자의 권세로 떠들어댄다는 것입니다. 한마디로, 그들은 하나님에 대해 모독합니다. "하나님이 누구신가? 그 자가 힘이 있는가? 너의 하나님께 기도해보아라. 그가 평생 너에게 집 한 채라도 주시는가 보라. 차라리 나에게 무릎을 꿇어라."

> "그러므로 그의 백성이 이리로 돌아와서 잔에 가득한 물을 다 마시며 말하기를 하나님이 어찌 알랴 지존자에게 지식이 있으랴 하는도다"(10-11절).

이 말씀은 악인과 오만한 자의 무리들이 한 떼로 어울려 있음을 설명합니다. 세상이 그쪽으로 치우쳐가는 것입니다. 그들이 "하나님이 어찌 알랴 지존자에게 지식이 있으랴"라고 외치는 함성이 세상을 메워 버립니다. 또한, 그들이 잔에 가득한 물을 마셨다는 말은 그들의 욕망과 죄악이 충만해 극에 달했다는 의미입니다. 그런 그들은 하나님에 대한 신성모독을 서슴지 않습니다. 지존자란, 모든 만물을 창조한 대로 다스리시는 분입니다. 그리고 바로 우리 하나님 아버지가 지존자이십니다. 그러나 그들은 하나님에게 세상을 다스리는 지식이 없다고 말하며, 이 세상 모든 일의 결정은 자기들이 한다고 우깁니다. 이렇게 악인들이 권세를 부리고 자만하는데 하나님이 침묵하시면, 마음이 정결한 자에게 선을 베푸시는 선한 하나님을 어찌 믿을 수 있겠는가 다시 생각할 수밖에 없게 됩니다.

악인과 대조되는 시편 기자의 인생

12절은 4-11절의 말씀을 요약하며 결론을 내립니다.

> "볼지어다 이들은 악인들이라도 항상 평안하고 재물은 더욱 불어나도다"(12절).

이 모순됨을 어떻게 설명할 수 있을까요? 만일 그들이 열을 가져도 우리가 두세 개 아니 하나라도 갖는다면, 그런 상대적 빈곤감은 믿음 안에서 극복될 수 있을 것입니다. 그러나 여기서 시편 기자가 시험에 든 것은 상대적 빈곤감 때문이 아닙니다. 13-14절을 보면, 시편 기자는 종일 재난을 당하고 아침마다 징벌을 당했습니다.

> "내가 내 마음을 깨끗하게 하며 내 손을 씻어 무죄하다 한 것이 실로 헛되도다 나는 종일 재난을 당하며 아침마다 징벌을 받았도다"(13-14절).

그는 참으로 이스라엘 중에 마음이 정결한 자에게 선을 행하시는 하나님을 믿고, 그분의 교훈에 따라 정결하게 살고, 슬픔과 아픔이 있어도 견디며 살았습니다. 그럼에도 불구하고 그에게 주어진 결과는 종일 재난을 당하며 아침마다 징벌을 받는 것이니, 결국 시험에 든 것입니다. 그는 날마다 당하는 재난과 징벌과 경제적 어려움과 육체의 질병과 상처와 상실과 박탈과 고독과 외로움 등, 그 모든 것 속에서 힘겹게 인생을 살았습니다. 내일의 소망이 있을까 싶어서 기다려보지만, 아침마다 그에게 주어지는 일은 징벌이었습니다.

영적인 것을 추구하고 노력함에도 불구하고 종일 재난을 당하며 아침마다 징벌을 받는다면, 누구라도 자기의 모든 노력이 헛되다고 생각할 것입니다. 그리고 나아가 왜 악인은 복을 받고 하나님은 나를 버리시는 것인지 질문할 수밖에 없을 것입니다. 따라서 시편 기자는 다음과 같이 질문합니다. "하나님은 왜 악인에게는 복을 주시고 나에게는 화를 베푸시는가?" 하나님을 이해할 수 없음에 질문은 한층 더 깊어집니다. "내게 주시는 재난과 징벌이 내 몫이라면 달게 받겠는데, 도대체 악인은 왜 성하는 것인가?" 여러분이 아무리 의인일지라도 이런 상황을 맞닥뜨리면, 악인들의 무리에 합류하여 "잔에 가득한 물을 다 마시며…하나님이 어찌 알랴 지존자에게 지식이 있으랴"(10-11절)라고 말하면서 죄악의 길을 따라가지 않을까요? 이 시편 기자는 그러한 위기를 겪고 있었습니다.

시편 기자의 깨달음

그런데 그 상황에서 반전이 일어납니다. 이 반전을 알면 신자로서의 참 행복을 아는 것이고, 이 반전을 모르면 여러분의 신앙생활은 평생 동안 곤고함과 시달림과 서러움에서 벗어나지 못하는 것입니다. 이 반전이 무엇일까요? 바로 15절 말씀에 나와 있습니다.

> "내가 만일 스스로 이르기를 내가 그들처럼 말하리라 하였더라면 나는 주의 아들들의 세대에 대하여 악행을 행하였으리이다"(15절).

시편 기자가 13-14절에서 분명히 자기 신앙에 대해 실족했다고 말했는데, 15절에서 뜻밖의 말이 나옵니다. 한마디로, 그럴 뻔하였으나 그러지 않았다는 것입니다. 이는 현실화되지 않은 가정입니다. "하였더라면 …행하였으리이다"는 "…했으면 …할 뻔했어"라는 말과 같습니다. 그런데 그 사이에 빠져 있는 아주 중요한 원어가 있습니다. 그것은 감탄사인데, 바로 "**보라**"입니다. "보라"를 넣고 읽으면 이렇게 말할 수 있습니다.

> "내가 만일 스스로 이르기를 내가 그들처럼 말하리라 하였더라면 **보라** 나는 주의 아들들의 세대에 대하여 악행을 행하였으리이다."

즉, "…했으면 '**보라**(아뿔싸!)' …할 뻔했어"라고 말하는 것입니다. 15절에서 "주의 아들들"이란, 하나님의 백성을 가리키는 말이며 궁극적으로 교회를 말합니다. 그리고 "주의 아들들의 세대"란, 시대적으로 한 세대를 말하기도 하지만 여기서는 한 무리를 가리킨다고 말할 수 있습니다. 하나님이 택하신 백성의 무리들, 하나님의 교회 백성들을 가리킵니다. 시편 기자는 자기가 넘어졌다면 그들에게 악을 행할 뻔했다고 말합니다. 실족했던 시편 기자가 15절에서 뜻밖의 고백을 할 수 있었던 이유는 무엇일까요? 16절 말씀에 그 답이 나와 있습니다.

> "내가 어쩌면 이를 알까 하여 생각한즉 그것이 내게 심한 고통이 되었더니"(16절).

시편 기자는 악인의 형통함과 대비되게 자신에게 날마다 주어지는 재난과 징벌을 생각하면서, 이 상황에 대한 하나님의 뜻과 그 뜻의 교훈을 생각해보려고 했습니다. 그러나 그 답을 찾지 못했다고 말합니다. 이것이 정답입니다. 즉, 시편 기자는 자신이 답을 찾아낸 것이 아니라고 말합니다. 그는 그 문제를 놓고 생각해보았지만 오히려 심한 고통이 되었고, 답을 찾을 수 없었습니다. 그렇다면 어떻게 찾게 된 것일까요?

> "하나님의 성소에 들어갈 때에야 그들의 종말을 내가 깨달았나이다"(17절).

그는 하나님의 성소에서 답을 얻었습니다. 여기서 하나님의 성소가 복수로 쓰여 있습니다. 성소는 단일체인데 왜 복수로 쓰였을까요? 성소의 거룩함과 장엄함 때문에 복수형으로 쓸 수도 있지만, 문맥을 가만히 보면 그는 하나님의 성소에 한 번이 아니라 여러 번 출입했다는 것을 발견할 수 있습니다. 따라서 복수형으로 쓰인 것입니다. 그는 성전에 계속해서 출입하며 풀어지지 않는 그 질문을 놓고 주 앞에서 괴로워했습니다. 그러다가 하나님의 성소를 바라보는 그 순간, 곧 자신이 하나님 앞에 서 있다는 사실을 자각하는 그 순간에 새롭게 은혜를 받아 알았다고 말합니다. 분명 그는 주 앞에 여러 번 나아갔을 것인데 어느 때인가 단 한 번의 번뜩 깨닫는 은혜가 주어진 것입니다. 하나님은 악인들의 형통함의 결국(종말)을 그에게 깨우쳐주셨습니다.

여러분은 교회에 오고 예배를 드리면서 어떤 것을 깨닫고 있습니까? 매주일 예배를 드리는 일이 왜 귀한 것일까요? 예배에서 우리는 한 주의 삶을 내놓고 하나님의 말씀 앞에서 자기의 심령을 비추어봅니다. 그리고 설교 말씀을 듣고 그 말씀으로 은혜를 받아 누립니다. 또한, 예배 드릴 때 신자의 심령에 성령님이 역사하셔서 우리로 은혜를 받게 하십니다. 여러분은 예배 가운데 무엇을 얻고 돌아가십니까? 그때 받는 힘은 여러 가지가 있을 수 있습니다. 그러나 누구나 공통된 한 가지를 얻는데, 그것은 바로 시편 90편 말씀에 있는 인생에 대한 분명한 자각입니다. 인생이란, 하나님이 "사람을 티끌로 돌아가게 하시고 말씀하시기를 너희 인생들은 돌아가라"(시 90:3)라고 말씀하시면 건장한 젊은이라도 티끌이 되고 마는 것입니다. 이것이 인생에 대한 분명한 자각입니다. 인생은 잠깐 자는 것 같으며 아침에 돋는 풀 같고, 풀은 아침에 꽃이 피어 자라다가 저녁에는 시들어 마는 것이니(시 90:5-6), 자기의 인생이 그런 것이라는 생각을 하고 주 앞에 나오면 많은 것을 깨닫게 됩니다. 시한부 인생을 살고 있는 사람은 정욕을 따라 살지 않습니다. 우리는 주 앞에 나와 자기의 인생을 그렇게 허비하고 더럽힐 수 없다는 사실을 깨달을 수 있습니다. 이것은 우리를 새롭게 하시는 성령님의 은혜입니다.

> "우리의 모든 날이 주의 분노 중에 지나가며 우리의 평생이 순식간에 다하였나이다 우리의 연수가 칠십이요 강건하면 팔십이라도 그 연수의 자랑은 수고와 슬픔뿐이요 신속히 가니 우리가 날아가나이다"(시 90:9-10).

기껏 살아가는 인생도 죄 중에 살아가니 우리가 사는 모든 날이 주의 분노 중에 사는 것이요 그러므로 우리의 인생은 제아무리 길어도 수고와 슬픔뿐입니다. 겉으로는 세상이 부러워하는 것을 가진 그 악인들도 마찬가지입니다.

다시 시편 73편으로 돌아와 말씀을 보면, 시편 기자가 하나님의 성소에 들어가 깨달음과 새롭게 하는 은혜를 받았다는 것을 알 수 있습니다. 그는 하나님의 인자하심을 깨달았습니다. 다시 말해, 그는 수고와 슬픔뿐인 인생 가운데 하나님이 우리를 그분의 자녀로 부르신 것이 우리의 인생의 참된 행복과 살아갈 위로라는 것을 깨달았습니다. 따라서 그는 이제 다음과 같이 고백합니다.

> "아침에 주의 인자하심이 우리를 만족하게 하사 우리를 일생 동안 즐겁고 기쁘게 하소서"(시 90:14).

주의 인자하심에 감사하고, 주의 용서하심의 은혜를 입고 새로운 심령으로 살아가며, 주께서 정하신 인생의 그날까지 주의 교훈을 따라 사는 자에게는 참된 행복이 있습니다. 참된 진리를 깨달은 사람은 자기의 상황이 여전히 슬픔과 고난 가운데 있을지라도 성소에 출입하며 "그 어떤 것도 나의 행복을 빼앗아갈 수 없습니다"라고 고백합니다.

악인의 운명과 결국

모든 사람은 인생이 끝나면 하나님의 심판 앞에 서게 됩니다. 시편 73편 기자는 18-20절에서 자기가 깨달은 진리에 대해 말합니다. 다시 말해, 형통했던 그 악인이 어떤 운명과 결국에 처할 것인지를 말합니다.

> "주께서 참으로 그들을 미끄러운 곳에 두시며 파멸에 던지시니 그들이 어찌하여 그리 갑자기 황폐되었는가 놀랄 정도로 그들은 전멸하였나이다 주여 사람이 깬 후에는 꿈을 무시함 같이 주께서 깨신 후에는 그들의 형상을 멸시하시리이다"(18-20절).

그는 이러한 사실을 깨닫고 절감합니다. 18-20절에서 반복되는 "파멸," "황폐," "전멸," "무시함," "멸시" 등의 단어는 다음과 같은 사실을 나타냅니다. 이 세상에 사는 동안 힘과 권력과 지식을 가졌든, 제아무리 많은 것을 가졌든, 그가 하나님 앞에서 그분의 백성으로 살지 않았다면 그것은 아무 소용이 없습니다. 하나님은 그런 자들이 파멸, 황폐, 전멸, 무시함, 멸시를 당하게 하십니다. 악인의 형통함과 영광은 한순간에 사라져버립니다. 18절에 하나님이 "참으로" 그렇게 하신다고 말합니다. 정말로 이런 일이 있을 것입니다. 19절에 "어찌하여 그리 갑자기"라는 말은 순식간의 변화를 의미합니다. 히브리어 원문에는 '눈 깜짝할 사이'라고 표현되어 있습니다.

좀 전에 분명히 보았는데 매우 짧은 순간에 다른 모습이 되어 있는 것입니다. 그것은 멸망이자 비참함입니다. 그리고 중요한 사실 한 가지가 있습니다. 사람이 일생에 누렸던 (시편 기자가 부러워했던) 형통함이 그 자리에서 자신을 지켜주거나 보호해주는 어떤 힘도 갖지 못한다는 것입니다. 그것들은 지푸라기에 불과합니다.

시편 기자는 18-20절 말씀을 확신했습니다. "황폐되었는가," "전멸하였나이다"라는 단어는 완료형으로 쓰였습니다. 그 이유는, 이것이 미래에 있을 일이지만 하나님 앞에서는 이미 결정된 일이기 때문입니다. 요한계시록 18장 15-20절은 그들의 운명에 대해 묵시로 이렇게 설명하였습니다.

> "바벨론으로 말미암아 치부한 이 상품의 상인들이 그의 고통을 무서워하여 멀리 서서 울고 애통하여 이르되 화 있도다 화 있도다 큰 성이여 세마포 옷과 자주 옷과 붉은 옷을 입고 금과 보석과 진주로 꾸민 것인데 그러한 부가 한 시간에 망하였도다 모든 선장과 각처를 다니는 선객들과 선원들과 바다에서 일하는 자들이 멀리 서서 그가 불타는 연기를 보고 외쳐 이르되 이 큰 성과 같은 성이 어디 있느냐 하며 티끌을 자기 머리에 뿌리고 울며 애통하여 외쳐 이르되 화 있도다 화 있도다 이 큰 성이여 바다에서 배 부리는 모든 자들이 너의 보배로운 상품으로 치부하였더니 한 시간에 망하였도다 하늘과 성도들과 사도들과 선지자들아, 그로 말미암아 즐거워하라 하나님이 너희를 위하여 그에게 심판을 행하셨음이라 하더라."

마지막 날에 악인들이 멸망할 때 즐거워할 자들이 있는데 바로 "하늘과 성도들과 사도들과 선지자들"입니다. 그날에 울며 애통할 사람이 있는 반면에 즐거워할 사람이 있습니다.

회개와 고백

이 모든 일을 깨닫자, 시편 기자는 즉각적으로 회개합니다.

> "내 마음이 산란하며 내 양심이 찔렸나이다 내가 이같이 우매 무지함으로 주 앞에 짐승이오나"(21-22절).

21절은 정황을 설명하는 것이고, 22절이 그가 회개하는 내용입니다. 그는 자신이 우매 무지하고 주 앞에 짐승과 같다고 고백합니다. 그는 선을 베푸시는 하나님에 대해 알았지만, 영적인 것을 추구하고 노력함에도 불구하고 종일 재난을 당하며 아침마다 징벌을 받기 때문에 자기의 모든 노력이 헛되다고 생각했던 일을 회개하였습니다. 자기의 생각대로 판단하고, 하나님을 떠날 뻔했던 일 등, 그 모든 생각이 짐승과 같았음을 고백합니다.

21절에서 마음이 산란하다는 것은 근심과 고통이 있었다는 뜻이고, 양심이 찔렸다는 것은 의역으로 자기 몸이 송곳으로 찔림 받는 듯한 아픔을 느꼈다는 뜻입니다. 이 근심과 고통과 아픔은 그가 회개할 때의 상황이 아니라, 이전에 하나님 앞에서 실족할 뻔했을 때의 상황을 말합니다.

> "내가 어쩌면 이를 알까 하여 생각한즉 그것이 내게 심한 고통이 되었더니"(16절).

그는 하나님 앞에서 불평과 불만과 의문을 가지고 하나님을 받아들이기 힘들 만큼 어려운 때를 보냈습니다. 그러나 이제 와서 그 일을 돌아보니, 그때의 자기 모습이 우매 무지하고 짐승과 같았다고 합니다. 그때 했던 무수히 많은 말들이 하나님께 얼마나 죄악된 것인지 깨달은 것입니다. 욥 또한 그런 회개를 했습니다. 욥은 온전하고 정직하여 하나님을 경외하며 악에서 떠난 자로, 동방 사람 중에 가장 훌륭한 자였습니다. 그런 그에게 많은 고난이 닥쳤고, 그는 믿음을 잘 지켰지만 자신이 당한 고통과 고난의 문제를 놓고 하나님께 많은 질문을 합니다. 하나님은 욥에게 말씀하시고(욥 38:4), 그로 인해 그는 하나님께 했던 그 모든 질문들을 부끄러워하고 자기가 짐승과 같다는 것을 깨닫습니다.

다시 시편 73편으로 돌아와 23절 말씀을 보면, 시편 기자가 다음과 같이 고백을 합니다.

> "내가 항상 주와 함께 하니 주께서 내 오른손을 붙드셨나이다"(23절).

이 말씀은, "어려운 상황에도 불구하고 내가 항상 하나님과 함께

하고 신앙을 지켰기 때문에 하나님이 나를 붙들어주셨습니다."라고 해석하면 안 됩니다. 그것은 자기의 공로요 대가라고 말하는 것이기 때문에 잘못된 해석입니다. 이 말씀은, 받은 은혜를 먼저 고백하는 것입니다. "우매 무지하고 주 앞에 짐승 같은 내가 어려운 상황에도 불구하고 항상 주와 함께 있는 은혜 가운데 있었으니, 이 일이 내게 어찌 이루어진 일인가"라고 말하며, "하나님께서 내 오른손을 놓지 않으셨다"라고 고백하는 것입니다.

결론

시편 73편은 사실상 눈물의 간증이라고 할 수 있습니다. 문장의 의미를 따라서 다음과 같이 말할 수 있습니다. "저는 하나님의 침묵을 이해하지 못하고 하나님의 공의를 의심하며 어찌하여 하나님은 의인을 돌보지 아니하시고 악인을 형통하게 하시는가 하며 근심과 고통과 아픔의 시기를 보냈습니다. 그러나 성소에 들어가 참된 진리를 깨닫고, 이제 와서 그때의 제 모습을 돌아보니 저는 우매 무지하고 짐승과 같았다고 생각합니다. 하나님은 항상 저와 함께하셨고, 저를 향한 인자하심을 거두지 않으시고 저의 오른손을 붙들어주셨습니다."

하나님은 우리가 그분 앞에서 의문을 제기할 때도, 실족할 때도, 고통 속에서 몸부림칠 때도 항상 함께하시고 붙들어주십니다. 하나님은 그런 우리를 돌이키려고 말씀으로 깨닫게 하시고 인도하셔서 결국 예비된 영광으로 이끌어주십니다. 시편 기자는 그 사실을 분명하게 깨달았습니다.

> "주의 교훈으로 나를 인도하시고 후에는 영광으로 나를 영접하시리니"(24절).

이 말씀은, 이 땅에서 환난 가운데 있지만 훗날에는 영광이 있으니 견디겠다고 고백하는 것이 아닙니다. 그는 자기의 영적 안목이 뒤집어진 것을 말하고 있습니다. 자기가 부러워했던 악인의 형통함은 참된 형통함이 아니고, 참된 것은 하나님의 은혜를 입는 것이라는 사실을 깨달았다고 말합니다. 가치의 전환이 일어난 것입니다. 그는 25절에서 고백을 이어 나갑니다.

> "하늘에서는 주 외에 누가 내게 있으리요 땅에서는 주 밖에 내가 사모할 이 없나이다"(25절).

시편 73편은, 악인은 마지막 날에 심판을 당하니 하나님의 공의를 걱정하지 말라는 단순한 가르침에 그치는 것이 아닙니다. 이 말씀은 이러한 세상 속에 살아가는 그리스도인들이 어떻게 이 슬픔과 고통과 아픔을 감당하고, 무엇을 바라보고 가치를 두어야 하는지, 그리고 그들에게 주신 상급이 무엇인지 알도록 일깨워줍니다. 설령 세상이 볼 때는 우리가 종일 재난을 당하며 아침마다 징벌을 받는 것처럼 보일지라도, 이 말씀은 우리가 결코 불행한 사람들이 아니라는 사실을 가르쳐줍니다.

'형통함'이란, 하나님이 항상 함께하시며 영광으로 우리를 영접하시는 데 있습니다. 따라서 그리스도인들은 비싼 음식을 못 먹든, 시험에 합격하지 못하든, 형통합니다. 갖고자 하는 것을 갖지 못하기도 하고 지키고자 하나 지키지 못하기도 하는 등, 그런 일들을 겪고도 그리스도인들은 여전히 그런 우여곡절 가운데서 형통하다고 말할 수 있습니다. 따라서 여러분이 그리스도인이라면 관점을 바꾸기 바랍니다. 하나님은 "네가 악인의 형통함을 부러워하느냐. 그 형통함은 너의 형통함이 아니다. 네게는 바로 내가 상이니라"라고 말씀하십니다. 시편 기자는 그 사실을 깨닫고 다음과 같이 고백합니다.

> "내 육체와 마음은 쇠약하나 하나님은 내 마음의 반석이시요 영원한 분깃이시라"(26절).

하나님은 아브라함에게도 "아브람아 두려워하지 말라 나는 네 방패요 너의 지극히 큰 상급이니라"라고 말씀하셨습니다(창 15:1). 그분은 오늘날 우리에게도 "그 상급을 너희가 받았으니, 비록 어떤 일을 당하고 네 마음과 육체는 쇠약할지라도 나를 바라보아라."라고 말씀하십니다.

27-28절에는 이런 고백이 나옵니다.

"무릇 주를 멀리하는 자는 망하리니 음녀 같이 주를 떠난 자를 주께서 다 멸하셨나이다 하나님께 가까이 함이 내게 복이라 내가 주 여호와를 나의 피난처로 삼아 주의 모든 행적을 전파하리이다"(27-28절).

주를 멀리하는 자는 세상의 모든 것을 가지고 누린다고 해도 망합니다. 그리고 하나님은 음녀 같이 주를 떠난 자, 곧 우상숭배를 하고 탐욕하는 자들을 멸하십니다. 그렇다면 그리스도인인 우리는 어떻게 살아야 할까요? 일용한 양식을 구하며 살아야 합니다. 다시 말해, 주어진 분깃에 만족하며 살아야 합니다. 우리는 육체 가운데 있는 연약한 인생이니 배부르고 편안한 삶을 바라는 것은 인간의 인지상정입니다. 필요한 것들을 얻고 싶고, 없으면 괴롭고 아쉬운 것이 당연합니다. 그러나 하나님은 모든 것을 아십니다. 따라서 우리가 하나님이 주신 분깃 안에서 살아내고, 어려움이 있다면 그분 앞에 기도하고 위로를 구하며 살기 바랍니다. 악인의 형통함을 부러워하지 말고, 아쉬움을 덜어내고 주어진 삶에 만족하며 살기 바랍니다. 어쩔 수 없는 것도 견디고 기도하면서 새 힘을 달라고 간구하기 바랍니다. 견디는 힘을 주시는 가운데 위로도 맛보며 살기 바랍니다. 이 모든 일이 하나님을 가까이하는 일입니다. 그러나 한 가지 알아둘 것은 악인들이 받아 누리는 일들을 복이라고 생각하는 것과 그것이 없으면 자기가 믿음이 없어서 못 받았다고 생각하는 것은 정말로 잘못된 생각입니다.

모든 사람의 삶의 형편은 각각 다릅니다. 그러나 그리스도인이라면 감사하게도, 모두가 주 앞에서 살아간다는 것은 같습니다. 저는 우리 교회의 교인들이 참 자랑스럽고 귀합니다. 여러분을 뵙는 것이 목사로서는 큰 기쁨입니다. 인생 가운데 슬픔이 있다면 기도하시고 그것이 하나님이 주신 분깃인 줄 알고 자족하는 마음으로 살아가기 바랍니다. 또한 필요한 것이 있다면 하나님 아버지께 구하고 그렇게 위로를 맛보며 살아가기 바랍니다. 하나님을 우리의 상급과 형통함으로 알고 주를 가까이함으로 인생을 걸어가기 바랍니다.

시편 73편의 말씀은 우리에게 참된 진리를 가르쳐줍니다. 즉, 하나님이 우리에게 "너의 자랑이 어디에 있느냐. 무엇으로 슬퍼하겠느냐"라고 물으시는 것입니다. 이 말씀을 마음에 잘 새겨서 그분의 크신 은혜 가운데 살아갈 수 있기를 주의 이름으로 축복합니다.

8장
고난을 통해 깨닫는 하나님의 사랑

시편 119편 64-72절

[64] 여호와여 주의 인자하심이 땅에 충만하였사오니 주의 율례들로 나를 가르치소서 [65] 여호와여 주의 말씀대로 주의 종을 선대하셨나이다 [66] 내가 주의 계명들을 믿었사오니 좋은 명철과 지식을 내게 가르치소서 [67] 고난 당하기 전에는 내가 그릇 행하였더니 이제는 주의 말씀을 지키나이다 [68] 주는 선하사 선을 행하시오니 주의 율례들로 나를 가르치소서 [69] 교만한 자들이 거짓을 지어 나를 치려 하였사오나 나는 전심으로 주의 법도들을 지키리이다 [70] 그들의 마음은 살져서 기름덩이 같으나 나는 주의 법을 즐거워하나이다 [71] 고난 당한 것이 내게 유익이라 이로 말미암아 내가 주의 율례들을 배우게 되었나이다 [72] 주의 입의 법이 내게는 천천 금은보다 좋으니이다

선하신 하나님

고난을 피하기 위해 하나님을 믿는다면 그 신앙은 처음부터 잘못된 것입니다. 그런 사람은 어려움을 당할 경우, 하나님이 자기를 도와주지 않는다고 말하면서 다른 신을 찾아갑니다. 도움을 받는 것이 신앙의 이유가 되면 적어도 그 사람은 영적인 방황을 하며, 진리의 말씀을 바로 알지도 못하고, 하나님을 진실로 예배하지 않게 됩니다. 창조주 하나님이 타락한 이 세상 가운데 사는 우리를 다스리시면서 우리에게 주고자 하신 것이 있습니다. 그것은 바로 '하나님을 예배하는 자의 행복'입니다. 하나님은 자기를 예배하는 자에게 행복을 주고자 하십니다. 그리고 우리가 예배하는 행복을 찾도록 우리의 심령을 이끌어 가십니다.

시편 119편 64-72절 말씀은 도무지 어울릴 수가 없는 두 가지 계명을 함께 두고 말합니다. 하나는 "주는 선하사"라고 말하는 것이고, 다른 하나는 인생이 "고난" 중에 있다고 말하는 것입니다. 즉, 시편 기자는 하나님의 선하심에 대해 말하고, 동시에 그분을 믿는 그리스도인이 겪는 고난에 대해 말하고 있습니다. 이 두 가지가 어떻게 조화를 이룰 수 있을까요? 전혀 어울리지 않는 두 개념은 하나로 만나게 됩니다. 어떻게 그렇게 되는지 말씀을 살펴봅시다.

이 시편 말씀은, 인생 가운데 비록 고난을 겪고 있을지라도 하나님은 우리를 선하게 대하신다고 선포합니다. 그리고 실제적으로 하나님은 그런 상황에서도 우리를 선하게 대하십니다. 먼저 65절과

68절을 각각 살펴봅시다.

> "여호와여 주의 말씀대로 주의 종을 선대하셨나이다"(65절).
> "주는 선하사 선을 행하시오니 주의 율례들로 나를 가르치소서"(68절).

65절에 "주의 종을 선대하셨나이다"라고 말하고, 68절에 "주는 선하사 선을 행하시오니"라고 말합니다. 이것은 하나님의 무한한 선하심에 대한 강조입니다. "하나님은 선하십니다"로 끝나지 않고, "하나님은 선하시니 그분이 하시는 일도 마땅히 선합니다"라고 말하는 것입니다. 이것이 하나님을 믿는 신앙에 있어서 핵심적인 첫 번째 토대입니다.

고난의 유익

그러면 어떻게 고난 가운데서도 하나님이 나를 선하게 대하셨다고 말할 수 있을까요? 67절과 71절을 각각 살펴봅시다.

> "고난 당하기 전에는 내가 그릇 행하였더니 이제는 주의 말씀을 지키나이다"(67절).
> "고난 당한 것이 내게 유익이라 이로 말미암아 내가 주의 율례들을 배우게 되었나이다"(71절).

이 두 절의 말씀에는 시편 기자가 고난 가운데 있었다는 고백이 분명하게 드러나 있습니다. 그런데 그는 하나님이 자기를 선하게 대하셨다고 고백합니다. 어떻게 고난 가운데서도 하나님이 자기를 선하게 대하셨다고 고백할 수 있을까요? 방금 읽은 67절과 71절 말씀에서 아주 명확한 답을 발견할 수 있습니다. "**고난 당한 것이 내게 유익이라.**" 그는 고난 당한 것이 자기 자신에게 유익이라고 말합니다. "하나님이 내게 고난을 주셨는데 그것이 나에게 참 좋은 일이었어. 나는 그 일 때문에 정말 감사해."라고 이야기하는 것입니다.

세상은 이에 대해 이해하지 못하고, 다음과 같이 말합니다. "그 고난을 덜기 위해 하나님을 믿는 것이 아닌가? 그 고난 때문에 도리어 기쁘고 감사하고 하나님을 선하시다고 말하는 것이 가능한 일인가?" 사실상 시편 기자의 신앙고백은 근본적 인식의 전환이 없으면 불가능한 것입니다. 그리고 처음부터 고난을 덜기 위해 하나님을 믿은 사람이라면 그런 고백은 더더욱 불가능한 일이 됩니다.

어느 누가 고난을 기뻐하겠습니까? 학생들은 과제를 받고 시험을 보는 것이 자기에게 유익이 된다는 것을 잘 압니다. 그러나 그것을 알면서도 과제나 시험을 좋아하는 학생은 없습니다. 성도도 마찬가지입니다. 단순한 예로, 성도들은 성경 공부를 하다가 과제를 받으면 슬금슬금 다 빠져나갑니다. 고난을 좋아하는 사람은 한 명도 없습니다. 여러분에게 어떤 고난이 주어졌는데 그 고난이 도리어 유익이 될 것이라고 보장되어 있다면, 그 고난을 기쁘게 받을 수 있겠습니까? 이러한 질문에도 "다른 길은 없나요?"가 우리의 답일 것입니다. 그렇다면 우리는 여기서 고난이 '지혜의 문제'라는 것을 알 수 있습니다. 하나님은 우리가 고난 당하는 것을 힘들어하고 피하고 싶어 한다는 것을 아십니다. 그러나 그럼에도 불구하고 우리에게 고난을 주시는데, 그 이유는 그것이 우리에게 최선이기 때문입니다. 우리는 이 사실에 대해 하나님을 확신해야 합니다. 하나님은 그분의 섭리 가운데 우리의 인생을 이끌어 가실 때, 그분의 지혜로 다스리시고 일하십니다. 날마다 우리에게 베풀어주시는 은혜가 그분의 지혜대로 일하신 것입니다. 때로는 그것이 고난일 수가 있습니다.

따라서 그분의 지혜를 따라 우리에게 주시는 고난은 하나님의 선하심과 충돌될 수가 없습니다. "선하신 하나님, 저에게 왜 이런 고난을 주시나요?"라는 질문은 하나님의 지혜에 대한 도전입니다. 이런 질문은 그분을 잘못 알고 그분에게 지혜가 없다고 말하는 것과 같습니다. 하나님이 고난을 통해 우리를 이끌어 가시는 중요한 이유가 하나 있습니다. 우리는 죄인이기 때문에 만사가 형통하면 좀처럼 하나님을 생각하지 않고 자기의 생각대로 행합니다. 혹시 그 평안함이 깨어질까 싶어서 두려움에 하나님의 비위를 맞추려고 모양을 낼 수는 있습니다. 예를 들어, 헌금을 더 드린다거나 괜히 성경을 한 번 더 들여다보는 등 여러 가지 행동을 취합니다. 그러나 그런 사람은 그 마음의 중심에 하나님을 두지 않습니다. 자기가 지키고 싶은 그것이 자기 인생의 중심에 있기 때문입니다.

"네가 평안할 때에 내가 네게 말하였으나 네 말이 나는 듣지 아니하리라 하였나니 네가 어려서부터 내 목소리를 청종하지 아니함이 네 습관이라"(렘 22:21).

하나님은 이스라엘 백성에게 말씀하셨으나 그들이 듣지 않았고, 하나님은 그것이 그들의 성질, 성격, 습관 때문이라고 말씀하십니다. 우리는 우리의 성정을 알고 잘 다스려야 합니다.

"네가 먹어서 배부르고 아름다운 집을 짓고 거주하게 되며 또 네 소와 양이 번성하며 네 은금이 증식되며 네 소유가 다 풍부하게 될 때에 네 마음이 교만하여 네 하나님 여호와를 잊어버릴까 염려하노라…"(신 8:12-14).

이스라엘 백성들은 애굽에서 나올 때 열 가지 재앙과 홍해 사건을 통해 하나님의 권능과 능력을 다 보았고, 당시 광야 생활 가운데 만나를 먹었습니다. 즉, 하나님의 보호하심과 신실하심을 경험한 사람들이죠. 그러나 눈으로 생생히 목도했음에도 불구하고 아름다운 집을 지을 때가 되자 그들의 입술에 불평과 원망이 가득 차게 됩니다. 즉, 그들은 그 은혜를 쉽게 잊어버렸습니다. 하나님의 은혜의 손길은 처음에는 대단해 보이지만 반복되면 점점 평범해 보입니다. 감사했던 사실이 그다음부터는 이내 곧 평범하게 느껴지는 것입니다. 우리는 하나님께 받은 은혜를 쉽게 잊어버리면 안 됩니다.

신명기 8장 17절은 이렇게 말합니다.

"그러나 네가 마음에 이르기를 내 능력과 내 손의 힘으로 내가 이 재물을 얻었다 말할 것이라."

사람의 성정은 이토록 교만하고 악합니다. 하나님은 우리를 사랑하시기 때문에 그냥 두시지 않고 모든 교만의 악을 제거하기 위해 낮추십니다. 그 뿌리가 얕으면 쉽게 뽑히기 때문에 고난도 작고, 뿌리가 깊으면 그에 따른 고난도 큽니다.

신명기 8장 2-3절을 보겠습니다.

"네 하나님 여호와께서 이 사십 년 동안에 네게 광야 길을 걷게 하신 것을 기억하라 이는 너를 낮추시며 너를 시험하사 네 마음이 어떠한지 그 명령을 지키는지 지키지 않는지 알려 하심이라 너를 낮추시며 너를 주리게 하시며 또 너도 알지 못하며 네 조상들도 알지 못하던 만나를 네게 먹이신 것은 사람이 떡으로만 사는 것이 아니요 여호와의 입에서 나오는 모든 말씀으로 사는 줄을 네가 알게 하려 하심이니라."

하나님은 우리가 그분의 사랑을 깨달을 수 있게 그분의 말씀을 사용하십니다. 따라서 우리는 하나님의 말씀에서 그분의 사랑을 깨달아야 합니다.

하나님은 우리를 낮추시기 위해 시험을 주십니다. 그러나 그것을 두려워하지 않아도 되는 이유는, 우리가 감당할 수 있는 시험만 주시기 때문입니다. 절대로 우리가 무너져서 하나님의 사랑에 낙담하고 절망하며 그분을 떠나게 하지 않으십니다. 하나님은 우리가 마음속에 그분을 어떻게 생각하는지 그것을 보려고 시험하십니다. 하나님은 우리가 "사람이 떡으로만 살 것이 아니요 하나님의 입으로부터 나오는 모든 말씀으로 살 것이라"라고 말하며 그렇게 살기를 바라십니다(마 4:4). 하나님의 말씀은 우리에게 영적 유익을 가져다줍니다.

지난날의 고난을 돌이켜볼 때, 여러분에게 하나님을 떠날 만한 고난이 있었는지 생각해보시기 바랍니다. 하나님의 분명한 뜻은 고난을 통해 우리를 낮추사, 그분의 말씀대로 살게 하시는 것입니다. 그것이 우리의 유익을 위해 절실한 것이기 때문에 하나님은 그것을 목적으로 우리를 다루어 가십니다.

시편 119편으로 돌아와서 67절과 69절을 각각 살펴봅시다.

> "고난 당하기 전에는 내가 그릇 행하였더니 이제는 주의 말씀을 지키나이다"(67절).
>
> "교만한 자들이 거짓을 지어 나를 치려 하였사오나 나는 전심으로 주의 법도들을 지키리이다"(69절).

시편 기자는 고난을 통해서 "이제는 주의 말씀을 지키고 전심으로 주의 법도를 지키는" 자가 되었습니다. 이 말씀은 두 가지 사실을 나타내는데, 곧 "전에는 내가 그런 자였으나 고난을 통해서 지금은 이런 자가 되었나이다"라고 말하는 것입니다. 그는 환난과 박해가 있다 할지라도("교만한 자들이 거짓을 지어 나를 치려 하였사오나") 그것에 굴하지 않고 여전히 전심으로 주의 법도를 지키겠다고 고백합니다. 무엇을 경험했기에 이런 고백이 나오는 걸까요? 바로 고난입니다.

시편 119편은 그 고난이 무엇이었는지 말해주지 않습니다. 다만 시편 기자의 고난 당하기 전과 그 이후의 영적 상태에 대해서는 이야기합니다. 그는 전에는 그릇 행하고 불순종한 자였는데, 이제는 하나님의 말씀을 전심으로 지키기 원하는 자로 바뀌었습니다. 그는 신자이기 때문에 아마도 자신이 겪는 고난을 가지고 하나님께 도움을 구하며 나아갔을 것입니다. 우리도 마찬가지로 고난을 당하면 하나님께 도움을 구하며 나아가지 않습니까? "하나님, 제가 너무 힘듭니다. 저를 불쌍히 여기사 고난을 제하여 주시고 견딜 수 있게 도와주세요." 그런데 여기에 아주 중요한 차이가 있습니다. 단순히 어려움에서 구해 달라고 기도하는 것과 자기를 도우시는 하나님이 선하시고, 하나님의 도움만이 살길이며, 그 기도 중에 "하나님, 제가 이 고난 속에서 무엇을 하기 원하십니까?"라고 묻는 기도는 확연하게 다릅니다. 우리는 최우선의 가치가 오직 하나님의 말씀에 있는 줄 알고, 그 고난 속에서 주 앞에 나아가 기도해야 합니다. 그럴 때에 고난을 통해서 주시는 영적 유익과 하나님의 크신 사랑을 깨닫게 되는 것입니다. 또한 자신의 숨겨진 죄악을 발견할 것이고, 하나님을 더 사랑해야 할 이유를 깨달을 것이며, 어떤 것에 넋을 놓고 살았는지 돌아보고 그 욕망이 이 일을 자초하였다는 것을 알아차릴 것입니다. 고난 당한 상황 속에서 자기를 성찰하면서 하나님이 지금이라도 은혜를 베푸셔서 그 일들을 멈추게 되어 얼마나 감사한지 생각할 수 있게 됩니다. 따라서 66절과 68절에 다음과 같이 고백한 것입니다.

> "내가 주의 계명들을 믿었사오니 좋은 명철과 지식을 내게 가르치소서"(66절).
>
> "주는 선하사 선을 행하시오니 주의 율례들로 나를 가르치소서"(68절).

또한, 71절을 보면 다음과 같이 말합니다.

> "고난 당한 것이 내게 유익이라 이로 말미암아 내가 주의 율례들을 배우게 되었나이다"(71절).

고난 당한 것이 왜 유익일까요? 주의 율례들을 배우게 되었기 때문입니다. 그렇다면 주의 율례들이 무엇이기에 고난을 통해서 배울 만한 가치가 있다고 말하는 걸까요? 72절은 그 가치를 이렇게 설명합니다.

"주의 입의 법이 내게는 천천 금은보다 좋으니이다"(72절).

하나님의 말씀의 교훈을 듣고 아는 것은 세상의 금은과 그 어떤 것보다도 귀합니다. 혹여나 말씀을 가리켜 복(금은)을 얻기 위한 방편이라고 말하는 사람이 있다면, 그는 진리를 깨닫지 못한 자일 것입니다.

교만한 자들의 특징

69절과 70절을 보면, 한 무리가 나옵니다.

"교만한 자들이 거짓을 지어 나를 치려 하였사오나 나는 전심으로 주의 법도들을 지키리이다"(69절).
"그들의 마음은 살져서 기름덩이 같으나 나는 주의 법을 즐거워하나이다"(70절).

거짓을 지어 시편 기자를 치려는 교만한 자들의 마음은 살져서 기름덩이 같다고 합니다. 그들은 어떤 사람들일까요? 마음이 살져서 기름덩이 같다는 것은 기름덩이로 마음이 싸여 있어서 칼에 찔려도 끄떡없는 것을 의미합니다. "하나님의 말씀은 살아 있고 활력이 있어 좌우에 날선 어떤 검보다도 예리하여 혼과 영과 및 관절과 골수를 찔러 쪼개기까지" 하는데(히 4:12), 기름덩이 같은 마음은 하나님의 말씀에도 아무런 변화를 받지 못합니다. 즉, 영적으로 무감각하고 패역하며 탐욕과 욕심으로 가득 차서 말씀을 듣지 못합니다. 앞 장에서 시편 73편을 다룰 때도, 그런 사람들을 다음과 같이 표현했습니다.

> "교만이 그들의 목걸이요 강포가 그들의 옷이며 살찜으로 그들의 눈이 솟아나며 그들의 소득은 마음의 소원보다 많으며 그들은 능욕하며 악하게 말하며 높은 데서 거만하게 말하며 그들의 입은 하늘에 두고 그들의 혀는 땅에 두루 다니도다"(시 73:6-9).

시편 73편에서도 그런 사람들을 살폈다고 표현합니다. 앞서 말했지만, 시편 73편은 우리에게 중요한 두 가지 교훈을 줍니다. 이 세상 가운데 살면서 형통한 악인을 부러워하지 말아야 합니다. 그들의 결국(종말)이 어떠한지를 알면 결코 부러워할 수가 없기 때문입니다. 인생은 잠깐인데, 이 세상에서 영화를 누리고 형통한 자를 무엇 때문에 부러워하겠습니까? 그들은 그저 한순간에 멸망할 것입니다. 나아가 더 중요한 교훈이 있습니다. 세상에서 형통한 것은 참된 행복이 아니며, 그리스도인이 누리는 은혜야말로 참된 행복이라는 것입니다. 시편 73편 기자도 처음에는 자기의 상황과 대조되는 악인의 형통함을 부러워하였으나, 성전에 들어가 비로소 참된 진리를 깨닫고 주어진 삶의 은혜를 누리며 살았습니다.

고난을 통해 깨닫는 은혜

하나님은 자녀 된 우리가 그분의 놀라운 지혜와 뜻을 알기 원하십니다. 그러나 우리는 미련하여 종종 그 깨달음이 더디기도 합니다. 그럴 때에 하나님은 우리에게 고난이라도 주셔서 그것을 깨닫게 하십니다. 즉, 하나님은 "하나님께 가까이 함이 복이라"는 사실을 깨닫지 못하고 있는 그분의 자녀에게 고난을 주셔서라도 은혜를 알게 하십니다. 하나님은 시편 기자가 고백한 것이 우리 그리스도인 모두의 고백이 되기를 원하십니다.

> "고난 당한 것이 내게 유익이라 이로 말미암아 내가 주의 율례들을 배우게 되었나이다 주의 입의 법이 내게는 천천 금은보다 좋으니이다"(71-72절).

하나님의 말씀은 이 세상의 형통함(금은, 명예, 번영, 쾌락, 안정, 평안 등) 그 어떤 것보다 좋은 것입니다.

하나님은 육신 가운데 사는 우리의 인생이 피곤하고 고단하다는 것을 이미 알고 계십니다. 구약 시대에도 하나님은 육신 가운데 사는 이스라엘 백성들의 인생을 불쌍히 여기셨고, 다음과 같이 말씀하셨습니다.

> "너희는 내가 오늘 너희에게 명하는 모든 명령을 지키라 그리하면

너희가 강성할 것이요 너희가 건너가 차지할 땅에 들어가서 그것을 차지할 것이며 또 여호와께서 너희의 조상들에게 맹세하여 그들과 그들의 후손에게 주리라고 하신 땅 곧 젖과 꿀이 흐르는 땅에서 너희의 날이 장구하리라 네가 들어가 차지하려 하는 땅은 네가 나온 애굽 땅과 같지 아니하니 거기에서는 너희가 파종한 후에 발로 물 대기를 채소밭에 댐과 같이 하였거니와 너희가 건너가서 차지할 땅은 산과 골짜기가 있어서 하늘에서 내리는 비를 흡수하는 땅이요 네 하나님 여호와께서 돌보아 주시는 땅이라 연초부터 연말까지 네 하나님 여호와의 눈이 항상 그 위에 있느니라 내가 오늘 너희에게 명하는 내 명령을 너희가 만일 청종하고 너희의 하나님 여호와를 사랑하여 마음을 다하고 뜻을 다하여 섬기면 여호와께서 너희의 땅에 이른 비, 늦은 비를 적당한 때에 내리시리니 너희가 곡식과 포도주와 기름을 얻을 것이요 또 가축을 위하여 들에 풀이 나게 하시리니 네가 먹고 배부를 것이라"(신 11:8-15).

사람마다 주어진 삶의 형편은 각각 다릅니다. 누군가는 부유할 수 있고, 다른 누군가는 가난할 수 있습니다. 그러나 사람의 인생을 아시는 하나님은 각자가 처한 상황 가운데 우리의 모든 필요를 아시고 채워주십니다. 특히 그분은 우리의 인생을 붙들어주십니다. 우리는 말씀을 듣고도 깨달음이 더디고 부족하지만, 하나님은 우리에게 은혜를 주셔서 올바로 일깨워주시고 우리의 인생을 굳게 붙들어주십니다.

하나님은 우리가 그분에 대해 더 알아가기를 원하십니다. 우리가 하나님의 말씀을 사랑하고 자기 심령에 그 말씀을 담아 살아내기를 원하십니다. 그리고 그 말씀을 억압, 강압, 괴로움으로 받는 것이 아니라 "송이꿀보다 더 달다"고 고백하며 받기를 원하십니다.

> "여호와의 율법은 완전하여 영혼을 소성시키며 여호와의 증거는 확실하여 우둔한 자를 지혜롭게 하며 여호와의 교훈은 정직하여 마음을 기쁘게 하고 여호와의 계명은 순결하여 눈을 밝게 하시도다 여호와를 경외하는 도는 정결하여 영원까지 이르고 여호와의 법도 진실하여 다 의로우니 금 곧 많은 순금보다 더 사모할 것이며 꿀과 송이꿀보다 더 달도다"(시 19:7-10).

한 가지 기억할 것은 "고난은 당신이 하나님 앞에서 어떤 사람인지를 드러낸다"는 것입니다. 즉, 당신이 지금껏 무엇을 믿고 살아왔는가를 아주 분명하게 드러냅니다. 고난 당하는 사람이 다 똑같은 반응을 보이는 것은 아닙니다. 어떤 이는 고난을 당하면 하나님께 불평과 원망을 합니다. 하나님이 주시는 고난의 손길을 잘못 사용하는 것이죠. 이는 미련한 일입니다. 한편, 어떤 이는 하나님의 선하심을 믿고 고난 가운데서도 다른 사람들에게 하나님은 선하시다고 증거하는 반응을 보입니다. 하나님이 자기에게 주신 고난을 바르게 이해하고 있는 것입니다. 그는 고난 속에서도 "하나님이 내게 얼마나 많은 복을 주셨는가 보라. 내가 얼마나 평안한가. 하나님이 내게 복을 주셨다."라고 말합니다.

또한 고난을 마주할 경우, 어떤 사람은 그 가운데 영적으로 나태하게 살아가는 반면, 어떤 사람은 하나님을 더 가까이하면서 영적인 깨달음을 얻습니다. 둘 중에 어떤 사람이 복된 자입니까? 하나님은 둘 중 누구를 부르시고 안아주실까요? 어떤 이들은 자기가 고난당한 것에 대해 하나님이 자기의 형편을 전혀 고려하지 않으셨다고 말하면서 원망을 합니다. 이것은 우리가 종종 보이는 반응일 수도 있습니다. 반면에, 어떤 이들은 하나님은 지혜로우시니 그 선하심으로 자기 인생을 이끄실 것을 확신하고 불평하지 않습니다. 오히려 그 일을 통하여 하나님 앞에 어떻게 서 있을까 고민하며, 주께서 원하시는 것이 무엇인가를 찾기 위해 기도하며 나아갑니다.

시편 119편은 하나님이 주신 고난을 잘못 이해하고 오용하고 남용하는 사람들에게 영적인 교만과 미련함을 깨달으라고 말합니다. 즉, 하나님은 진실로 선하시니 그분의 지혜를 믿고 고난 안에서 유익을 얻으라고 말합니다.

사람은 고난을 당하면, "나는 아무것도 아니구나."라는 생각을 하게 됩니다. 우리는 보잘것없습니다. 우리의 의, 신앙의 경건함, 거룩함 등 어떤 것도 자랑할 것이 못 됩니다. 세상 가운데 갖고 누리고 있는 권력이나 재물도 마찬가지입니다. 그런 것들은 우리를 고난 가운데서 구해줄 수 없습니다. 고난 당할 경우, 우리는 그저 하나님이 얼마나 위대한 분이시며 우리를 어떻게 사랑하시는가를 보아야 합니다. 그분이 아들을 내어주시면서까지 사랑하신 그 사랑에는 무슨 목적이 있었을까요? 우리에게 부귀영화나 건강을 주시기 위해 그의 아들을 죽이신 것일까요? 그런 것을 주실 거였다면, 그냥 말씀으로 하셔도 됐을 것입니다. 하나님이 자기의 사랑하는 아들을 내어주시면서까지 우리에게 주고자 하신 것은 '죄 문제의 해결'입니다. 우리의 인생을 사랑하신 그 크신 하나님의 사랑이 그리스도 안에서 드러납니다. 이처럼 하나님은 우리에게 가장 좋은 것을 주십니다. 따라서 어떤 고난의 상황 속에서도 하나님이 그 선하심으로 우리의 인생을 이끌어 가실 것을 확신해야 합니다.

"너희가 악한 자라도 좋은 것으로 자식에게 줄 줄 알거든 하물며 하늘에 계신 너희 아버지께서 구하는 자에게 좋은 것으로 주시지 않겠느냐"(마 7:11).

징계와 형벌의 차이

때로 하나님이 징계를 주실 때 그것을 주의하여 잘 분별하시기 바랍니다.

"너는 사람이 그 아들을 징계함 같이 네 하나님 여호와께서 너를 징계하시는 줄 마음에 생각하고"(신 8:5).

형벌은 인과응보의 벌이지만, 징계는 형벌과는 다른 차원의 벌입니다. 징계는 인과응보에 따라서 받는 형벌의 만분의 일도 안 되는 벌입니다. 만일 하나님이 공의에 따라 징계하셨다면, 우리의 인생은 그대로 끝이 났을 것입니다. 하나님의 징계는 우리가 감당할 수 있는 만큼, 깨닫기에 필요한 만큼 주어집니다. 그렇다면 하나님은 왜 우리에게 행한 대로 벌하지 않으시고 감당할 만하고 깨닫기에 필요한 만큼만 징계를 주실까요? 그 이유는 하나님이 우리를 사랑하시기 때문입니다. 더 궁극적인 이유는 우리가 예수 그리스도 안에서 그분의 자녀이기 때문입니다. 우리의 모든 죄를 예수님이 받으셨기 때문에 우리를 향한 징계는 공의에 따른 형벌이 아니고, 용서받은 자에게 베푸시는 은혜의 손길이요 사랑의 손길인 것입니다.

결론

하나님은 우리에게 복을 주시기 위해 우리의 인생을 이끌어 가십니다.

> "네 조상들도 알지 못하던 만나를 광야에서 네게 먹이셨나니 이는 다 너를 낮추시며 너를 시험하사 마침내 네게 복을 주려 하심이었느니라"(신 8:16).

사랑하는 교우 여러분, 우리는 직업이 다르고 거주지도 다 다릅니다. 그러나 하나님의 부르심을 받아 함께 복을 누리고 있습니다. 하나님을 사랑하십시오. 목사인 제가 보기에 여러분이 받은 가장 큰 복은 하나님의 부르심을 받았다는 것입니다. 대통령이든, 권력이 있는 사람이든, 부자든, 그 누구도 믿음이 없으면 아무것도 아닙니다.

하나님은 지극히 선하십니다. 시편 119편 65-72절은 곳곳에서 하나님이 선하시다는 것을 강조합니다.

> "여호와여 주의 말씀대로 주의 종을 **선대하셨나이다**"(65절).
>
> "내가 주의 계명들을 믿었사오니 **좋은** 명철과 지식을 내게 가르치소서"(66절).
>
> "주는 **선하사 선을 행하시오니** 주의 율례들로 나를 가르치소서"(68절).
>
> "고난 당한 것이 내게 **유익**이라 이로 말미암아 내가 주의 율례들을 배우게 되었나이다"(71절).
>
> "주의 입의 법이 내게는 천천 금은보다 **좋으니이다**"(72절).

누구나 한 번쯤은 인생 중에 고난을 겪었을 것입니다. 하나님 앞에서 그 고난을 어떻게 감당했는지 돌아보기 바랍니다. 그 고난 때문에 유익이 있었습니까? 성경을 달리 읽게 되었거나, 기도의 내용이 달라졌거나, 찬양의 목소리가 달라졌거나, 신앙의 고백이 달라졌습니까? 그 고난 때문에 전에는 없던 영적인 성장과 성숙이 생겼습니까? 그렇다면 그 자체로 감사해야 합니다.

고난 가운데 너무 힘들어도 낙심하지 마세요. 하나님은 우리가 감당할 수 있는 고난과 시험만 주십니다. 그리고 주 안에서 수고하는 모든 일들이 헛되지 않다고 하셨습니다.

> "우리가 선을 행하되 낙심하지 말지니 포기하지 아니하면 때가 이르매 거두리라"(갈 6:9).

하나님을 가까이하고 그분의 말씀 앞에서 살아가기 바랍니다. 주의 이름으로 축복합니다.

9장
환난 가운데 고백하는 하나님의 선하심

시편 34편 1-22절

[1]내가 여호와를 항상 송축함이여 내 입술로 항상 주를 찬양하리이다 [2]내 영혼이 여호와를 자랑하리니 곤고한 자들이 이를 듣고 기뻐하리로다 [3]나와 함께 여호와를 광대하시다 하며 함께 그의 이름을 높이세 [4]내가 여호와께 간구하매 내게 응답하시고 내 모든 두려움에서 나를 건지셨도다 [5]그들이 주를 앙망하고 광채를 내었으니 그들의 얼굴은 부끄럽지 아니하리로다 [6]이 곤고한 자가 부르짖으매 여호와께서 들으시고 그의 모든 환난에서 구원하셨도다 [7]여호와의 천사가 주를 경외하는 자를 둘러 진 치고 그들을 건지시는도다 [8]너희는 여호와의 선하심을 맛보아 알지어다 그에게 피하는 자는 복이 있도다 [9]너희 성도들아 여호와를 경외하라 그를 경외하는 자에게는 부족함이 없도다 [10]젊은 사자는 궁핍하여 주릴지라도 여호와를 찾는 자는 모든 좋은 것에 부족함이 없으리로다 [11]너희 자녀들아 와서 내 말을 들으라 내가 여호와를 경외하는 법을 너희에게 가르치리로다 [12]생명을 사모하고 연수를 사랑하

여 복 받기를 원하는 사람이 누구뇨 [13]네 혀를 악에서 금하며 네 입술을 거짓말에서 금할지어다 [14]악을 버리고 선을 행하며 화평을 찾아 따를지어다 [15]여호와의 눈은 의인을 향하시고 그의 귀는 그들의 부르짖음에 기울이시는도다 [16]여호와의 얼굴은 악을 행하는 자를 향하사 그들의 자취를 땅에서 끊으려 하시는도다 [17]의인이 부르짖으매 여호와께서 들으시고 그들의 모든 환난에서 건지셨도다 [18]여호와는 마음이 상한 자를 가까이 하시고 충심으로 통회하는 자를 구원하시는도다 [19]의인은 고난이 많으나 여호와께서 그의 모든 고난에서 건지시는도다 [20]그의 모든 뼈를 보호하심이여 그 중에서 하나도 꺾이지 아니하도다 [21]악이 악인을 죽일 것이라 의인을 미워하는 자는 벌을 받으리로다 [22]여호와께서 그의 종들의 영혼을 속량하시나니 그에게 피하는 자는 다 벌을 받지 아니하리로다

우리가 겪는 인생의 슬픔과 고난과 아픔

하나님은 자기 백성들을 사랑으로 지키고 보호하시지만 그리스도인들도 때로는 인생의 슬픔과 고난과 아픔을 겪습니다. 그러나 그 어려움의 일조차 그분의 뜻 가운데 행해지는 것이기 때문에 우리는 그것들을 두려워할 필요가 없습니다. 하나님은 우리가 인생을 마치는 그날까지, 정하신 그 뜻에 따라 각각 나름대로의 일정한 슬픔과 고난과 아픔을 겪게 하십니다. 그런 것들에서 벗어나기 위해 하나님을 믿는 사람이 있다면, 아마도 그는 평생 하나님의 선하심을 맛보아 알 수 없을 것입니다. 하나님의 선하심을 맛보아 아는 일

은 그 사실을 인정하는 것에서부터 시작됩니다. 예수님을 믿고 신앙생활을 하면서도 하나님의 크신 뜻을 이해하지 못하는 성도를 보면 참 안타깝습니다. 그들은 참된 진리를 깨닫지 못해 이내 곧 영적 공허함에 빠지고 맙니다.

하나님이 자기의 사랑하는 백성들을 일정한 슬픔과 고난과 아픔 속에 두시는 것은 그분의 뜻입니다. 따라서 그런 일을 겪는 것은 우리 인생의 필연적인 것입니다. 우리는 그 가운데 주 예수 그리스도만이 소망되심을 발견하고 그로 인해 위로를 얻습니다. 이때 얻는 소망과 기쁨은 세상이 주는 그 어떤 것과도 비교할 수 없습니다. 세상에서 갖고자 하는 것을 얻었을 때 오는 만족감이나 희열감과도 비교가 안 됩니다. 예수 그리스도 안에서 받는 소망과 위로는 영원한 것이자 견고한 것입니다.

시편 34편 기자는 하나님이 자기에게 큰 기쁨을 맛보게 하셨다고 고백합니다. 그는 어떤 상황에서 그러한 고백을 했을까요? 먼저 신약 성경을 보면 주를 위하여 핍박을 받는 자에게 큰 복이 있다고 말합니다.

> "의를 위하여 박해를 받은 자는 복이 있나니 천국이 그들의 것임이라"(마 5:10).

그리스도인이 하나님의 말씀에 순종하여 그분의 뜻대로 살아갈 때, 그럼에도 불구하고 고난이 따를 수 있다는 것입니다. 그러나 하나님은 그 고난 뒤에 큰 복이 있다고 약속하셨습니다.

다윗은 골리앗과 싸워서 이겼음에도 불구하고 사울로부터 인정받지 못하고 오히려 질투를 받아 내쫓기며 광야에 유리하는 신세가 됩니다. 다윗은 곤고함과 고난 속에서 "하나님, 제가 이스라엘과 하나님을 위해 무엇을 했는지 알고 계시지 않습니까? 제가 왜 이런 일을 당해야 합니까?"라고 말합니다. 하나님은 그런 그의 마음을 어루만지며 "다윗아, 걱정하지 마라. 내가 너와 함께 있다."라고 말씀하십니다. 그러나 하나님은 다윗이 고난 가운데 있을 때뿐 아니라 주 앞에 죄를 범했을 때도 동일하게 말씀하셨습니다. 그리스도인에게 신앙의 승리라는 것은 날마다 있는 것이 아닙니다. 그리고 그것은 우리의 힘으로 이길 수 있는 것이 아니고 하나님이 도와주셔야만 가능한 것입니다.

예화를 한 가지 들어보겠습니다. 지난 합신 경건 모임에 일본에서 한 선교사님이 오셨는데, 그분이 겪었던 일입니다. 선교사님에게는 19살짜리 딸이 있었는데, 그녀는 일본에서 태어나고 자랐습니다. 어느 날, 그녀가 학교에서 일본어 수업을 듣고 있는데, 선생님이 다음과 같이 기독교를 비방했다고 합니다. "기독교에는 서로 사랑하라는 말씀이 있는데, 기독교인은 자기들끼리만 그 말씀을 적용한다. 그들은 기독교인이 아닌 자들에게는 생명까지 위협하며 빼앗아버리는 악한 종교다." 선교사님 딸은 그 말을 듣고 참을 수가 없었답니다. 그래서 손을 들고 발언권을 세 번이나 청했는데, 그 선생님은 발언권을 주지 않았습니다. 그렇게 수업은 끝이 났고, 그녀는 교장 선생님을 찾아가서 벌어진 일들에 대해 모두 이야기했습니다. 그리고 "기독교는 그 선생님이 말했던 것처럼 그런 종교가 아닙니다. 기독교는 사랑의 종교입니다. 만일 그런 종교였다면 제 아버지가 여기 일본 땅에 선교사로 오지도 않았을 것이고 제가 일본에서 태어날 이유도 없었을 것입니다."라고 말했습니다. 교장 선생님은 그녀의 말을 듣고 다 이해한다는 듯이 말하곤 그녀를 집에 보냈습니다. 선교사님은 이제 딸이 왕따를 당하거나 퇴학을 당하게 될 것이라고 생각하고 큰 걱정을 했답니다. 그런데 반전이 이루어집니다. 교장 선생님이 그 선생님을 불러다가 다음 수업 시간에 그때 했던 말을 정정하라고 요구한 것입니다. 그리고 그 모든 것이 그렇게 정리가 되었습니다. 사실상 선교사님 딸에게 그 일은 다윗과 골리앗의 싸움이었습니다. 그런데 다윗이 골리앗을 이긴 것처럼, 그녀가 선생님의 권위와 질서 안에서 자기의 권리를 찾아냈습니다. 그리고 더 궁극적으로는 여호와의 영광을 드러냈습니다.

만일 이 일이 다르게 되었다고 가정해봅시다. 위와 동일하게 어떤 사람이 수업 시간에 기독교를 비방하는 선생님의 말을 듣습니다. 그래서 그 말에 대해 반박하려고 발언권을 청했지만 무시를 당했고, 교장 선생님을 찾아가 그 모든 일에 대해 말합니다. 그러나 그는 오히려 그 일로 인해 선생님의 진노를 샀고, 교장 선생님에게 무시를 당했으며, 친구들의 조롱을 받습니다. 즉, 그리스도인으로서 온갖 조롱을 다 받고 자기의 권리를 찾아내지도 못했으며, 여호와의 영광을 드러내지도 못했습니다. 그러나 여기서 주목할 것은, 승리하지 못한 그런 사람에게도 하나님의 위로가 있다는 것입니다. 하나님의 위로는 승리할 때도 나타나지만, 승리하지 못하고 고난과 슬픔 가운데 있을 때에도 함께하심으로도 나타납니다. 하나님은 고난 가운데 있는 자기 백성과 함께하셔서 그 크신 사랑을 나타내십니다. 그리고 그것은 자랑스러운 고난이 되는 것입니다.

다윗의 고난

시편 34편에 나오는 고난이 어떤 것인지 살펴봅시다. 시편 34편의 표제는 '**다윗이 아비멜렉 앞에서 미친 체하다가 쫓겨나서 지은 시**'입니다. 이 시편은 사무엘상 21장 10-15절의 사건을 배경으로 두고 쓰였습니다. 다윗이 사울을 두려워하여 일어나 도망하여 가드 왕 아기스에게로 갔습니다. 아기스는 가드 왕의 고유명사 이름이고, 아비멜렉은 가드 왕을 가리키는 일반적인 명사입니다. 마치 "바로"가 이집트의 왕을 가리키는 명칭이듯 "아비멜렉"은 가드 왕을 가리키는 명칭입니다.

> "그 날에 다윗이 사울을 두려워하여 일어나 도망하여 가드 왕 아기스에게로 가니"(삼상 21:10).

10절을 보면 다윗이 사울을 두려워한다는 것을 알 수 있습니다. 사울이 다윗을 죽이려고 했기 때문입니다. 사무엘상 20장을 보면 다윗과 요나단의 대화가 나옵니다. 요나단은 자기 아버지 사울이 다윗을 해하려고 확실히 결심한 것을 보고, 다윗에게 도망가라고 말하고 우정 서약을 맺습니다.

> "다윗에 대한 요나단의 사랑이 그를 다시 맹세하게 하였으니 이는 자기 생명을 사랑함 같이 그를 사랑함이었더라"(삼상 20:17).

그렇게 도망하던 다윗은 놉이라는 곳에 이르러서 제사장 아히멜렉을 만납니다. 다윗은 그에게서 떡을 얻어먹고, 그곳에서 칼을 구하고 다시 도망칩니다. 다윗은 자기 생명을 빼앗으려는 사울의 집요함에 두려움과 공포감이 듭니다. 그리고 그렇게 쫓기는 신세가 되면서, 가드 땅(가나안 족속)으로 피신합니다. 즉, 골리앗과의 싸움에서도 용맹했던 다윗이 자기 목숨을 부지하기 위해 하나님의 주권적 섭리를 의지하지 않고, 이방인의 손에 자기의 목숨을 의탁하러 간 것입니다. 다윗은 두려움에 앞서 그 문제를 자기 생각대로 판단하고 이방인의 손에 자기의 목숨을 의탁했습니다. 그 결과, 좋지 못한 일이 생깁니다. 먼저 가드 왕 아기스의 신하들이 다윗을 알아보고 다음과 같이 말합니다.

> "아기스의 신하들이 아기스에게 말하되 이는 그 땅의 왕 다윗이 아니니이까 무리가 춤추며 이 사람의 일을 노래하여 이르되 사울이 죽인 자는 천천이요 다윗은 만만이로다 하지 아니하였나이까 한지

라"(삼상 21:11).

당시 다윗은 왕이 아니었으나 저들은 다윗을 왕이라고 칭합니다. 그들은 다윗의 위용을 보고, 그가 이스라엘을 보호하고 지킬만한 종인 줄 알았던 것입니다. 이방인도 다윗의 존재를 인정하는데, 다윗은 자기 자신의 존재를 불신자처럼 망각하고 이방인의 손에 자신의 목숨을 의탁하는 수치스러운 일을 보입니다. 이것은 하나님이 이방인의 입을 들어 다윗을 부끄럽게 하고자 하신 말씀입니다. 사실상 이스라엘 백성들이 "사울이 죽인 자는 천천이요 다윗은 만만이로다"라고 말했을 때, 이 말에는 다윗에게 주어지는 개인의 영광을 넘어서서 이스라엘을 보호하시는 하나님의 영광이 드러나 있었습니다. 그런데 그런 다윗이 모든 것을 외면하고 이방인에게 가서 목숨을 의탁하는 비참한 모습을 보였습니다. 그래서 하나님은 오히려 이방인의 말을 통해 자신의 뜻을 일깨워주십니다. 그런데 오히려 다윗은 그 말을 듣고 심히 두려워합니다.

"다윗이 이 말을 그의 마음에 두고 가드 왕 아기스를 심히 두려워하여"(삼상 21:12).

다윗은 그들이 자기를 죽일 것이라고 생각한 것입니다. 그는 이방인의 손에 자기 목숨을 의탁한 일이 얼마나 미련하고 어리석었으며 수치스러운지를 깨닫게 됩니다. 그리고 절체절명의 위기를 만납니다. 자신의 미련함으로 하나님을 떠나 생명을 보존하려고 했던 시도가 결국 화로 돌아온 것입니다. 다윗은 그 상황에서 할 수 있는 한 가지 방법을 생각해 냅니다. 그것은 돌이켜 밤새 울며 하나님께 기도하는 일이 아니었습니다. 다윗이 다시 꾀를 내어 한 행동은 바로 미친 체하는 것이었습니다.

> "그들 앞에서 그의 행동을 변하여 미친 체하고 대문짝에 그적거리며 침을 수염에 흘리매"(삼상 21:13).

그는 미친 체하고 대문짝에 기대어 그적거리며 침을 수염에 흘렸습니다. 그는 발광을 했고, 그 미친 체하는 연기가 아기스 왕과 함께했던 그 무리들을 모두 속일 만큼 실감 나게 완벽했습니다.

> "아기스가 그의 신하에게 이르되 너희도 보거니와 이 사람이 미치광이로다 어찌하여 그를 내게로 데려왔느냐 내게 미치광이가 부족하여서 너희가 이 자를 데려다가 내 앞에서 미친 짓을 하게 하느냐 이 자가 어찌 내 집에 들어오겠느냐 하니라"(삼상 21:14).

다윗은 절체절명의 위기에서 하나님께 기도하지 않았습니다. 다윗의 잘못된 선택과 수치스러운 행동이 본문에 계속 드러납니다. 이방에도 퍼졌던 그의 명성과 위엄과 자랑은 한순간에 무너지고, 이제 그는 "미치광이"라고 불립니다. 아기스 왕은 그런 다윗을 보고, 그를 시험해보지도 않고 죽이지도 않고 그대로 돌려보냅니다. 이 일은 하나님이 다윗을 구원하기 위해 행하신 일입니다. 아기스 왕의 마음에 하나님이 역사하셨고, 다윗은 그 사랑을 나중에야 깨닫습니다.

은혜를 입은 자

우리는 허물과 죄 가운데서 육신의 정욕을 따라 살았기 때문에 본래 진노의 자녀들이었습니다. 그러나 하나님은 우리를 그대로 심판하지 않으시고 은혜를 베푸사 구원을 받게 하셨습니다. 또한, 하나님은 우리가 인생을 살면서 자기의 허물과 죄 때문에 고난을 당한다 할지라도 은혜를 베풀어주십니다. 시편 34편은 그 은혜를 입은 다윗의 시입니다. 다윗은 자기 자신에 대해 어떤 사람이라고 빗대어 말하면서 하나님의 은혜를 찬양합니다.

첫째는 **곤고한** 자입니다.

> "내 영혼이 여호와를 자랑하리니 곤고한 자들이 이를 듣고 기뻐하리로다"(2절).
> "이 곤고한 자가 부르짖으매 여호와께서 들으시고 그의 모든 환난에서 구원하셨도다"(6절).

다윗은 아기스 왕과 그의 신하들 앞에서 미친 체하면서, 속으로는 간절히 주의 도우심을 구했을 것입니다. 그는 필사적으로 온 힘을 다해 그들에게 미친 사람으로 비치기를 바라며, 비참한 모습을 보였습니다.

곤고한 자라는 것은 자신이 당한 고통 때문에 비참한 상태로 마음이 찢긴 사람입니다. 다윗은 2절에서 자기를 곤고한 자라고 말합니다. 그리고 "곤고한 자들"이라고 복수형으로 표현했습니다. 그 이유는 자기뿐만 아니라 자기와 함께한 무리들을 통칭해서 표현하고자 했기 때문입니다. 그렇다면 "내 영혼이 여호와를 자랑하리니"라는 말씀에서 그가 자랑하는 것은 무엇입니까? 바로 6절의 내용입니다. 다윗은 하나님이 자기의 슬픔을 들으셨다는 사실을 자랑했고, 그와 함께한 무리들이 이를 듣고 다 기뻐했습니다. 이것은 중요한 사실을 암시합니다.

하나님은 환난 중에 있는 자기 백성들을 위로하십니다. "우리의 모든 환난 중에서 우리를 위로하사 우리로 하여금 하나님께 받는 위로로써 모든 환난 중에 있는 자들을 능히 위로하게 하시는 이시로다"(고후 1:4). 그리고 그 위로하심은 우리 자신만을 위한 것이 아니고, 같은 무리 속에 있는 다른 자들도 위로하기 위함입니다. 우리가 가진 은사와 누리는 행복과 평안은 우리 개인의 축복일 뿐만 아니라 교회를 위해 주시는 은사요 축복입니다.

하나님이 우리에게 주시는 모든 열매들은 절대 개인적인 축복으로 끝나지 않습니다. 우리는 그것들을 교회 공동체의 신앙 안에서 교통하는 모든 성도들에게 나눠야 할 책임을 갖습니다. 다른 사람들이 나의 고난을 이해할 수 없을 거라고 단정 지어서는 안 됩니다. 다시 말해, 하나님 앞에서 자기 신앙의 독특성과 은혜만을 자랑하고 남들은 나의 고난에 대해 아무것도 모를 거라고 마음을 닫아 놓으면 안 됩니다. 이전에 겪었던 슬픔을 다른 성도의 슬픔을 위로하기 위해 내게 주셨던 것이라고 생각하고, 그들을 위로해야 합니다. 여러분의 곤고함과 위로는 교회를 위한 것입니다. 여러분이 받는 좋은 것들도 여러분이 갖고 있는 선한 것들도 모두 교회를 위한 것입니다.

둘째는 **마음이 상한 자**입니다. 18절을 살펴봅시다.

> "여호와는 마음이 상한 자를 가까이 하시고 충심으로 통회하는 자를 구원하시는도다"(18절).

마음이 상한 자라는 것은 극심한 고통에 시달려서 마음에 상처를 입은 자를 말합니다. 여기서 고통은 외적인 것이 아니라 죄 인식의 문제("충심으로 통회하는 자")와 관련이 있습니다.

모든 성도는 하나님 앞에서 그분을 경외하는 마음으로 자기의 마음을 낮춰야 합니다. 또한 자신이 하나님 앞에 연단을 받아 환난을 당하고 있다는 사실을 깨달을 때는 더더욱 주 앞에 회개하는 마음으로 나아가야 합니다. 형통하든 평안하든 곤고하든, 주 앞에서 교만하게 행할 자는 아무도 없습니다. 모든 성도는 항상 겸비한 마음으로 주 앞에 나아가야 합니다. 그럴 때에 "**충심으로 통회하는**

자"라는 표현이 나옵니다. 따라서 마음이 상한 자는 통회(회개)와 관련이 있습니다. 만일 자신의 마음이나 행실이 하나님의 계명에 비추어 그분의 뜻에서 벗어난다면, 재빨리 그 사실을 깨닫고 통회해야 합니다. 이것이 "충심으로 통회하는 자"의 모습입니다. 하나님은 그런 자를 구원하십니다.

곤고한 자, 마음이 상한 자, 통회하는 자는 하나님을 믿고 의지하며 경외해야 합니다. 그래서 다윗이 7-9절에서 다음과 같은 권면을 합니다.

> "여호와의 천사가 주를 경외하는 자를 둘러 진 치고 그들을 건지시는도다 너희는 여호와의 선하심을 맛보아 알지어다 그에게 피하는 자는 복이 있도다 너희 성도들아 여호와를 경외하라 그를 경외하는 자에게는 부족함이 없도다"(7-9절).

곤고하거나 마음이 상했거나 죄를 깨달았다면, 하나님께 나아가라는 것입니다. 대부분의 사람들은 자기의 죄를 깨달으면, "오호라 나는 망하였구나. 내가 어찌 하나님께 나아갈꼬."라고 말합니다. 그리고 하나님이 죄를 미워하신다는 사실 때문에 죄에 대한 인식으로 하나님 앞에 더 나아가지 못합니다. 그러나 다윗은 그런 자들에게 하나님 앞에 더 나아가라고 촉구합니다. 그렇게 할 때, 하나님의 선하심을 맛볼 수 있기 때문입니다.

"너희는 여호와의 선하심을 맛보아 알지어다 그에게 피하는 자는 복이 있도다"(8절).

하나님의 용서는 모든 허물을 가립니다. 그리고 자녀를 품는 그 사랑으로 모든 것을 안아주십니다. 고난 가운데 곤고하거나 마음이 상했거나 죄를 깨달았다면, 하나님 앞에 더 나아가 그분의 선하심을 맛보아 알기 바랍니다. 예수 그리스도 안에서 베푸신 십자가 대속의 은혜를 재확인하고, 믿음을 주신 것에 대해 감사하며, 죄를 깨닫고 회개하는 것 자체가 은혜인 것을 깨닫기 바랍니다. 그 선하심을 맛보아 아는 사람은 하나님의 긍휼하심을 높이 찬송하며, 마지막 날에 영화롭게 하실 그 큰 사랑에 대한 확신을 갖고 이 땅에 살면서 영생을 맛보며 살아갑니다. 그리고 그것이 바로 경건의 비밀입니다.

시편 34편 22절은 이렇게 말씀합니다.

"여호와께서 그의 종들의 영혼을 속량하시나니 그에게 피하는 자는 다 벌을 받지 아니하리로다"(22절).

이 속량은 대가 없는 속량이 아닙니다. 하나님은 자기가 택한 백성을 구원하겠다는 뜻을 정하시고, 성자 예수님을 이 땅에 보내사 우리를 대신해 모든 형벌을 받도록 하셨습니다. 다시 말해, 예수님이 우리의 죗값을 대신 치루어 우리의 영혼을 속량하셨습니다. 따라서 죄의 형벌을 두려워하지 말고, 오직 주의 은혜로 구원받은 것을 생각하며 하나님의 크신 사랑을 찬미하기 바랍니다. 다윗은 이 사실에 더해서, 자기가 이방인들 앞에서 저지른 죄와 실수에도 불구하고 자기를 건지신 하나님의 긍휼하심을 찬양하며 "그에게 피하는 자는 다 벌을 받지 아니하리로다"라고 고백합니다.

은혜를 깊이 깨달은 자

다윗은 이제 하나님의 은혜를 깊이 깨닫고 말합니다.

> "너희 성도들아 여호와를 경외하라 그를 경외하는 자에게는 부족함이 없도다"(9절).
> "너희 자녀들아 와서 내 말을 들으라 내가 여호와를 경외하는 법을 너희에게 가르치리로다"(11절).

다윗은 자기가 깨달은 은혜를 혼자만 알고 누리려고 하지 않습니다. 그는 온 교회에 전파합니다. 자기의 허물에도 불구하고 고난 중에 자기를 건지신 하나님의 사랑을 전파하며, 다음과 같이 말합니다. "여러분, 고난 중에 고통을 당할지라도 하나님께 피하세요. 주 앞에 나오시기 바랍니다. 여러분이 죄 중에 있든, 주 앞에서 경건하게 살았든, 우리의 소망은 한 가지밖에 없으니 바로 예수 그리스도입니다."

자기의 허물에 대해 용서받은 자는 그 은혜가 얼마나 큰지 잘 압니다. 곤고하고 마음이 상하고 주 앞에 충심으로 통회하는 자는 자기의 영혼을 속량하시는 하나님의 은혜를 입고 그 선하심을 맛보아 압니다. 그리고 그런 자들은 "혀를 악에서 금하며 입술을 거짓말에서 금하며, 악을 버리고 선을 행하며 화평을 찾아 따릅니다"(13-14절). "화평하게 하는 자는 복이 있나니 그들이 하나님의 아들이라 일컬음을 받을 것임이요"(마 5:9)라는 팔복의 내용이 그 사람 안에 나타나게 됩니다. 하나님은 자기에게 피하는 자들을 사랑하시고 그런 자들을 의인이라고 부르십니다.

> "여호와의 눈은 의인을 향하시고 그의 귀는 그들의 부르짖음에 기울이시는도다"(15절).

이 의인은 객관적으로 속량 받은 자를 말하며, 주관적으로는 은혜를 입고 성령님의 인도하심에 따라 살아가는 자들을 말합니다. 하나님의 눈은 교회와 그리스도인들을 향하시며, 그분은 우리의 부르짖음에 귀 기울이십니다. 그리고 그의 얼굴은 악을 행하는 자를 향하사 그들을 심판하시고, 의인을 환난에서 건져주십니다. 의인에게는 고난이 많으나, 하나님이 그를 모든 고난에서 건지신다고 말합니다. 또한 하나님은 우리의 모든 뼈를 보호하시고, 그 뼈가 하나도 꺾이지 아니한다고 말합니다. 그러나 악인은 하나님이 심판하십니다.

"여호와의 얼굴은 악을 행하는 자를 향하사 그들의 자취를 땅에서 끊으려 하시는도다 의인이 부르짖으매 여호와께서 들으시고 그들의 모든 환난에서 건지셨도다"(16-17절).

"의인은 고난이 많으나 여호와께서 그의 모든 고난에서 건지시는도다 그의 모든 뼈를 보호하심이여 그 중에서 하나도 꺾이지 아니하도다"(19-20절).

이제 말씀을 정리하면서 여러분에게 묻겠습니다. 오늘 우리가 살핀 시편 34편은 우리에게 그리스도인의 길이 어떠한 성격을 특징으로 갖는다고 교훈합니까? 우리의 신앙의 원리는 무엇입니까? 이 질문에 대한 답은 오늘 우리가 살아가는 슬픈 인생 속에서 성도로서 고백하는 모든 것입니다. 이 고백에 우리의 신앙을 함께 올리며 오늘의 말씀을 마음에 적용하기 바랍니다. 먼저 그리스도인으로서의 우리의 신앙생활의 특징은 시편 34편 1-3절에서 정리됩니다. 함께 읽으며 고백합니다.

"내가 여호와를 항상 송축함이여 내 입술로 항상 주를 찬양하리이다 내 영혼이 여호와를 자랑하리니 곤고한 자들이 이를 듣고 기뻐하리로다 나와 함께 여호와를 광대하시다 하며 함께 그의 이름을 높이세"(1-3절).

또한 우리의 신앙 원리는 8절입니다. 이 또한 함께 읽으며 확신을 누리시기 바랍니다.

> "너희는 여호와의 선하심을 맛보아 알지어다 그에게 피하는 자는 복이 있도다"(8절).

오늘 살펴본 시편 34편이 여러분의 신앙 길에 커다란 위로가 되기를 바랍니다.

10장
내게 부족함이 없으신 하나님

시편 23편 1절

[1]여호와는 나의 목자시니 내게 부족함이 없으리로다

그리스도인의 신앙고백

"여호와는 나의 목자시니 내게 부족함이 없으리로다"(시 23:1). 이 말씀은 모든 그리스도인의 공통된 신앙고백입니다. 그리고 마땅히 그러해야 합니다. 하나님은 우리의 목자가 되시며, 우리는 그분의 인도하심을 받는 양 떼입니다. 가장 지혜로우시고 가장 선하시며 가장 능력이 많으시고 우리를 가장 사랑하시는 그 하나님은 부족함이 없으십니다. 그런데 그런 하나님의 인도하심을 받는 양이 자기에게 무언가가 부족하다고 말한다면, 그 신앙고백에는 모순이 생기게 됩니다.

다시 말해, "나는 하나님을 믿지만 무언가가 부족해"라고 말한다면, 이것은 모순입니다. 이 모순되는 실존의 상황을 우리가 믿음 안에서 극복하고 깨닫도록 하나님은 우리를 인도해 가십니다. 여러분 모두가 시편 23편 1절을 당당하게 고백하실 수 있기 바랍니다. 하나님은 결코 부족함이 없으시고, 우리를 지극히 사랑하시기 때문입니다. 어떤 사람은 이 말씀이 성경의 원리이지, 현실과는 많이 다르다고 말할 수도 있습니다. 사실 우리는 인생을 살면서 누구나 부족함을 느낍니다. 때로는 무언가에 결핍을 느끼고, 채워지지 않는 아픔들을 가지며, 바라는 것을 구하지만 얻지 못하는 슬픔도 있게 됩니다. 그래서 또 다른 누군가는 시편 23편 1절 말씀은 다윗이니까 할 수 있는 고백이라고 단정 짓기도 합니다. 만일 이 말씀을 좋아한다고 말하면서 자기 인생에는 부족함이 있다고 말한다면, 그 사람은 겉으로는 하나님을 믿는다고 하면서 그 내면에 의문과 불만이 가득 찬 사람일 것입니다.

"부족함이 없으리로다"의 의미

안타깝게도 사람들은 슬픈 인생을 살아가며 그 가운데 어려움을 겪는 것이 일반적입니다. 그런데 다윗은 "내게 부족함이 없으리로다"라고 말했습니다. 그리고 하나님은 그 고백이 우리의 고백이 되기를 원하십니다. 본문을 통해 "부족함이 없으리로다"를 올바로 이해하고자 합니다. 이 말씀을 보고, 단순히 "하나님은 우리의 부족함을 없애주시는 분"이라고 잘못 이해해서는 안 됩니다. 성경을 통해 "부족함이 없으리로다"라는 말이 무엇을 뜻하는지 살펴보겠습니다.

우선 성경은 예로부터 하나님이 자기 백성에게 선한 목자를 주신다고 예언했습니다. 그리고 하나님의 백성들은 그 예언에 따라 선한 목자를 갈망하며 기다렸습니다.

> "그는 목자 같이 양 떼를 먹이시며 어린 양을 그 팔로 모아 품에 안으시며 젖먹이는 암컷들을 온순히 인도하시리로다"(사 40:11).

앞서 9-10절은 이렇게 말씀합니다.

> "아름다운 소식을 시온에 전하는 자여 너는 높은 산에 오르라 아름다운 소식을 예루살렘에 전하는 자여 너는 힘써 소리를 높이라 두려워하지 말고 소리를 높여 유다의 성읍들에게 이르기를 너희의 하나님을 보라 하라 보라 주 여호와께서 장차 강한 자로 임하실 것이요 친히 그의 팔로 다스리실 것이라 보라 상급이 그에게 있고 보응이 그의 앞에 있으며"(사 40:9-10).

여기서 "아름다운 소식"은 무엇입니까? 온 백성이 기다린 아름다운 소식은 바로 '복음'입니다. 이 복음이 이스라엘에게 주어졌는데 선포된 복음의 내용이 무엇인가 했더니 '선한 목자를 주시겠다는 것'입니다.

> "그러므로 내가 내 양 떼를 구원하여 그들로 다시는 노략 거리가 되지 아니하게 하고 양과 양 사이에 심판하리라 내가 한 목자를 그들 위에 세워 먹이게 하리니 그는 내 종 다윗이라 그가 그들을 먹이고 그들의 목자가 될지라"(겔 34:22-23).

하나님이 한 목자를 세우실 것인데, 그 약속하신 선한 목자가 다윗이라고 말씀하십니다. 이는 다윗의 후손으로 오시는 메시아의 족보를 계시하시는 말씀입니다. 마태복음 1장에 있는 "아브라함과 다윗의 자손 예수 그리스도의 계보"는 예수님이 다윗의 후손으로 오셨고, 곧 그분이 하나님이 약속하신 그 목자라는 사실을 보여줍니다. 그런데 다시 에스겔서로 돌아가서 34장 22-23절을 보면, 목자를 세우시겠다는 말씀 앞에 특별한 내용이 나옵니다. 그것은 "다시는 노략 거리가 되지 아니하게"라는 말입니다. 당시 이스라엘 백성들은 다른 나라들에게 노략질을 당하며 슬픔과 고통 가운데 살았습니다. 하나님은 그런 이스라엘 백성들에게 다시는 노략 거리가 되지 않게 목자를 주겠다고 약속하십니다. 여기서 우리 또한 노략질을 당하는 비참한 상태에 있었다는 사실을 기억해야 합니다. 본래 우리를 멸망의 길로 인도하는 자가 있었는데, 그 자는 바로 마귀입니다. 마귀는 우리 안의 죄성과 정욕을 부추겨 죄를 짓게 하고, 하나님을 배반하게 만듭니다. 그리고 정욕을 만족시켜 그 달콤함과 즐거움으로 우리를 멸망의 길로 이끌어 갑니다.

누가 선한 목자인가

> "그 때에 너희는 그 가운데서 행하여 이 세상 풍조를 따르고 공중의 권세 잡은 자를 따랐으니 곧 지금 불순종의 아들들 가운데서 역사하는 영이라 전에는 우리도 다 그 가운데서 우리 육체의 욕심을 따라 지내며 육체와 마음의 원하는 것을 하여 다른 이들과 같이 본질상 진노의 자녀이었더니"(엡 2:2-3).

우리의 타고난 성향은 하나님을 매우 낯설게 느낍니다. 그분의 뜻을 이해하고 알아가는 일이 어색하고 동의가 되지 않습니다. 우리의 마음은 부패하기 때문에 세상 풍조에 더 마음이 끌리고, 마귀의 말을 듣는 것이 더 자연스럽습니다. 육체의 욕심을 따라 살면서 그것들의 만족감을 추구하고 그것으로 즐거움과 달콤함을 느낍니다. 그런데 그것은 육체의 욕심이기 때문에 문제가 됩니다. 결국 죄가 되기 때문입니다. 만약 어떤 사람이 그렇게 산다면, 그는 마귀의 말을 듣고 끌려다니는 비참한 인생을 살게 될 것입니다. 마귀는 결코 선한 목자가 아닙니다. 마귀는 양을 속이고 해치며, 양으로 하여금 하나님에게서 멀어지게 만듭니다. 그는 우리의 영혼을 불못에 던지기 위해 속이는 악한 자일 뿐입니다.

"도둑이 오는 것은 도둑질하고 죽이고 멸망시키려는 것뿐이요 내가 온 것은 양으로 생명을 얻게 하고 더 풍성히 얻게 하려는 것이라 나는 선한 목자라 선한 목자는 양들을 위하여 목숨을 버리거니와"(요 10:10-11).

선한 목자는 양들을 위하여 목숨을 버립니다. 요한복음 10장 11절은 양들을 위하여 자기의 목숨을 버리지 않으면 결코 선한 목자가 될 수 없다고 말합니다. 그 이유는 목자가 우리를 생명 길로 인도하려면 우리의 죄 문제를 해결하기 위해 대신 죽어야 했기 때문입니다. 따라서 이사야서는 다음과 같이 말합니다.

"그가 찔림은 우리의 허물 때문이요 그가 상함은 우리의 죄악 때문이라 그가 징계를 받으므로 우리는 평화를 누리고 그가 채찍에 맞으므로 우리는 나음을 받았도다"(사 53:5).

선한 목자는 양 한 마리라도 잃어버리지 않기 위해 귀하게 여기며, 자기의 목숨을 버리면서까지 양 떼를 사랑하고 인도합니다. 그렇다면 양의 태도는 어떠해야 할까요?

"내 양은 내 음성을 들으며 나는 그들을 알며 그들은 나를 따르느니라 내가 그들에게 영생을 주노니 영원히 멸망하지 아니할 것이요 또 그들을 내 손에서 빼앗을 자가 없느니라"(요 10:27-28).

이 말씀에서 양은 목자의 음성을 듣고 그 목자를 따른다고 말합니다. 이와 마찬가지로, 우리는 목자를 따라가는 양 떼처럼 인생을 사는 가운데 주의 말씀을 듣고 예수님을 따라가야 합니다.

양 무리에 속한 은혜

여러분이 이곳에 예배하러 나오신 것은 목자 되신 그리스도를 알기 때문일 것입니다. 예수님은 우리에게 자기의 음성을 들려주십니다. 우리가 나면서부터 그분의 음성을 안 것이 절대 아닙니다. 예수님이 들려주셔서 "이 음성이 나의 목자의 음성이구나"라고 알게 된 것입니다. 예수님은 "내가 그들에게 영생을 주노니 영원히 멸망하지 아니할 것이요 또 그들을 내 손에서 빼앗을 자가 없느니라"라고 약속하십니다(요 10:28). 따라서 마귀는 예수님의 손에서 우리를 절대 빼앗아가지 못합니다. 우리는 실족할 때도 있고, 연약하여 죄를 지을 때도 있고, 혹은 양 무리에서 이탈할 때도 있지만 선한 목자 되신 주님은 절대로 우리를 그냥 두지 않으시고 양 무리 가운데로 오게끔 이끄셔서 보호해주십니다. 여러분이 교회에 속해서 신앙생활을 한다는 것은 양 무리에 속해서 하나님의 보호하심을 받고 있다는 것입니다. 여러분이 교회에 속해서 그 교회로부터 영적인 은혜와 은총을 받고 있다면, 그것은 전적으로 하나님이 여러분을 양 떼 가운데로 부르셔서 계속 보호해주시기 때문입니다. 그러나 이와 반대로, 목자의 음성을 듣지 않고 양 무리 가운데 속하지 않은 사람들이 있습니다. 그런 자들은 복음을 믿는다고 해도 마음으로만 믿고, 대부분 교회에 나가지 않습니다. 교회를 비판하거나 교회 생활에서 얻어지는 모든 것을 부정적으로 보고, 스스로 곁길을 택하여 갑니다. 그러다가 죄의 유혹을 마주하면 이내 곧 실족하고 맙니다. 성도가 교회 안에 있다는 것은 양 무리 가운데서 보호받고 있다는 것입니다. 비록 죄악된 세상에서 살아가는 인생이지만, 양 무리에 속했기 때문에 예배로 모이는 공동체 안에서 회복이 이루어지고 변화를 얻습니다. 혼자 경건의 시간을 갖는 것으로는 충분한 은혜를 받지 못합니다. 공적 예배에 참여하여 말씀 선포를 듣고 적용할 때, 성령님이 우리를 이끌어 가십니다. 만일 성도들과의 관계 속에서 어려움이 있다 할지라도 혹은 교회 생활의 모든 일이 내 마음에 들지 않더라도, 교회를 통해 주시는 말씀 사역과 인도하심에 그 은혜를 잊지 못하는 것입니다.

> "내가 그들을 위하여 비옵나니 내가 비옵는 것은 세상을 위함이 아니요 내게 주신 자들을 위함이니이다 그들은 아버지의 것이로소이다"(요 17:9).

주님의 기도는 이러한 뜻을 담고 있습니다. "그들은 아버지의 것입니다. 아버지의 것인 그들을 아버지께 받아서 내가 죽음으로 그들이 과연 아버지의 것이며 내게 속한 자가 되게 하였으니, 그들은 하나님 아버지께서 택하신 자들입니다." 또 이어서 다음의 말씀을 보기 바랍니다.

> "양들의 큰 목자이신 우리 주 예수를 영원한 언약의 피로 죽은 자 가운데서 이끌어 내신 평강의 하나님이 모든 선한 일에 너희를 온전하게 하사 자기 뜻을 행하게 하시고 그 앞에 즐거운 것을 예수 그리스도로 말미암아 우리 가운데서 이루시기를 원하노라 영광이 그에게 세세무궁토록 있을지어다 아멘"(히 13:20-21).

평강의 하나님은 죄 가운데 있는 우리를 불러내사 그분 앞에서 거룩한 삶을 살도록 빚어가십니다. 하나님은 거룩하게 살아가는 복된 성도의 순종을 보고 기뻐하시며, 그 삶은 우리에게도 즐거운 것이 됩니다. 그래서 구원받은 자는 자기 자신이 즐거워하는 것과 하나님이 즐거워하시는 것이 일치합니다.

따라서 참된 성도는 하나님이 자기를 보고 기뻐하시는 것이 무엇일까 생각해보고, 하나님의 아들의 형상을 닮아가는 아름다움을 추구합니다. 그리고 그런 삶을 살 때, "영광이 그에게 세세무궁토록 있을지어다 아멘"이라는 감격스러운 찬미요 송영을 합니다. "솔리 데오 글로리아, 오직 하나님께 영광이 있나이다."

자족하는 신앙

우리의 목자는 오직 한 분, 예수 그리스도입니다. 여러분이 그분을 믿고 따르는 줄 압니다. 오늘 본문에서 "여호와는 나의 목자시니 내게 부족함이 없으리로다"라고 말합니다(시 23:1). 하나님이 자기의 목자가 되신다고 고백하는 사람에게는 부족함이 없습니다. "부족함이 없으리로다"라는 말을 뒤집어서 말하면 "항상 만족함이 있다"는 말입니다. 그래서 시편 23편 1절을 그대로 고백하고 그 은혜를 절감하고 느끼는 사람에게는 항상 만족함이 있습니다. 그 만족을 가리켜서 성경은 '자족'이라 말합니다. 자족하는 사람들은 다음과 같은 말씀의 은혜가 심령 안에 깊이 들어옵니다. "하나님이 너에게 주신 분깃 가운데 기뻐하고 감사하라. 하나님이 허락하신 일 외에 다른 것을 탐하여 괴로워하지 말고 주신 것으로 족한 줄 알라." 과실을 얻지 못한 것 때문에 괴로워하지 말고 자신의 수고를 통해 얻은 결실을 보아야 합니다. 자족하는 사람은 과실을 얻지 못했을 때, 그것으로 인해 괴로워하지 않습니다. 그저 "하나님은 나의 목자시니 내게 부족함이 없습니다"라고 고백합니다. 그것은 자기의 인생 가운데 있는 하나님의 돌보심에 대해 전적으로 만족하며, 그분께 문제를 제기하지 않고 엎드려 복종하는 것입니다. 그런 사람은 하나님께 숭고한 신뢰를 보여드립니다. 하나님을 전적으로 신뢰하지 않거나 하나님의 섭리에 대해서 복종하지 않으면, 절대 만족할 수 없습니다.

시편 23편 1절 고백에 전제되는 것이 있으니, 그것은 바로 우리 자신이 어떤 자인가에 대한 각성입니다. 자기 자신을 돌아보는 각성이 없으면 자신이 부족한 자라는 고백을 할 수가 없습니다. "여호와는 나의 목자이십니다"라는 고백은 "나는 목자의 인도함을 받는 양입니다"라는 말과 같습니다. 그리고 양으로서 자기 자신을 돌아보면서 다음과 같은 고백을 하는 것입니다. "나는 목자의 인도가 없으면 방황할 것입니다. 나는 불쌍한 자이며, 홀로 서지 못합니다." 이 사실을 하나님 앞에서 진실되게 고백하는 자가 자기 자신에 대해 각성한 자입니다. 각성하지 않은 자는 "나는 어리석지 않고 지혜로우며, 내 힘으로 혼자서 할 수 있습니다. 내 목표대로 잘 되고 있는데 내가 불쌍하기는요."라고 말합니다. 그리고 그 자신감이 있는 만큼 절대적인 부족함으로 항상 허덕거립니다. 그러나 자신이 양인 줄 아는 사람은 부족함이 없는 자로 감사하며 살아갑니다. 놀라운 역설이 있습니다. 세상은 늘 불만이 있고 부족합니다. 그러나 그리스도 안에 있는 자는 늘 감사가 있고 기쁨이 넘칩니다. 양들은 생존을 스스로 도모하지 못합니다. 그래서 목자에게 전적으로 의지합니다. 만일 어떤 양이 독립 의지를 가지고 목자를 떠난다면, 그는 고난과 죽음을 만날 것입니다.

> "너희 중에 어떤 사람이 양 백 마리가 있는데 그 중의 하나를 잃으면 아흔아홉 마리를 들에 두고 그 잃은 것을 찾아내기까지 찾아다니지 아니하겠느냐 또 찾아낸즉 즐거워 어깨에 메고 집에 와서 그 벗과 이웃을 불러 모으고 말하되 나와 함께 즐기자 나의 잃은 양을 찾아내었노라 하리라 내가 너희에게 이르노니 이와 같이 죄인 한 사람이 회개하면 하늘에서는 회개할 것 없는 의인 아흔아홉으로 말

미암아 기뻐하는 것보다 더하리라"(눅 15:4-7).

양 백 마리가 있는데 그 중의 한 마리가 길을 잃어버립니다. 이에 목자는 아흔아홉 마리를 들에 두고 잃어버린 한 마리를 찾습니다. 그리고 헤매다가 마침내 그 양을 찾아냅니다. 그다음이 참 중요합니다. 목자는 그 양을 찾은 것이 너무 즐거워서 그를 어깨에 메고 집에 돌아와 사람들을 불러 모읍니다. 그리고 자신이 이 양을 잃어버렸었는데 다시 찾았으니 자기와 함께 즐기자고 잔치를 벌입니다. 여기서 목자의 즐거움은 잃어버렸던 재산을 되찾았다는 것에 있지 않습니다. 목자의 기쁨은 그 양을 살렸다는 데 있었습니다. 그는 잃어버린 양이 곁길로 가서 헤매다가 죽는 것을 볼 수가 없었습니다. 그래서 찾아 헤맨 것인데, 마침내 그 양을 찾은 것입니다. 이 누가복음 15장은 예수님께서 하신 말씀입니다. 예수님은 이 잃어버린 양을 찾은 비유를 들어, "죄인 한 사람이 회개하면 하늘에서는 회개할 것 없는 의인 아흔아홉으로 말미암아 기뻐하는 것보다 더하리라"라고 말씀하셨습니다(7절).

죄인 한 사람이 회개한 일이 하나님께는 기쁨이 됩니다. 그 죄인을 하나님이 선택하셨기 때문입니다. 그 죄인을 구원하기 위하여 성자 하나님이 사람이 되셨고 피 흘려 죽으셨습니다. 따라서 하나님은 자기가 택한 양을 붙잡아 생명 길로 이끄시는 그 자체를 기뻐하십니다. 그 기쁨은, 목자가 양을 사랑하기 때문에 얻어지는 기쁨입니다. 그 기쁨은, 목자가 그 양 한 마리를 찾아 헤매는 고통과 쓰라림과 넘어짐에 비할 것이 안 됩니다. 그 기쁨은, 우리를 향한 사랑 자체입니다. 우리가 죽지 않고 사는 것이 우리를 향한 하나님의 사랑의 목적입니다. 그래서 잃은 양을 찾았을 때 그토록 기뻐하시는 것입니다.

깨달아야 할 세 가지 사실

선한 목자 되신 예수 그리스도 안에 있는 자에게는 부족함이 없습니다. 여러분도 이와 같은 고백을 하려면 세 가지 중요한 사실을 깨달아야 합니다.

첫째, "부족함이 없으리로다"라는 말은 욕망의 만족이 있다는 뜻이 아닙니다. 타락한 욕망은 아무리 많이 가져도 부족하다고 느낍니다. 하나님은 디모데전서 6장 10절에서 다음과 같이 경고하십니다. "돈을 사랑함이 일만 악의 뿌리가 되나니 이것을 탐내는 자들은 미혹을 받아 믿음에서 떠나 많은 근심으로써 자기를 찔렀도다." 돈을 사랑하는 것은 경건한 만족을 결코 가져다주지 못합니다. 그리고 돈뿐만이 아니라 어떤 것이든지 탐욕으로 구하면 결코 만족을 얻을 수 없습니다. 탐욕은 모든 죄악과 불만족의 원인입니다. 돈이 목적인 사람은 돈을 얻기 위해 근심하고 그것을 지키기 위해 또 근심합니다. 만일 그것을 잃어버린다면, 그는 말할 수 없는 고통과 아픔 속에서 헤맬 것입니다. 여호와는 나의 목자가 되신다고 말하면서 부족함을 느낀다면 자기 자신에게 탐욕이 있지는 않은가 돌아보아야 합니다. 시편 37편 16절 말씀을 기억하기 바랍니다. "의인의 적은 소유가 악인의 풍부함보다 낫도다."

둘째, 선한 목자의 양 곧 그리스도인들도 때로는 결핍과 곤고함으로 인해 고통을 받는다는 사실을 유념해 두어야 합니다. 번성하면 하나님의 축복을 받은 것이요, 번성하지 못하면 하나님에 대한 믿음과 헌신이 적어서 고통을 받는 것이라고 말하는 것은 모두 거짓된 복음입니다. 그런 가르침은 성경에 없습니다.

하나님은 모든 것을 가지신 분입니다.

> "이는 삼림의 짐승들과 뭇 산의 가축이 다 내 것이며 산의 모든 새들도 내가 아는 것이며 들의 짐승도 내 것임이로다"(시 50:10-11).

하나님은 부족함이 없으십니다. 그럼에도 그분은 그분의 자녀들에게 결핍과 곤고함을 겪을 수 있는 인생임을 환기시키시며 다음과 같이 성도의 마땅한 자세에 대해 교훈하십니다.

> "그러나 자족하는 마음이 있으면 경건은 큰 이익이 되느니라 우리가 세상에 아무 것도 가지고 온 것이 없으매 또한 아무 것도 가지고 가지 못하리니 우리가 먹을 것과 입을 것이 있은즉 족한 줄로 알 것이니라"(딤전 6:6-8).
>
> "돈을 사랑하지 말고 있는 바를 족한 줄로 알라 그가 친히 말씀하시기를 내가 결코 너희를 버리지 아니하고 너희를 떠나지 아니하리

라 하셨느니라"(히 13:5).

감옥에 갇혀 있는 사도 바울은 세상으로 말하면 모든 것을 빼앗긴 자인데, 그는 모든 것이 있고 또 풍부하다고 말합니다. 그리고 에바브로디도 편에 무언가를 받았고 그것으로 인해 사랑과 기쁨을 느끼며, 하나님도 기뻐하셨을 것이고 그것이 너희에게도 참 유익이 될 것이라고 말합니다. 또한, "나의 하나님이 그리스도 예수 안에서 영광 가운데 그 풍성한 대로 너희 모든 쓸 것을 채우시리라"라고 말하면서 자기에게 부족함이 없다는 것을 노래합니다(빌 4:18-19).

셋째, 하나님은 우리가 탐욕 가운데 거할 때, 우리를 거룩한 자녀로 삼으시기 위해 때로는 우리를 좌절하도록 만드십니다. 하나님은 우리가 탐욕으로 채워진 마음을 자꾸 비워서 그 비워진 심령에 하나님을 향한 마음과 주의 은혜로 가득 채우길 원하십니다. 그래서 우리의 심령이 더러운 욕망과 탐욕으로 채워져 있으면 그것을 덜어내기 위해 역사하십니다. 우리를 핍절과 근근히 살아가도록 몰아가시기도 합니다. 그래서 "하나님, 도와주세요"라고 기도하게 만드십니다.

신학생들은 등록금이 없을 때 "하나님, 도와주세요"라고 기도합니다. 전세금이 올랐거나 사업을 하는데 운영 자금에 압박을 받고 있습니까? "하나님, 도와주세요"라고 기도하십시오. 모든 일에 교만한 마음을 덜어내고 그 심령에 빈자리를 만들기 바랍니다. 그럴 때, 하나님이 그 자리에 신령한 은혜를 채워주십니다. 참된 만족은 우리가 가지고 있는 것이 넘칠 때 있는 것이 아니고, 오직 그리스도로 인해 채워집니다. 잠언 30장 8-9절은 다음과 같이 말합니다. "곧 헛된 것과 거짓말을 내게서 멀리 하옵시며 나를 가난하게도 마옵시고 부하게도 마옵시고 오직 필요한 양식으로 나를 먹이시옵소서 혹 내가 배불러서 하나님을 모른다 여호와가 누구냐 할까 하오며 혹 내가 가난하여 도둑질하고 내 하나님의 이름을 욕되게 할까 두려워 함이니이다."

위 세 가지 사실을 유념하여 자기 자신을 돌아볼 줄 안다면, 그는 "여호와는 나의 목자시니 내게 부족함이 없으리로다"라는 고백을 할 준비가 된 것입니다. 또한, 그런 자는 합력하여 선을 이루시는 하나님의 사랑을 아는 자입니다.

> "우리가 알거니와 하나님을 사랑하는 자 곧 그의 뜻대로 부르심을 입은 자들에게는 모든 것이 합력하여 선을 이루느니라"(롬 8:28).

모든 것이 합력하여 선을 이룬다는 원리에 대해 생각해보시기 바랍니다. 여러분의 자동차를 생각해보세요. 엔진이 피스톤 운동 곧 상하 운동을 하고 자동차 바퀴는 회전 운동을 하고 자동차는 공간을 이동합니다. 어떻게 해서 상하 운동이 회전 운동으로 바뀌고 공간을 이동하게 되는 걸까요? 서로 다른 물리적 관계의 작용이 서로 물려서 어떤 목적을 이룹니다. 거기에는 상하 운동을 회전 운동으로 바꾸기 위해 유니버셜 조인트가 필요하겠죠. 다양한 기계적 결합이 필요할 것입니다. 설계자는 이 모든 과정에 대해 다 알 것입니다. 우리의 인생도 마찬가지입니다. 우리는 우리가 겪는 일들에 어떤 선한 목적이 있는지 다 알지 못합니다. 핍절을 겪으면 고통이라고 말하고, 아픔과 상실을 당하면 눈물을 흘릴 뿐입니다. 그런데 하나님은 다 알고 계십니다. 그리고 그것들이 합력하여 선을 이루게 하십니다.

한 직장에서 2-30년 일했는데 서러움과 고통과 배신감을 느낄 때가 있죠. 우리는 그런 일들을 종종 겪습니다. 그러나 우리는 결국 그 일 뒤에 하나님이 합력하여 선을 이루시는 또 다른 모습을 보게 되고, 감사하게 됩니다. 하나님은 그런 일들을 통해 우리를 완전히 낮추시고 겸손하게 하시며, 우리의 실상을 보게 하시고 죄의 본질을 깨닫게 하십니다. 그리고 마침내 경건의 열매를 맺어 그리스도를 닮게 하십니다. 그로 인해 이 땅에 사는 동안에 그 은혜를 입어 영적인 즐거움과 충만함을 갖게 하시다가 마침내 인생을 다 마치면 천국을 유업으로 받는 그 기쁨을 누리게 하시는 것입니다.

여러분이 살아온 인생을 다른 사람의 인생과 비교하지 마세요. 비교할 필요가 전혀 없으며, 그것은 어리석고 미련한 일입니다. 그런 사람은 자기를 향한 하나님의 특별한 사랑의 섭리를 모르는 자입니다.

결론

시편 23편 1절은 이 모든 사실을 가르쳐줍니다. 오늘 1절을 살펴본 것처럼, 계속해서 한 번에 한 절씩 6절까지 살펴보려고 합니다. 이 시간을 통해 모든 성도가 사랑하는 이 시편 말씀의 영적인 깊이와 부요함을 알아보려고 합니다. 오늘 1절에서 살펴본 것처럼, 자기 자신의 심령을 돌아보기 바랍니다. 그리고 나의 목자이신 예수 그리스도를 어떻게 바라보고 고백하고 있는지 돌아보기 바랍니다. 하나님을 향한 깊은 신뢰와 열망이 있는지, "부족함이 없으리로다"라는 말씀을 깨달을 만한 자기 성찰이 있는지 등 자기 자신을 돌아보기 바랍니다. 이 모든 것을 생각하고 하나님을 향한 전적인 신뢰를 고백하기 바랍니다. "여호와는 나의 목자시니 내게 부족함이 없으리로다." 이 고백이 여러분이 인생을 살아가는 데 지침이요 길잡이가 될 수 있기를 주의 이름으로 축복합니다.

11장
풀밭에 누이시고 물 가로 인도하시는 하나님

시편 23편 2절

[2]그가 나를 푸른 풀밭에 누이시며 쉴 만한 물 가로 인도하시는도다

복음의 은혜

시편 23편은 "여호와는 나의 목자이시다"라는 전제하에 그 인도함을 받고 있는 양으로서 자기의 삶을 들여다보면서, 자기의 인생을 이끌어 가시는 하나님의 놀라운 섭리 앞에 완전한 감사로 찬양하는 시입니다. 인생 가운데 어떤 상황이든 어떤 일을 겪고 있든 상관없습니다. 어떤 사람은 태어나자마자 죽고, 어떤 사람은 오래 삽니다. 어떤 사람은 가난하게 살고, 어떤 사람은 부하게 삽니다. 어떤 사람은 왕으로 살고, 어떤 사람은 종으로 삽니다. 그러나 '복음'은 다릅니다. 예수 그리스도 안에서는 빈부귀천이나 남녀노소가 아

무런 상관이 없습니다. "너희는 유대인이나 헬라인이나 종이나 자유인이나 남자나 여자나 다 그리스도 예수 안에서 하나이니라"(갈 3:28).

그리스도인은 인생을 살아가는 삶의 형편이 어떠하든지 한 가지 은혜, 곧 복음의 은혜로 살아갑니다. 이 사실은 우리가 시편 23편 1절을 고백하게 만듭니다. 그러나 세상 사람들은 인생을 잘 살려면 다섯 가지 복이 있어야 한다고 말합니다. 이를테면, 장수, 부유함, 건강, 좋은 덕을 갖추는 것, 천명을 다하여 죽는 것과 같은 다섯 가지 복이 있어야 잘 사는 인생이요. 그렇지 못하면, 고단한 인생이요 피곤한 인생이요 슬픈 인생이요 불행한 인생이라고 할지 모르겠습니다. 만일 세상의 기준으로 예수님을 믿는다면, 그런 사람은 신앙생활 안에서 행복과 자족을 누리지 못할 뿐 아니라 "부족함이 없으리로다"라는 고백을 이해할 수 없다고 말할 것입니다. 그러나 복음은 우리가 그 고백을 할 수 있는 충분한 이유가 됩니다. 그리고 하나님이 나의 목자이신 것으로 모든 답이 됩니다.

그런데 옆에 있던 사람이 여러분에게 질문을 합니다. "당신이 사는 것을 보니 영 아닌 것 같은데, 어떻게 부족함이 없다고 말을 하나요?" 여러분은 그 질문에 다음과 같이 말할 수 있습니다. "하나님이 나의 목자이시니 내게 부족함이 없습니다." 하나님이 목자이신 것은 우리와 하나님 사이에 영원한 중보자이신 예수 그리스도 또한 목자가 되신다는 사실을 담고 있습니다. 하나님은 우리를 택하시고 그분의 뜻대로 살도록 이끄시기에, 우리의 목자가 되십니다.

그리고 예수님은 죄인 된 우리를 구원하시고, 우리가 이 땅에서 하나님의 백성으로 살아가는 동안 그 나라에 들어가기까지 인도하시니, 우리의 목자가 되십니다. 따라서 하나님 앞에서 사는 우리의 인생은 부족함이 없습니다. 목자 되신 하나님은 지혜가 있으시고 우리에게 선하심을 베풀어주시는 분입니다. 여러분에게도 비록 그때는 이해할 수 없었지만 돌이켜보니 그 모든 일에 하나님의 지혜와 선하심이 있었구나 하는 일들이 있을 것입니다. 하나님은 우리를 사랑하셔서 그렇게 이끄셨던 것입니다.

양의 특징

우리는 우리 자신이 행복과 만족을 이루어 갈 수 없다는 것을 기억해야 합니다. 또한, 자기가 만족하는 것의 기준을 정해놓고 하나님이 그것을 주시면 나의 목자가 되신다고 말하는 것은 잘못된 고백입니다. 우리는 '양'입니다. 양의 세 가지 성질을 생각해보세요.

첫째, 양은 길을 찾지 못합니다. 그는 방향 감각이 없어서 길을 떠났다가 원래 있던 곳을 찾아가지 못합니다. 그런데 다른 동물들은 대부분 길을 잘 압니다. 개가 멀리 나갔다가도 집을 다시 찾아오는 일은 참 신기합니다. 그리고 철새들은 때마다 멀리서 서식지를 찾아갑니다. 그리고 서식지를 찾아가는 과정 중에 그들 안에서 협력이 이루어집니다. 맨 앞에 있는 새를 시작으로 세모꼴로 날아가면서, 일정한 시간이 되거나 맨 앞의 새가 피곤해하면 뒤의 새가 앞으로 오고 앞의 새는 뒤로 물러납니다. 이러한 조직력을 갖고 서로 협력하면서 수천 킬로미터가 넘는 길을 날아갑니다. 그런데 양들은 그것을 못합니다. 방향 감각이 없으니 항상 목자의 인도함을 받아야 됩니다.

둘째, 양은 자기를 보호할 능력이 없습니다. 대개 동물들은 자기를 방어할 무언가를 가지고 있습니다. 그러나 양이 가진 능력이라곤 그저 아무 데나 뛰는 것뿐입니다. 그는 방향 감각이 없어서 누군가가 자기를 잡아먹으려고 하면 사방으로 아무 데나 뛰고, 그러다가 결국 잡아먹혀 죽습니다. 양은 자기를 인도하고 보호하는 목자가 없으면 곧 죽고 맙니다. 따라서 양이 사는 길은 목자의 손에 달려 있습니다.

셋째, 양은 더럽혀진 몸을 스스로 깨끗하게 하지 못합니다. 양은 스스로 할 수 없어서 목자가 닦아주어야만 깨끗해질 수 있습니다. 목자의 손길이 닿아야 비로소 오염들을 씻어낼 수 있습니다.

다시 정리하면, 양은 방향 감각이 없어서 자기 집조차 찾아가지 못하며, 자기를 보호할 능력도 없고, 스스로 깨끗해질 수도 없습니다. 이것이 바로 양입니다. 그리고 그런 그들에게는 목자가 절실히 필요합니다.

양과 같이 비참한 자

양의 특징을 제대로 설명했는지 모르겠습니다. 책을 보니 이 정도의 성격으로 요약된다고 합니다. 그런데 중요한 것은, 사람이 양과 같다는 것입니다. 사람은 타락(아담의 범죄) 이후에 육적으로나 영적으로나 실로 비참한 존재가 되고 말았습니다. 비참한 존재가 되었다는 것은 무능력한 자가 되어서 스스로 생명을 보존할 수 없다는 것을 의미합니다. 그리고 인생을 어떻게 살아야 하는지, 행복을 어디서 찾아야 하는지 등, 방향 감각 자체가 없습니다. 그래서 자기의 소견대로 살아갑니다. 세상에는 다양한 사람들이 살아갑니다. 미의 감각이 다르고 가치관도 다르며, 정욕을 추구해 내는 형식과 방법도 각각 다릅니다. 이것은 단순히 다양성의 차이가 아니라 옳고 그름에서 선을 넘는 문제가 되기도 합니다.

사람은 타락 이후에 죽음의 권세 아래 놓여있습니다. 이 세상을 사는 사람들은 대부분 죽음을 원하지 않습니다. 살고자 하는 생존의 욕구와 본능은 우리를 지배하고 하루하루를 살아가게 하는 힘이기도 합니다. 그러나 사람이 태어난 그 순간부터 죽음은 시작됩니다. 어린아이가 태어나고 활력을 찾고 점점 생명이 왕성해지는 것 같은데, 사실은 하루 사는 것만큼 정해진 수한에 죽음으로 가까워집니다. 사는 것만큼 죽어가고 있는 것이 인생입니다. 공부는 하면 할수록 많이 알게 되고 기술은 배울수록 익숙해지며 재물은 쌓을수록 늘어나는데, 사는 것은 그렇지 않습니다. 신체를 단련하고 운동을 해서 건강하게 살고자 해도 질병에 걸립니다. 많은 의사들이 사람들이 왜 암에 걸리는지 연구했습니다. 그런데 미국의 한 대학 연구에 의하면 암은 복불복이라고 합니다. 암이 생기는 정확한 이유를 찾기 어렵다는 것입니다. 사람들은 갑작스레 큰 질병이 찾아오면 이유도 모른 채 죽음을 맞이하기도 합니다. 육체 가운데 있는 인생이 이러합니다. 그리고 그 가운데 살아가는 사람들은 자기 죽음을 결코 통제하지 못합니다. 따라서 비참한 자가 되었다고 말하는 것입니다.

우리는 정욕에 따라 살아가는 비참한 존재로 이 세상에 태어납니다. 그 죄의 정욕은 늘 우리를 고단하게 하며 슬프게 하고 영혼을 피폐하게 만듭니다. 수양과 교양을 닦으면서 어느 정도 마음의 문제나 욕망을 다스리고자 하지만 쉽지 않습니다. 세상의 다른 종교나 윤리도 그와 같은 노력을 하게 하고 여러 가르침을 줍니다. 그러나 그렇게 한다고 그 문제들이 해결될 수는 없습니다. 죄의 문제를 다루려면 창조주의 절대적 기준을 알아야 하는데, 그들은 그 기준을 제외해놓고 해결하고자 하니 "욕망을 다스려보자" 정도로만 생각하는 것입니다. 어떻게 평생 가부좌하고 면벽 수행을 하면서 자기를 다스릴 수 있을까요? 다른 사람들의 추앙과 존경은 받을지 모르지만, 결국 답을 찾지 못한 채 살아가는 것일 뿐입니다. 일정 수준의 정돈된 마음은 가질 수 있겠지만 정욕은 마음 깊은 곳에서 끊임없이 솟구쳐 오릅니다. 평상시에는 훌륭한 것 같은데 한번 자극이 오면 공든 탑이 와르르 무너지듯 악한 성품이 다 드러나고 맙니다. 정욕을 다스리는 것은 매우 어려운 일입니다. 어떤 사람이 어떤 종교를 통해 건전한 가르침을 받으면, 그는 개인의 도덕적인 문제를 잘 통제하고 나아가 일정한 사회 질서를 이루는 데 도움을 줄 수 있습니다. 그러나 그런 가르침은 그 정도가 다입니다. 즉, 결코 생명의 길을 얻지는 못합니다. 그것이 우리 죄의 문제를 해결해주지는 못하기 때문입니다. 우리는 양과 같이 비참하고 무능력한 자입니다. 그래서 목자가 없으면, 자기 자신을 지키지 못합니다. 그리고 마귀가 우리의 정욕을 끌어당기면 이내 곧 멸망하고 맙니다. 우리는 우리 안에 있는 과격한 분노가 언제든 솟아날 가능성이 있는 자들입니다. 또한, 아무리 노력해도 죄의 정욕과 부패로 더러워진 자기 자신을 정결케 하지 못합니다. 삶의 목표와 방향도 못 잡고 사는 자들이니, 양과 같이 비참하지 않을 수가 있겠습니까?

비참한 자가 생명을 얻는 길

그런 우리에게 살길이 하나 있으니, 바로 선한 목자를 만나는 것입니다. 선한 목자를 만나지 못하면 결국 죽음의 길로 가게 됩니다. 선한 목자는 살릴 것이로되, 악한 목자는 죽음의 길로 인도할 것입니다. 악한 목자는 우리를 어디로 이끌고 가겠습니까? 단순합니다. 그는 우리가 돈, 쾌락, 권력 등 세속적인 것을 보게 합니다. 그리고 우리 안의 그 탐욕의 대상을 이용해 우리를 그곳으로 끌고 갑니다. 그 길은 결국 멸망입니다. 하나님이 우리에게 주신 생명 길을 알 수 있도록 우리를 반사하여 비춰보는 역할을 못하게 합니다. 사람이 자기 자신을 어떻게 바로 볼 수 있겠습니까? 그리스도를 아는 지식을 통해 자기 자신을 바로 볼 수 있습니다. 다시 말해, 그리스도를 아는 지식이 없으면 자신을 못 봅니다. 선한 목자는 하나님을 바라보게 하는 곳으로 인도하는 목자입니다. 그리스도를 아는 지식은 우리를 주님 앞에 무릎 꿇게 하니 우리의 적나라한 모습이 드러나면서 우리의 실상이 비춰지게 됩니다. 그리스도 앞에서, 하나님 앞에서 우리의 개인 실상이 드러나면 비로소 "오호라 나는 곤고한 사람이로다"(롬 7:24)라는 탄식 속에서 주님의 도우심과 생명 길을 붙잡게 되어집니다. 그 은혜를 못 받으면 망하는 것입니다.

선한 목자와 악한 목자

구약 시대에 하나님이 세우신 목자들이 있었습니다. 그런데 이 목자들이 하나님을 찾지 않고 무능하게 사역하므로 양 떼들이 영의 양식에 배고파 먹을 것을 찾아 흩어져버립니다.

> "목자들은 어리석어 여호와를 찾지 아니하므로 형통하지 못하며 그 모든 양 떼는 흩어졌도다"(렘 10:21).

이에 하나님은 "내가 저들로 하여금 내 포도원을 세우며 내 몫을 잘 보호하라고 했건만, 도리어 포도를 헐어버리고 짓밟아버려서 내가 기뻐하는 땅을 옥토가 아니요 황무지로 만들어버렸다"라고 말씀하시며, 분노하십니다. 하나님의 분노가 예레미야 시대에 그 당시 교회의 지도자를 향하여 나타났습니다. 하나님은 결국 예레미야 23

장 1절에서 무서운 말씀을 하십니다.

> "여호와의 말씀이니라 내 목장의 양 떼를 멸하며 흩어지게 하는 목자에게 화 있으리라"(렘 23:1).

선한 목자란 죄 아래 있는 비참한 우리를 하나님께로 인도하는 목자입니다. 그렇다면 우리는 타락 이후로 영원한 저주와 사망 아래에 놓인 자들인데, 어떻게 거룩하신 하나님 앞에 나아갈 수 있을까요? 어둠의 무리가 어떻게 빛 가운데로 나갈 수 있을까요? 어둠이란 빛이 없는 것입니다. 빛이 없는 우리들이 어떻게 빛과 함께 있을 수 있을까요? 하나님이 우리를 불쌍히 여기사 그분 앞에 나올 수 있도록 교회를 세우시고 그들에게 약속하신 한 가지 사실에 근거하여 우리는 하나님 앞에 나아갈 수가 있습니다.

> "여호와의 말씀이니라 보라 때가 이르리니 내가 다윗에게 한 의로운 가지를 일으킬 것이라 그가 왕이 되어 지혜롭게 다스리며 세상에서 정의와 공의를 행할 것이며 그의 날에 유다는 구원을 받겠고 이스라엘은 평안히 살 것이며 그의 이름은 여호와 우리의 공의라 일컬음을 받으리라"(렘 23:5-6).

하나님은 유다가 구원을 받고 이스라엘이 평안히 살 것이라고 말씀하시며, 회복을 약속하십니다. 유다와 이스라엘은 열두 지파로 구성된 옛 언약의 하나님의 백성을 가리킵니다. 그리고 다윗의 후손 가운데 세울 의로운 가지, 정의와 공의를 행할 왕은 곧 '예수 그리스도'를 가리킵니다. 즉, 하나님은 다윗의 후손으로 오실 예수 그리스도로 말미암아 유다와 이스라엘이 회복될 것이라고 약속하십니다. 따라서 우리의 구원과 회복은 예수 그리스도 안에 있을 뿐입니다. 예수님은 이 땅에 오셔서 우리를 하나님 앞으로 데려가셨습니다. 그리고 그분 자신도 하나님을 향해 나아가셨습니다. 예수님은 "나의 양식은 나를 보내신 이의 뜻을 행하며 그의 일을 온전히 이루는 이것이니라"라고 말씀하셨습니다(요 4:34). 예수님은 하나님의 뜻을 이루려고 이 땅에 오셨고, 성육신하여 인간으로 계시는 동안 오직 하나님만 바라보셨습니다. 그러므로 우리의 중보자이신 예수님을 바라볼 때, 그분은 우리를 하나님 앞으로 이끌어 가실 것입니다.

죄 사함의 은총

죄인 된 우리를 거룩하신 하나님 앞으로 이끌어 가려면 그 목자는 한 가지 중요한 사실을 해야만 합니다. 즉, 그는 죄의 세력과 하나님의 영원한 진노 아래서 우리를 구해주어야 합니다. 예레미야 50장 말씀을 살펴보겠습니다.

> "이스라엘은 흩어진 양이라 사자들이 그를 따르도다 처음에는 앗수르 왕이 먹었고 다음에는 바벨론의 느부갓네살 왕이 그의 뼈를

꺾도다"(렘 50:17).

이 말씀이 있던 당시에, 앗수르와 바벨론이 차례로 이스라엘을 정복했습니다. 그러나 하나님은 그 가운데서 그들을 구해낼 것이라고 말씀하십니다. 그것은 그들의 죄를 사해주는 은혜의 역사입니다.

"그러므로 만군의 여호와 이스라엘의 하나님이 이와 같이 말하노라 보라 내가 앗수르의 왕을 벌한 것 같이 바벨론의 왕과 그 땅을 벌하고 이스라엘을 다시 그의 목장으로 돌아가게 하리니 그가 갈멜과 바산에서 양을 기를 것이며 그의 마음이 에브라임과 길르앗 산에서 만족하리라"(렘 50:18-19).

다시 말해, 하나님은 이스라엘을 구원하겠다고 약속하십니다. 다시는 정죄함이 없고 마귀가 우리의 영혼을 탐하거나 가져갈 수 없도록 끊어내는 죄 사함의 은총을 말합니다. 그리고 예레미야 50장 20절에서 다음과 같이 말씀하십니다.

"여호와의 말씀이니라 그 날 그 때에는 이스라엘의 죄악을 찾을지라도 없겠고 유다의 죄를 찾을지라도 찾아내지 못하리니 이는 내가 남긴 자를 용서할 것임이라"(렘 50:20).

여러분, 하나님이 우리의 죄 문제를 덮어주셨습니다. 마귀는 우리의 죄를 찾고자 나서겠지만, 찾지 못할 것입니다. 하나님이 예수 그리스도의 피로 적시어 우리에게 의의 흰 옷을 입히셨기 때문입니다. 이것이 죄 사함의 은총입니다. 하나님이 우리의 죄를 그리스도의 보혈로 덮으셨기 때문에, 마귀는 우리를 정죄할 구실을 결코 찾을 수 없습니다. 하나님이 죄를 찾지 아니하시는데 누가 그 죄를 찾아내겠습니까? 그리고 이 사실은 하나님과 우리 사이에 놀라운 변화가 있다는 것을 의미합니다. 즉, 하나님과 우리 사이의 교통(사귐)이 있게 됩니다. 하나님이 우리를 그분의 자녀로 삼으셨고, 따라서 그분은 우리의 아버지가 되시며 우리 안에 끊을 수 없는 아름다운 관계가 맺어졌습니다. 이것이 그리스도의 은혜입니다. 그리고 이러한 일을 할 수 있는 목자라야 우리를 하나님 앞으로 인도하는 선한 목자라고 말할 수 있습니다.

예수님은 겟세마네 동산에서 땅에 얼굴을 대시고 엎드려 다음과 같이 기도하셨습니다.

> "이르시되 아버지여 만일 아버지의 뜻이거든 이 잔을 내게서 옮기시옵소서 그러나 내 원대로 마시옵고 아버지의 원대로 되기를 원하나이다 하시니"(눅 22:42).

예수님은 우리 모두의 죄의 형벌을 홀로 받으셔야 했기 때문에 자신이 짊어져야 할 그 일을 위해 땀이 핏방울이 되도록 기도하셨습니다(눅 22:44). 그리고 끝내 십자가에 달려 죽으시면서 시편 22편

1절 말씀을 외치셨습니다.

"내 하나님이여 내 하나님이여 어찌 나를 버리셨나이까 어찌 나를 멀리 하여 돕지 아니하시오며 내 신음 소리를 듣지 아니하시나이까"(시 22:1).

시편 22편은 다윗의 시입니다. 다윗이 어떤 상황 속에서 이 시를 노래했는지 알 수 없지만, 예수님은 이 시편 말씀을 가져와서 자신에게 적용하십니다. 예수님은 영원하시고 사랑이 많으신 하나님으로부터 자신이 단절되는 그 순간에 이 시편 말씀을 외치셨습니다. 시편 22편 6-8절에는 다음과 같은 말씀이 있습니다.

"나는 벌레요 사람이 아니라 사람의 비방 거리요 백성의 조롱 거리니이다 나를 보는 자는 다 나를 비웃으며 입술을 비쭉거리고 머리를 흔들며 말하되 그가 여호와께 의탁하니 구원하실 걸, 그를 기뻐하시니 건지실 걸 하나이다"(시 22:6-8).

예수님은 세상 사람들에게 온갖 조롱과 비방을 당하셨습니다. 우리가 받아 마땅한 그 형벌을 예수님이 다 받으심으로 우리의 모든 죄가 사해졌습니다. 그 대리 속죄의 고난을 감당하지 않는다면 그 누구도 우리를 하나님께로 인도하는 선한 목자일 수가 없습니다. 따라서 마귀는 결코 선한 목자가 아닙니다. 마귀가 돈, 정욕, 권력, 지식, 명예 등을 통해 여러분에게 만족을 가져다줄 수는 있습니다. 그러나 만일 여러분이 그것들을 손에 쥐고 마귀에게 끌려간다면 그 순간 여러분은 멸망하게 될 것입니다. 하나님의 진노 아래 살아가는 저주의 인생이 여러분의 인생길에 드리워질 따름일 것입니다. 선한 목자는 우리를 하나님 앞으로 이끌어 갑니다. 선한 목자는 우리를 하나님 앞으로 이끌고, 푸른 풀밭에 누이며 쉴 만한 물 가로 인도합니다.

푸른 풀밭과 쉴 만한 물 가

> "그가 나를 푸른 풀밭에 누이시며 쉴 만한 물 가로 인도하시는도다"(시 23:2).

본래 이스라엘 땅은 푸른 풀밭이 있는 땅이 아닙니다. 그리고 바다나 강도 우리나라처럼 여기저기에 있지 않습니다. 한마디로, 이스라엘 땅은 황량합니다. 지금에서야 개간하고 갖은 노력을 통해 곳곳에 물을 들여서 농장들이 생겨난 것이지, 이전에는 매우 형편없는 땅이었습니다. 그런데 하나님은 그곳을 가리켜서 젖과 꿀이 흐르는 땅이라고 하십니다. 자연환경으로만 본다면 분명히 말도 안 됩니다. 그러나 그곳이 젖과 꿀이 흐르는 땅이 될 수 있는 딱 한 가지 이유가 있습니다. 그것은 그 땅에 어떤 좋은 조건이 있어서가 아닙니다. 오로지 하나님이 말씀하셨기 때문에 그곳은 젖과 꿀이 흐르는 땅이 됩니다. 하나님이 이른 비와 늦은 비를 때에 따라 내려주시면 그곳은 충분히 젖과 꿀이 흐르는 땅이 됩니다. 하나님은 그곳에 이스라엘 백성들을 두시고 때마다 역사하셨습니다. 백성들은 젖과 꿀이 흐르는 땅에 거주하며, 때에 따라 주시는 그분의 손길을 맛보았습니다. 그러나 그들의 잘못으로 하나님이 진노하사 그 일들을 거두셨고, 그 땅은 곧 황폐한 땅이 되었습니다. 교회도 마찬가지입니다. 교회가 말씀을 떠나면, 즉 하나님이 때에 따라 주시는 은혜를 떠나면 교회는 황폐한 땅이 되고 맙니다. 이름은 약속의 땅인데, 젖과 꿀이 없고 열매가 없습니다. 이름은 교회인데, 은혜와 생명력과 감사가 없습니다. 이름은 신자인데, 그의 심령은 피폐합니다. 여러분, 우리는 반드시 하나님의 은혜를 구해야 합니다. 말씀을 떠나면, 이름은 가나안 땅인데 핍절한 땅이 되고 마는 것입니다. 푸른 초장과 쉴 만한 물 가에서 평안과 안식을 누리려면, 영혼의 양식을 먹고 마셔야 합니다. 예수님은 그 영혼의 양식에 대해 다음과 같이 말씀하셨습니다.

> "내 살은 참된 양식이요 내 피는 참된 음료로다 내 살을 먹고 내 피를 마시는 자는 내 안에 거하고 나도 그의 안에 거하나니 살아 계신 아버지께서 나를 보내시매 내가 아버지로 말미암아 사는 것 같이 나를 먹는 그 사람도 나로 말미암아 살리라"(요 6:55-57).

예수님은 우리를 살리기 위해 자신의 생명을 내어주셨고, 그런 우리를 생명의 원천이신 하나님 앞으로 인도하여 가십니다. 그런데 우리 눈에 하나님이 보이지 않는데, 우리가 어떻게 예수님의 인도하심을 받아 하나님 앞에 이르렀다고 말할 수 있겠습니까? 오늘 본문 말씀은 우리가 하나님 앞으로 나아간 곳이 "푸른 풀밭과 쉴 만한 물 가"라고 말합니다.

푸른 풀밭은 무엇일까요? 먹을 양식이 있는 곳입니다. 하나님은 이스라엘 백성들이 광야 생활을 할 때, 만나를 내려서 그들을 먹이셨습니다. 만나는 그들이 육체를 위해 먹는 것 이상의 의미를 가집니다. 그들은 만나를 통해 자기들의 생명이 하나님께 달려 있다는 사실과 일용할 양식을 주시는 하나님의 손길을 기억하며 살았습니다. 이스라엘 백성들은 만나뿐 아니라 금, 은, 왕궁, 말, 군사력 등 아무것도 없는 황량한 광야에서 하나님이 200만 명을 먹이고 살려 주신 일을 보면서, 자기들의 생명은 오직 하나님께 달려 있다는 사실을 깨달았습니다. 하나님은 우리가 하늘에서 내려오는 신령한 양식을 통해 우리의 인생길에 살아가는 힘은 오직 주께로부터 온다는 것을 알게 하십니다. 그리고 우리가 말씀을 통해 그 사실을 깨닫고 "하나님만이 나의 생명입니다"라고 고백하기 원하십니다. 하나님이 주시는 그 말씀이 무슨 내용을 담고 있기에, 우리에게 생명이 되는 것일까요? 말씀이 참된 양식과 참된 음료이신 예수 그리스도를 가리키기 때문입니다. 그리스도의 복음의 말씀 외에는 다른 꼴이 없습니다. 신자가 먹고 살아야 하는 양식은 그리스도의 말씀 외에는 없습니다. 그 말씀이 우리 가운데 역사합니다.

쉴 만한 물 가는 잔잔하기 때문에 마시는 데 어려움이 없고 그 맛을 즐기기에도 좋습니다. 동해를 가면 계속해서 파도가 치는 것을 볼 수 있습니다. 그런 물을 먹으려면 코와 눈에 물이 들어갈 것입니다. 그런데 잔잔한 물은 맑고 깨끗하며, 입술을 대고 먹기에 편하고, 몸을 씻기에도 좋고, 기운을 북돋아주며, 생명을 소생시켜줍니다. 즉, 영적 활력이 생깁니다. 쉴 만한 물 가에서는 이러한 일들이 일어납니다. 신자는 그리스도의 복음의 말씀을 들을 때, 성령님이 그 심령 속에 은혜를 주시므로, 평안하고 행복하며 영적인 힘을 얻습니다.

따라서 "푸른 풀밭과 쉴 만한 물 가"는 말씀을 가지고 역사하시는 성령님의 은혜로, 성도가 누리는 참 기쁨과 희락 그리고 영적인 힘을 가리킨다고 볼 수 있습니다. 성령님은 우리에게 믿음을 주시며 말씀의 꼴을 먹게 하십니다. 그리고 그 꼴을 먹은 다음에 순종하게 하십니다. 또한, 우리를 거룩하게 빚어 가시며 깨끗한 심령으로 바꿔 나가게 하십니다. 즉, 죄를 씻는 것입니다. 우리는 자기의 몸을 깨끗하게 씻을 수 없는데, 하나님의 말씀은 우리의 죄를 깨끗하게 씻겨줍니다. 그러나 우리에게 옛 사람의 흔적이 아예 없어지지는 않습니다. 그래서 새 사람으로서 옷을 입고 죄의 정욕을 내려놓고 성령님의 도우심을 구하며 사는 것입니다. 그렇게 할 때, 그 은혜의 힘으로 죄의 정욕의 유혹의 힘 곧, 죄의 힘이 약해집니다. 여러분 마음속에 가졌던 죄의 유혹들은 어떤 것들이 있습니까? 죄의 나쁜 습관들이 무엇이 있습니까? 끊고자 애를 썼으나 쉽게 끊지 못했던 죄의 습관들을 주 앞에 엎드려 고백하고, 말씀의 은혜 가운데 성령님의 도우심으로 한숨에 사라지는 은혜를 구하세요.

하나님의 은혜

그리스도인라면 모두가 이 은혜(시편 23:2)를 누려야 하는데, 구약 교회를 들여다보면 그렇지 못한 사람들이 많습니다. 하나님의 선택을 입은 구원의 백성이라면 누렸을 그 기쁨과 이 신령한 행복을 누리지 못한 사람들이 많은 것을 보면, 하나님의 교회 안에는(적어도 구약 교회는) 하나님의 선택을 받지 못한 잡족이요 나쁜 물고기요 섞인 자들이 많았던 것이 틀림없습니다. 그런 자들은 자기들의 소망이 하나님께 있지 않았기 때문에 그 은혜들을 누리지 못했습니다. 예수님은 당시 유대인들을 향해 이렇게 말씀하셨습니다.

> "그러나 너희가 영생을 얻기 위하여 내게 오기를 원하지 아니하는도다"(요 5:40).

예수님이 약속의 성취를 위해 이 땅에 오셨는데도, 유대인들은 그분께 영생을 얻으려고 나아가지 않았습니다. 도무지 영적 관심이 없는 것입니다. 하나님은 그런 그들을 불쌍히 여기셨습니다. 구약 시대 때에도 하나님은 다음과 같이 말씀하셨습니다.

"예루살렘아 너를 불쌍히 여길 자 누구며 너를 위해 울 자 누구며 돌이켜 네 평안을 물을 자 누구냐"(렘 15:5).

당시 그들은 선지자를 죽이고 보냄 받은 자를 돌로 치는 등, 영적 배반과 패역을 일삼았습니다. 그럼에도 불구하고 하나님은 그들에게 돌아오라고 말씀하시지만, 그들은 돌이키지 않았습니다. 그들 안에 하나님을 사랑함이 없었기 때문입니다.

"다만 하나님을 사랑하는 것이 너희 속에 없음을 알았노라"(요 5:42).

하나님을 사랑하지 않는 자는 선한 목자의 인도를 즐거워하지 않습니다. 그들이 즐거워하는 것은 따로 있으며, 그들은 자기가 듣고 싶은 것만 듣습니다. 그러나 여기서 주목할 것은, 우리도 이전에는 그런 사람들과 다를 바 없었다는 것입니다. 우리는 하나님의 은혜로 말미암아 변화를 받아 새 사람이 되었습니다. 우리 안에 거듭남이 이루어졌고, 영생을 향한 소망과 갈망이 주어졌으며, 마음속에 예수 그리스도를 사랑하는 것이 새겨졌습니다. 우리에게 이러한 일들이 나타난 것은 오직 하나님의 은혜 때문입니다. 우리는 영원 전에 하나님의 택하심을 받았고, 그 선택하신 은혜가 여러분의 인생 중에 실행되어지고 있습니다. 따라서 우리 마음속에 하나님의 음성, 그리스도의 음성, 복음의 말씀, 성령님의 인도하심에 기뻐하며 나아갈 수 있는 소망이 생긴 것입니다. 우리는 참된 그리스도인이지만 그렇다고 하더라도 슬프게도 항상 성령을 따라 살지는 못합니다. 그러나 진정한 신자이기 때문에 우리는 결코 그리스도의 말씀을 영원히 불순종하거나 그리스도를 영원히 떠나 배반하지 못합니다. 인생을 살면서 아픔을 겪고 실족하기도 하고 괴로워하기도 하며, 성화를 온전히 이루지 못한 상태에 있다는 사실에 가슴을 칩니다. 성격은 여전해도 자기 성격을 아는 사람이 되었고, 자기의 성질 때문에 하나님 앞에 기도하는 자가 되었으며, 그래서 기질과 체질에 따라서 각기 신앙의 모양도 다르지만 모든 신자에게는 그 안에 눈물과 회개의 은혜가 주어졌습니다. 즉, 예수님만 따라가기를 원하고 예수님을 떠나지 못하는 자가 된 것입니다. 은혜가 우리의 마음을 그렇게 이끄는 것입니다.

생명이 있는 하나님의 말씀

> "베뢰아에 있는 사람들은 데살로니가에 있는 사람들보다 더 너그러워서 간절한 마음으로 말씀을 받고 이것이 그러한가 하여 날마다 성경을 상고하므로"(행 17:11).

베뢰아에 있는 사람들은 데살로니가에 있는 사람들보다 더 신사적이었습니다. 그들은 간절한 마음으로 말씀을 받았고, 날마다 성경을 상고하므로 그 가운데 즐거워했습니다. 여러분도 간절한 마음으로 하나님의 말씀을 받으시나요? 날마다 성경을 상고하며 주의 말씀 안에 생명이 있음을 고백하고 붙들기를 원하시나요? 만일 여러분이 그러하다면, 여러분은 선한 목자의 음성을 듣고 따라가는 건강한 양입니다. 저는 여러분과 우리 교회가 그렇게 되기를 소망합니다. 시편 19편은 하나님의 말씀이 얼마나 달콤한지 다음과 같이 노래합니다.

> "여호와의 율법은 완전하여 영혼을 소성시키며 여호와의 증거는 확실하여 우둔한 자를 지혜롭게 하며 여호와의 교훈은 정직하여 마음을 기쁘게 하고 여호와의 계명은 순결하여 눈을 밝게 하시도다 여호와를 경외하는 도는 정결하여 영원까지 이르고 여호와의 법도 진실하여 다 의로우니 금 곧 많은 순금보다 더 사모할 것이며 꿀과 송이꿀보다 더 달도다"(시 19:7-10).

사랑하는 교우 여러분, 과연 여러분에게도 말씀이 저러합니까? 시편 19편 7-10절이 우리의 고백이 되어야 합니다. 말씀은 우리의 영혼을 살립니다. 그리고 말씀은 미련한 우리를 지혜롭게 해줍니다. 우리는 짐승과 같이 어두운 자였으나 말씀으로 인하여 새로운 인생을 맞이했고, 인생 가운데 우리를 인도하시는 주님의 손길을 봅니다. 여러분도 하나님의 말씀이 자기 자신에게 기쁨이 되는지 물어보시기 바랍니다. 여러분은 아멘으로 답하실 수 있어야 합니다. 하나님의 말씀으로 인해 눈이 밝아져 자기 안에 더러운 심령을 보고,

그리스도께서 베푸신 용서와 성령님의 인도하심으로 마음이 정결케 되는 은혜의 역사를 보고 있습니까?

> "여호와를 경외하는 도는 정결하여 영원까지 이르고 여호와의 법도 진실하여 다 의로우니"(시 19:9).

하나님의 말씀 외에 다른 생명의 길은 없습니다. 그리고 하나님이 여러분에게 그 은혜를 알도록 베풀지 않으셨다면, 여러분은 여기에 앉아 있을 수 없었을 것입니다.

결론

교회에 나와서 하나님께 예배하는 신자들은 많지만, 그 가운데에는 하나님의 은혜를 모르는 자도 꽤 있습니다. 저는 여러분이 그런 사람은 아닐 거라고 믿고 싶습니다. 그리고 예배하러 나오신 여러분의 걸음이 외식되거나 거짓되어 보이진 않습니다. 또는 무언가 구할 것이 따로 있어서 이 자리에 앉아 있는 것 같은 분도 없어 보입니다. 한 분 한 분이 선한 목자를 따르는 어린 양처럼 그리스도의 음성을 듣고 이 자리에 나오셨다고 생각됩니다. 하나님을 사랑하고 하나님의 은혜를 입은 자로서, 예수 그리스도 외에는 생명이 없기 때문에 나오신 것이죠. 그래서 여러분이 너무나도 귀합니다. 하나님의 사랑을 입은 자들로, 주 앞에서 서로 함께 나아갈 수 있기를 바랍니다. 예배 때마다 꼴(양식)을 많이 먹고, 신령한 물을 많이 마실 수 있기를 바랍니다. 더불어 이 은혜를 누려야 합니다. 이 은혜는 홀로 누리는 것이 아니요 교회를 통해서 누리는 것입니다. 따라서 함께 받은 은혜를 갖고, 서로 사랑하며 감사해야 합니다. 서로를 아끼고 또 아껴야 합니다. 교회는 그리스도의 몸이고, 우리들은 그 지체이기 때문입니다. 이 모든 것을 주신 하나님의 사랑과 우리의 선한 목자이신 그리스도의 인도함에 깊이 감사하기 바랍니다. 그리고 성령님을 따라 진리의 말씀을 먹으며 하나님 앞으로 날마다 나아가기 바랍니다. 여러분의 인생이 지금 어떤 상황이든지, 하나님의 사랑이 여러분의 인생을 붙드신다는 사실을 믿기 바랍니다. 주의 이름으로 축복합니다.

12장
내 영혼을 소생시키시는 하나님

시편 23편 3절

[3]내 영혼을 소생시키시고 자기 이름을 위하여 의의 길로 인도하시는도다

세 가지 은혜

시편 23편은 다윗의 시로, 우리 모두가 사랑하는 시입니다. 오늘은 그중에 3절을 살펴보고자 합니다. 3절은 우리에게 추상적이지 않고 구체적인 적용들을 해나갈 수 있게 말해줍니다. 1절에서는 "여호와는 나의 목자시니 내게 부족함이 없으리로다"라고 말하고, 2절에서는 "그가 나를 푸른 풀밭에 누이시며 쉴 만한 물 가로 인도" 하셔서 말씀과 성령으로 나를 이끌어주시니 내게 어찌 부족함이 있겠는가 말합니다. 그리고 3절에서는 하나님이 자기에게 베풀어주신 세 가지 은혜에 대해 다음과 같이 말합니다.

첫째, 하나님이 내 영혼을 소생시키십니다. 둘째, 하나님이 나를 의의 길로 인도하십니다. 셋째, 하나님이 이 모든 것을 자기의 이름을 위하여 행하십니다. 다윗은 이 세 가지의 내용을 한 절에서 고백하고 있습니다. 이것들을 하나하나를 살펴보는 것은 우리에게 큰 은혜를 줄 것입니다. 오늘은 특별히 "내 영혼을 소생시키시고"의 내용을 가지고 말씀을 전하고자 합니다.

"내 영혼을 소생시키시고"의 의미

"내 영혼을 소생시키시고"라고 말할 때, "영혼"은 무엇을 말하는 걸까요? 일반적으로 영혼은 몸과 분리된 영을 말합니다. 인간은 몸과 영혼이 결합하고 거기에 인격성까지 더해질 때, 하나의 개체적인 인간이 됩니다. 여기서 "내 영혼을 소생시키시고"라는 말은 몸이 아니라 영혼이 소생되었다는 뜻으로 해석됩니다. 그런데 3절의 "영혼"은 몸과 분리된 영혼만을 뜻하는 것이 아니고, 성경적 용례에 따라서 여러 가지 의미로 다양하게 해석됩니다. 창세기 1장 30절을 살펴보겠습니다.

> "또 땅의 모든 짐승과 하늘의 모든 새와 **생명이 있어** 땅에 기는 모든 것에게는 내가 모든 푸른 풀을 먹을 거리로 주노라 하시니 그대로 되니라"(창 1:30).

여기서 "생명이 있어"라는 단어는 기력이 있어서 움직이는 것을 말합니다. 그리고 "생명"과 다윗이 말한 "내 영혼을 소생시키시고"의 "영혼"은 동일한 의미를 가집니다. 따라서 "내 영혼을 소생시키시고"라는 말은 **"나에게 생명을 새롭게 주시며"**라고 해석할 수 있습니다. 또한, 창세기 27장 4절을 살펴보겠습니다.

> "내가 즐기는 별미를 만들어 내게로 가져와서 먹게 하여 내가 죽기 전에 **내 마음껏** 네게 축복하게 하라"(창 27:4).

여기서 "내 마음껏"이라는 말의 뜻도 "내 영혼을 소생시키시고"의 "영혼"과 뜻이 같습니다. 레위기 21장 1절에는 더 특별한 의미가 나옵니다.

> "여호와께서 모세에게 이르시되 아론의 자손 제사장들에게 말하여 이르라 그의 백성 중에서 죽은 자를 만짐으로 말미암아 **스스로를 더럽히지 말려니와**"(레 21:1).

"스스로를 더럽히지 말려니와"라는 말은 너희의 몸을 더럽히지 말라는 말과 같습니다. 그리고 이때 "몸"의 의미는 "내 영혼을 소생시키시고"의 "영혼"과 똑같은 뜻을 갖습니다. 앞서 우리가 인간의 구성 요소를 몸과 영혼이라고 말할 때는 몸과 영혼을 각각 따로 두고 말했는데, 여기서 쓰인 용례는 몸과 영혼을 같은 것으로 간주하여 말합니다. **따라서 너희 몸을 더럽히지 말라는 말은 너희의 영혼을 더럽히지 말라는 말과 똑같습니다.** 하나님은 이 말씀을 통해 제사장들에게 물리적 측면을 넘어서 영적 측면에 대해 조심하라고 가르치시는 것입니다. 하나님은 제사장들에게 시체를 만지는 것이 부정하다고 말씀하시며, 나아가 영혼의 거룩성을 유지하라고 가르치십니다. 그래서 이 뜻을 가져와 3절을 해석하면, "내 영혼을 소생시키시고"라는 말은 결국 "내 몸을 다시 살리셨다"라고 말할 수 있습니다. 그리고 내 몸을 다시 살리셨다는 것은 내 몸과 영혼과 마음이 하나로 묶여서 하나님 앞에 드려지고, 내 인격적인 삶 전체가 주 앞에 새로운 생명을 얻게 되었다는 뜻으로 확장됩니다. 다음으로 신명기 6장 4-5절 말씀을 살펴보겠습니다.

> "이스라엘아 들으라 우리 하나님 여호와는 오직 유일한 여호와이시니 너는 **마음을 다하고 뜻을 다하고 힘을 다하여** 네 하나님 여호와를 사랑하라"(신 6:4-5).

여기서 "마음과 뜻과 힘"은 "내 영혼을 소생시키시며"의 "영혼"과 뜻이 같습니다. 따라서 위 말씀은 "**너의 영혼을 다하여** 네 하나님 여호와를 사랑하라"라고도 해석할 수 있습니다.

다시 돌이키는 은혜

"소생"은, 우리 말로 그대로 번역하면 **"거의 죽어가다가 다시 살아나는 것"**입니다. 이 말을 원어로 보면, "다시 살아나다"라는 말이 "다시 돌이키다"라는 뜻을 갖습니다. 예를 들어, 죽은 자가 다시 돌이켜 살아나고, 상황이 나빴던 것이 다시 돌이켜 좋아집니다. 이 단어는 가장 중요한 구원과 회개와 회복에 적용될 수 있습니다. 회개는 하나님께로 다시 돌아오는 것을 말합니다. 그래서 "내 영혼을 소생시키시며"라는 말씀에 회개의 뜻을 집어넣으면 "내 영혼을 살리사 하나님 앞에 돌아오게 하시며"라고 말할 수 있습니다. 호세아 6장 1절은 이 원리를 적용해서 말합니다.

> "오라 우리가 여호와께로 돌아가자 여호와께서 우리를 찢으셨으나 도로 낫게 하실 것이요 우리를 치셨으나 싸매어 주실 것임이라"(호 6:1).

호세아는 하나님의 긍휼과 자비를 바라보면서 "여호와께로 돌아가자"라고 말합니다. 이 말씀은, 우리가 하나님 앞에서 범죄했을 때 하나님은 우리를 찢으셨으나 도로 낫게 하는 은혜를 주시고, 우리가 하나님 앞에서 허물이 있을 때 우리를 치셨으나 다시 싸매어 주신다는 말입니다. 하나님은 우리가 그분께 돌이키도록 은혜를 주십니다. 우리의 영혼은 하나님이 뜻을 세우시지 않는 이상 불멸합니다. 피조물인 우리는 스스로 불멸성을 갖지 못합니다. 하나님은 우리의 영혼을 썩지 않게 만드셨습니다. 따라서 다윗의 고백 중에 영혼을 다시 살리셨다는 말의 의미는 그 중심이 하나님 앞에서 다시 살아났다는 뜻이 됩니다. 곧 주께로 돌이켰음을 의미합니다.

> "우리가 스스로 우리의 행위들을 조사하고 여호와께로 **돌아가자** 우리의 마음과 손을 아울러 하늘에 계신 하나님께 들자"(애 3:40-41).
>
> "너희가 만일 여호와께 **돌아오면** 너희 형제들과 너희 자녀가 사로잡은 자들에게서 자비를 입어 다시 이 땅으로 **돌아오리라** 너희 하나님 여호와는 은혜로우시고 자비하신지라 너희가 그에게로 **돌아오면** 그의 얼굴을 너희에게서 **돌이키지** 아니하시리라 하였더라"(대하 30:9).

역대하 30장 9절에는 '돌아오다'라는 뜻을 가진 단어가 네 번이나 나옵니다. 하나님은 우리를 불러서 그분께로 돌아오게 하십니다. 그리고 그런 우리를 향하여 그분의 얼굴을 다시 돌이키십니다.

시 23:3의 다윗의 고백은 그가 마치 처음으로 하나님의 은혜를 받아 구원을 받은 자이듯이 자신의 영혼을 돌아보고 있음을 보여줍니다. "내 영혼을 소생시키시고"의 고백은 죽음에서 새 생명을 얻고 하나님 앞에서 살아가는 성도로서의 새로운 전환을 나타냅니다. 다윗은 한평생 죄와 싸워가며 살아온 자신의 영적 경험들을 생각할 때, 본래 허물과 죄로 죽었던 자신의 영혼에 생기를 불어넣어 영적인 활력을 일깨워주신 하나님의 은혜를 고백하지 않을 수가 없었습니다. 이렇게 죽음에서 살아난 영혼은 그 소생케 된 영혼의 생명을 살아가는 동안에 자신의 연약함을 돌아보면서 마치 처음 은혜를 입은 듯이 구원의 은혜를 고백하기도 합니다 다윗은 자신이 받은 구원을 찬양하면서 동시에 이미 구원받은 자로서 회개의 은혜를 다시금 고백하고 있습니다. 우리도 그러합니다. 우리는 그리스도를 믿음으로 하나님의 자녀가 되어 구원의 확신을 누리면서도, 연약하여 죄의 시험에 빠질 때에 자기를 산 자가 아니라 죽은 자라고 생각하며 낙심하기도 합니다. 그러나 그럴 때라도 우리는 아직 죄인되었을 때에 우리를 부르신 하나님의 변치 않는 은혜로 돌이키게 되고 영적 생명을 잃지 않고 살게 됩니다. 여러분은 여러분을 그렇게 하나님 앞에서 산 자가 되게 하신 하나님의 큰 자비에 얼마나 감사하며 살고 있습니까? 다윗은 만입이 있어도 표현하지 못할 만큼 그 크신 은혜에 감사하다고 고백한 사람입니다.

다윗을 돌이키신 하나님의 은혜

다윗은 시편 곳곳에서 자기를 돌이키신 하나님의 은혜를 찬양합니다. 다윗이 사울에게 쫓길 때는, 그에게 의인의 모습이 있었습니다. 그런데 가나안 족속이 있는 곳까지 도망가게 되자, 그는 하나님의 전적인 섭리를 의지하지 못하고 이방인의 왕에게 자신의 생명을 의탁합니다. 그리고 그런 상황에서 죽음의 위기에 처하자, 그 앞에서 미친 체를 합니다. 그래서 다윗은 그냥 돌려보내지는데, 이는 그가 미친 체를 잘 연기해서 풀려난 것이 절대 아닙니다. 비록 허물이 있는 다윗이지만, 하나님은 그런 그에게도 은혜를 베풀어주셨습니다.

이후에 다윗은 이스라엘의 왕이 되고, 마침내 이스라엘 통일 왕국의 최고 통치자가 됩니다. 그러나 그에게도 여러 가지 문제가 있었습니다. 그가 가장 사랑하는 아들 압살롬이 자기를 반역하고 죽이려고까지 합니다. 또한, 그는 욕정을 이기지 못하고 밧세바와 간음하고 죄를 짓습니다. 그리고 그녀의 남편을 전장에서 죽게 만들고 자연스럽게 죽게 된 것처럼 위장합니다. 우리도 다윗처럼 이렇게 악한 허물들이 있고, 살아온 인생의 슬픔과 고단함과 비참한 흔적들이 있을 것입니다. 다윗은 굉장히 훌륭한 하나님의 사람이었습니다. 하나님은 다윗을 "내 마음에 맞는 사람이라"고 하셨고, 그를 통해 이스라엘 통일 왕국을 이루시고 교회를 다스리는 그리스도의 왕권이 무엇인지 드러내셨습니다. 그는 하나님의 율법을 선포했습니다. 심지어 그는 예수 그리스도를 예표한 사람이었습니다. 그런데 그렇게 훌륭했던 다윗에게도 허물이 있었습니다. 그도 얼룩진 삶을 살았습니다. 따라서 다윗의 시편 23편 3절 고백은 중요한 사실을 이야기합니다. "나는 죽어 마땅한 죄인인데 하나님이 내 영혼을 돌이켜주셔서 다시 살았습니다. 그래서 나는 내 인생 전체를 하나님 앞에서 생명을 얻은 자로 살아갑니다."

그러나 그리스도인이 거듭나서 하나님 앞에서 살아간다고 해도, 그 삶이 완전한 것은 아닙니다. 늘 불완전하고 여전히 허물에 시달립니다. 그럼에도 불구하고 시편 23편 3절은 "하나님이 우리의 영혼을 소생시키셨고 우리의 인생을 끝까지 붙들어주셨습니다"라고 말합니다. 여러분이 하나님의 은혜로 그분 앞에서 살아온 삶을 한 번 돌아보시기 바랍니다. 하나님은 우리를 살리시고 한평생 생명의 길로 걷게 해주셨습니다. 그에 대한 감사와 고백을 어떻게 다 말할 수 있을까요? 시편 23편 3절 말씀을 여러분의 입술로 고백하기 바랍니다.

자기의 영혼이 소생되어야 한다는 것을 깨달으라

여러분의 인생과 여러분의 영혼은 하나님이 소생시켜주신 것입니다. 그리고 그분은 지금도 여전히 우리의 인생을 소생시켜주고 계십니다. 우리는 심판 날에 이를 때까지 그 크신 하나님의 은혜를 계속적으로 경험하게 될 것입니다. 그리고 하나님은 우리가 십자가 앞에서 계속 엎드리게 하실 것입니다. 어떤 사람은, 한 번뿐인 인생인데 하고 싶은 것을 마음대로 하면서 살 거라고 합니다. 그러나 그것은 멸망으로 가는 지름길을 택한 것과 다를 바 없습니다. 사람이 복된 인생을 사는 길은 단 한 가지입니다. 인생 가운데 우리가 죽은 자로 산다는 사실을 깨닫는 것입니다. 우리가 태어나는 것은 사실상 죽음의 시작입니다. 구체적으로 말하자면, 인생은 죽음의 길을 걷는 것입니다. 사람은 마음과 생각과 행동으로 죄를 범하면서 멸망을 향해 걸어갑니다. 그렇다면 어떻게 해야 그 인생이 멸망하지 않고 행복한 인생이 될 수 있을까요? 바로, '내가 망할 자가 되었구나. 나는 부패한 자이구나.'라는 사실에 대한 절감과 깊은 깨달음이 있어야 합니다. 거기서부터 인생의 행복이 시작됩니다. 그렇게 할 때, 행복한 인생의 첫걸음에 문이 열립니다.

그러나 사람은 부패한 성정(원죄 아래서 썩어진 상태)으로 태어나기 때문에 자신의 영혼이 소생되어야 할 필요성을 인식하지 못합니다. 그래서 우리가 불쌍하고 비참한 것입니다. 사람들은 몸 안에 몹쓸 병이 있는데 자각 증세가 없어 그냥 살다가, 나중에 암이 3기, 4기, 말기인 것을 발견하기도 합니다. 마찬가지로, 영혼이 소생되어야 할 필요성을 인식하지 못하면서 사는 것은 죽을 날이 얼마 남지 않았는데 아무런 자각 증세 없이 사는 것과 같습니다. 우리의 영혼은 부패하여 죄의 그늘 아래 있고 캄캄한 어둠 속에 갇혀 있습니다. 아무리 깊이 내려가도 끝이 보이지 않는 침침하고 무섭고 추운 동굴 감옥에 우리의 영혼이 갇혀 있다는 사실을 인식해야만 복된 인생의 서광이 비치기 시작합니다.

여러분은 여러분의 영혼이 빛 하나 없고 춥고 몸서리치게 무서운 구덩이에 내던져져 있었다는 사실을 이미 깨달았을 것입니다. 그리고 이전에 즐겼던 정욕들(즐거움과 달콤함과 만족을 가져다준 세상의 것들)은 여러분의 인생을 살리거나 행복하게 해줄 수 없다는 사실을 잘 아실 것입니다. 그 모든 것을 각성함으로써, 그리스도의 십자가 외에는 소망이 없다는 것을 알고 주 앞에 엎드리게 된 것이죠. 그리고 하나님 앞에 소리를 발하여 회개하고, 은혜를 입고 용서받은 기쁨을 누렸을 것입니다. 이전에 우리의 인생을 붙들고 지배했던 세상 것들은 다 잠깐 있다 없어지는 것이요, 그것들은 우리가 하나님 앞에 살아가는 인생에 행복을 가져다주지 못합니다. 이 사실을 깨달은 사람들은 "그리스도 외에는 내게 즐거움과 소망이 없습니다."라고 고백하게 됩니다. 하나님 앞에 나아와 그 은혜의 용서를 기뻐하는 자가 된 것은 본래 우리가 가질 수 없었던 것을 가지게 된 것입니다.

깨달음의 수단

하나님 앞에서 자신의 비참함을 아는 것은 전적인 하나님의 은혜로 이루어집니다. 우선 그것을 알 만한 기준이 있어야 합니다. 우리가 무엇으로 자신의 죄의 비참함을 알고 그리스도 앞으로 나올 수 있을까요? 바로 성경입니다. 그리스도의 복음이 없으면, 우리는 자기가 죄인이라는 것을 알지 못합니다. 말씀이 우리를 비춰줍니다. 우리는 말씀을 통해 하나님을 아는 지식만큼 자기 자신에 대해 알게 됩니다. 존 칼빈은 기독교강요에서 하나님을 아는 지식이 우리의 인간상을 비춰준다고 말했습니다. 야고보서는 "말씀"이 우리의 모습을 비춰주는 "거울"과 같다고 말하며, "자유롭게 하는 온전한 율법"이라고도 덧붙입니다(약 1:21-25). 어떻게 율법이 우리를 자유롭게 할까요? 율법이 죄를 깨닫게 해주기 때문입니다. 그것을 통해서 자신을 비추면 율법에 넓게 드리워져 있는 그리스도를 바라보게 됩니다. 그러고 나서 그리스도 안에 있는 자에게 참 자유가 있고 행복이 있다는 사실을 깨달아 율법을 행하는 길로 나아가게 됩니다. 새 사람의 삶의 길이 열리는 것입니다. 우리는 말씀대로 살면 자유와 평안을 누릴 수 있습니다. 평안을 잃어버리면 자유롭지 못한 것이고, 평안이 누려지면 자유로운 것입니다.

하나님의 율법은 우리의 모습을 비춰줍니다. 하나님을 모르면 자신의 영혼이 얼마나 죄로 물들어 있는지 알 수가 없습니다. 어떤 이들은 하나님을 모르기 때문에 죄의 용서를 위하여 엎드리지 않고 기도하지 않습니다. 그런 자들에게 예수님의 복음을 아무리 들려주어도 그들은 그 복음의 뜻을 깨닫지 못하고 오히려 그것을 멸시합니다. 그런 자들은 멸망과 죽음의 길을 걸어가고 있는 것입니다. 몹쓸 병을 갖고 있는 사람은 겉모습이 아무리 멀쩡하다고 해도 MRI를 찍어보면 그 상태가 다 드러납니다. 이처럼 하나님의 말씀은 우리 내면의 영적 상태를 바로 들여다보고 숨길 것 없이 진단해주는 장치입니다. 이 말씀을 가지고 우리 내면의 영적 상태를 인식하기 위해서는 말씀과 더불어 성령님의 역사하심이 있어야 합니다. **하나님을 알아가는 깨달음의 외적인 수단은 말씀이고, 내적인 수단은 성령님입니다.** 성령님은 우리 안에서 이 말씀을 가지고 우리 상태를 보게 하십니다. 우리로 하여금 보게 하며 돌이키게 하며 우리 영혼을 소생시키십니다.

예수 그리스도 안에서 은혜로 용서받는 일은 단번에 이루어집니다. 하나님은 우리가 거듭남으로 그분의 자녀가 되는 신분의 변화를 단번에 이루어주시고, 이를 반복하지 않으십니다. 예를 들어, 우리를 그분의 자녀로 입양하셨다가 사는 게 시원찮다고 도로 파양하시거나 마귀의 자식으로 돌려보내고 괜찮으면 또 다시 그분의 자녀로 받아들이시지 않습니다. 만일 그렇게 하신다면, 우리는 날마다 마귀의 진영에 있다가 잠깐만 하나님의 자녀로 살 것이 분명합니다. 그러나 하나님은 그렇게 하지 않으시고, 단번에 우리의 신분을 바꿔 그분의 나라로 들이십니다. 그리고 이신칭의의 은혜를 날마다 반복적으로 경험하게 하십니다.

로마서 7장 5-25절

> "우리가 육신에 있을 때에는 율법으로 말미암는 죄의 정욕이 우리 지체 중에 역사하여 우리로 사망을 위하여 열매를 맺게 하였더니"(롬 7:5).

바울은 이전에 자신이 죄의 정욕에 따라 살아가는 인생을 살았다고 고백합니다. 그때는 죄의 정욕이 그의 몸과 영혼 안에서 역사했고, 결국 그것이 그의 인생 전체를 사망으로 이끌어 갔습니다.

> "그런즉 우리가 무슨 말을 하리요 율법이 죄냐 그럴 수 없느니라

율법으로 말미암지 않고는 내가 죄를 알지 못하였으니 곧 율법이 탐내지 말라 하지 아니하였더라면 내가 탐심을 알지 못하였으리라 그러나 죄가 기회를 타서 계명으로 말미암아 내 속에서 온갖 탐심을 이루었나니 이는 율법이 없으면 죄가 죽은 것임이라 전에 율법을 깨닫지 못했을 때에는 내가 살았더니 계명이 이르매 죄는 살아나고 나는 죽었도다 생명에 이르게 할 그 계명이 내게 대하여 도리어 사망에 이르게 하는 것이 되었도다 죄가 기회를 타서 계명으로 말미암아 나를 속이고 그것으로 나를 죽였는지라"(롬 7:7-11).

그러나 바울은 "탐내지 말라"는 율법 때문에 자기 안의 죄를 알게 되었다고 말합니다. 율법을 제대로 깨달을 때, 비로소 우리는 자신의 죄인 됨을 알게 됩니다. 자신의 실상을 통하여, 바울은 사람이 자신의 영적 실상을 바르게 보는 길은 율법에 비추어 볼 때 비로소 가능하다는 진리를 교훈합니다. 우리는 본래부터 죽은 자였습니다. "생명에 이르게 할 그 계명이 내게 대하여 도리어 사망에 이르게 하는 것이 되었도다"라는 말씀은, 계명 때문에 우리가 사망에 이르게 되었다고 말하는 게 아닙니다. 자신 안에 있는 죄의 세력이 기회를 타서 계명을 따라 나를 속이고 죽였다는 자기 실상에 대해 깨달은 인식을 이야기합니다.

"우리가 율법은 신령한 줄 알거니와 나는 육신에 속하여 죄 아래에 팔렸도다 내가 행하는 것을 내가 알지 못하노니 곧 내가 원하는 것은 행하지 아니하고 도리어 미워하는 것을 행함이라 만일 내가 원하지 아니하는 그것을 행하면 내가 이로써 율법이 선한 것을 시인하노니 이제는 그것을 행하는 자가 내가 아니요 내 속에 거하는 죄니라 내 속 곧 내 육신에 선한 것이 거하지 아니하는 줄을 아노니 원함은 내게 있으나 선을 행하는 것은 없노라 내가 원하는 바 선은 행하지 아니하고 도리어 원하지 아니하는 바 악을 행하는도다 만일 내가 원하지 아니하는 그것을 하면 이를 행하는 자는 내가 아니요 내 속에 거하는 죄니라 그러므로 내가 한 법을 깨달았노니 곧 선을 행하기 원하는 나에게 악이 함께 있는 것이로다"(롬 7:14-21).

바울은 자기가 원하는 것은 행하지 못하고 오히려 원하지 않는 것을 행하는 자기의 무능함을 보게 됩니다. 그러면서 자기가 원하지 않는 것을 행하는 것은, 자기가 하는 것이 아니라 자기 안에 있는 죄가 하는 것이라고 말합니다. 자기 안에 또 다른 세력을 보는 것입니다. 그러나 사실은 그 일 또한 바울 자신이 행한 것이 맞습니다. 우리는 두 인격이 아니라 한 인격으로 존재합니다. 하나님의 은혜로 말미암아 그분의 말씀대로 순종하며 살아가는 것도 내가 하는 것이요, 과거의 흔적(죄성)과 정욕에 따라 죄를 범하며 살아가는 것도 내가 하는 것입니다. 이 둘을 각각 구별하여 말하는 것은, 한 사람 안에 두 개의 인격이 있는 것처럼 묘사하는 것이지 실제로 두 인격이 존재한다는 말은 아닙니다. 성령님은 우리가 하나님의 말씀에 따라 순종하며 거룩한 삶을 살도록 이끌어주십니다. 즉, 우리는 성령님의 도우심으로 사는 것이며, 우리 안에 성령님께서 거하고 계십니다.

> "내 속 곧 내 육신에 선한 것이 거하지 아니하는 줄을 아노니 원함은 내게 있으나 선을 행하는 것은 없노라"(롬 7:18).

내가 정욕을 따라 죄를 범하는 것은 누구를 핑계할 수가 없는 일입니다. 그 일은 죄의 세력(마귀)이 부패한 내 성품 안에서 역사하기 때문에 일어납니다. 마귀가 인격적으로 내 영혼을 사로잡아버리면, 끔찍한 죄도 우리 안에서 얼마든지 자랄 수 있게 됩니다. 신자에게도 그런 일이 있을 수 있게 되는 것입니다. 그러나 신자는 자신이 죄를 범하기를 바라지는 않습니다. 신자는 죄를 범하고 여전히 죄를 즐거워하는 죄성을 갖고 있지만, 결코 죄를 기뻐하지는 않습니다. 죄를 범할 때 분명 싫었는데 결국 왜 행하였는가 싶을 것입니다. 신자는 죄를 범하는 것이 잘못된 일이라는 사실을 알고 의식하면서, 죄를 범하고 맙니다. 하나님의 음성이 들리고 성령님이 마음에 일깨워주시지만, 죄를 범하고 맙니다. 다윗이 죄를 범할 때도, 그는 그 악행을 멈추라는 하나님의 교훈을 분명 기억했을 것이며 양심의 소리를 들었을 것입니다. 그는 율법도 잘 아는 자였습니다. 이러한 다윗의 넘어짐은 누구에게라도 마찬가지로 나타날 수 있습니다. 모든 신자는 실족과 탐심의 계명을 잘 알고 하나님의 음성을 듣지만, 죄를 범합니다. 그리고 그 힘의 작용이 커지는 순간 시험에 들고 넘어지게 됩니다. 그러나 그렇게 끝나지 않고, 그의 마음에는 슬픔이 찾아옵니다. 새 사람으로 산 것이 아님을 알기 때문에 그렇습니다. 거듭난 사람은 죄를 범할 수 있으나 그 일을 슬퍼합니다. 그러나 거듭나지 못한 사람은 죄 자체를 즐거워합니다. 그런 자들은 그 일을 멈출 이유가 없기 때문에 계속해서 죄를 범합니다.

'영혼이 소생되었다'는 말은 로마서 7장 18절 말씀처럼 "선을 행하기를 원하는 나에게 악이 함께 있구나"라는 자기 실상에 대한 자각입니다. 그러나 말씀은 절대로 우리를 절망 속에 던져놓고 끝내지 않습니다. 신자라도 죄에 끌려다닐 수 있으며, 죄의 영향력 아래서 자유로운 사람은 한 명도 없습니다. 그래도 신자에게는 영적인 새로운 생명력이 주어집니다. 그리고 신자에게는 하나님을 사랑하며 그 안에서 누렸던 즐거움과 행복과 선한 열매들이 많이 있습니다. 따라서 로마서 7장 22-25절은 다음과 같이 말합니다.

> "내 속사람으로는 하나님의 법을 즐거워하되 내 지체 속에서 한 다른 법이 내 마음의 법과 싸워 내 지체 속에 있는 죄의 법으로 나를 사로잡는 것을 보는도다 오호라 나는 곤고한 사람이로다 이 사망의 몸에서 누가 나를 건져내랴 우리 주 예수 그리스도로 말미암아 하나님께 감사하리로다 그런즉 내 자신이 마음으로는 하나님의 법을 육신으로는 죄의 법을 섬기노라"(롬 7:22-25).

24절에서 "오호라 나는 곤고한 사람이로다 이 사망의 몸에서 누가 나를 건져내랴"라는 말은 절망의 수렁이요 길고 끝도 알 수 없는 저 깊은 곳에 갇혀 있는 사람의 탄식이거나 그곳에 있다가 밖으로 빠져나온 사람의 탄식일 수 있습니다. 결론을 내리자면, 이는 밖으로 빠져나온 사람의 탄식, 즉 **건짐을 받은 사람의 탄식**입니다. 왜냐하면 바울이 "건져내랴"(24절)라는 말을 하고 나서, 곧이어 "감사하리로다"(25절)라는 말을 하기 때문입니다. 바울은 우리 주 예수 그리스도로 말미암아 자기를 건져주신 하나님의 은혜를 찬양하며 감사합니다.

신자는 더 이상 곤고한 자가 아닙니다. 즉, 더 이상 사망에 갇힌 자가 아닙니다. 신자는 하나님을 사랑하고, 그리스도를 존귀하게 여기며, 하나님의 말씀을 사랑하고, 예배를 기뻐합니다. 신자는 주 예수 그리스도만이 소망인 줄 알고 그분 앞에 나아갑니다. 또한, 신자에게는 감사가 있습니다. 예수 그리스도가 없었다면, 우리는 곤고한 자요 곧 사망에 갇힌 자였을 것입니다. 신자는 자기가 속사람으로는 하나님의 법을 즐거워하고 자기 안에 영광스러운 은혜가 있음을 깨닫습니다. 비록 육신으로는 죄의 법을 섬기는 일이 있을 수 있으나 더 이상 곤고하거나 사망에 갇힌 자가 아니요 그리스도로 말미암아 하나님께로 나아오는 자입니다. 신자는 존재적으로 이미 건짐을 받은 사람인데, 때로는 죄의 흔적으로 인해 갈등을 하기도 합니다. 그리고 구원받지 못한 자가 갇혀버린 상황에 대한 비참함을 보며 "그리스도가 아니었으면 내가 어찌 되었을꼬"라고 말합니다.

십자가의 은혜는 날마다 새롭습니다. 하나님은 우리가 고백하는 믿음으로 단번에 우리를 의롭게 하시고 그분의 자녀가 되게 하십니다. 놀라운 신분을 얻은 우리는 자기 신분에 대한 확인을 매일 함으로써 하나님의 자녀답게 살아야 합니다. 매일의 각성을 통해 하나님의 자녀다운 모습으로 조금씩 변화를 이루어 나가야 합니다.

> "그러므로 이제 그리스도 예수 안에 있는 자에게는 결코 정죄함이 없나니 이는 그리스도 예수 안에 있는 생명의 성령의 법이 죄와 사망의 법에서 너를 해방하였음이라"(롬 8:1-2).
> "내 자신이 마음으로는 하나님의 법을 육신으로는 죄의 법을 섬기노라"(롬 7:25b).

예수님 안에 있는 자에게는 결코 정죄함이 없습니다. 생명의 성령의 법이 죄와 사망의 법에서 우리를 해방시켰다고 선언합니다. 그러므로 다음과 같이 고백할 수 있습니다.

> "우리 주 예수 그리스도로 말미암아 하나님께 감사하리로다"(롬 7:25a).

분별력을 갖고 올바로 깨달으라

우리는 자기의 영혼을 스스로 소생시킬 수 없습니다. 오직 하나님이 우리의 영혼을 소생시키십니다. 냉장고가 신선도를 유지시켜

준다고 하더라도, 냉장고에 썩은 생선을 넣었다가 다시 꺼내면 그 생선이 신선한 것이 되어 나오나요? 세상은 이 쉬운 답을 모릅니다. 공부와 수양과 수련을 한다고 해서 죄 없이 살 수 있을까요? 우리는 그런 존재가 못됩니다. 사람들은 자기 힘으로 안 된다는 사실을 알고는 종종 우상에게 자기를 의탁합니다. 자연 속에 있는 우상을 택해서 그것의 힘에 의탁하여(자연의 힘으로) 자기의 문제를 해결하려고 합니다. 예를 들어, 세상 사람들은 돌을 깎아 섬기든 귀신을 섬기든 우주를 섬기든 아니면 철학적으로 범신론을 믿든 그것들을 통해 자기의 문제를 해결하려고 합니다. 요즘은 인공지능이 신을 대체할 것이라는 터무니없는 말도 있습니다. 인공지능이 모든 종교를 폐하고 모든 자리에 앉게 된다는 아이디어입니다. 사람이 스스로 만들어 놓은 컴퓨터의 능력을 인공적으로 확장시켜서 정보력과 속도를 빠르게 하면 나중에 인격성마저 부여되는 변이점이 올 것이라고 믿습니다. 진화론적 개념인데 모든 화학적 결합이 어느 특이점을 지나가면 생명력을 갖는 유기적 물질로 바뀌고 단세포가 다세포 생물로 바뀌는 특이점이 있을 것이라는 헛된 기대를 갖는 것입니다. 이러한 일이 있을 것이라고 믿는 사람들의 반응은 둘로 나뉩니다. 이를테면, 일부는 두렵다고 하고, 다른 일부는 두려워할 것이 아니고 인간의 통제 안에 있는 수단에 불과하다는 의견을 내놓습니다. 아직은 호기심의 단계에서 제기되는 질문들이지만, 인공지능이 인식, 인격성, 감성, 그리고 욕망과 야욕도 갖게 되지 않겠느냐고 묻습니다. 만일 그렇다면 인공지능이 선과 악을 선택하는 자유의지를 갖게 된다는 말이 될 것입니다. 이러한 이야기는 아직은 단지 과학 기술의 상상 세계에 속한 호기심의 영역입니다. 이러한 생각을 하는 자들은 인공지능에게 자신을 의지하고 인공지능을 신으로 섬기는 일이 있을 것이라고 말합니다. 이는 현대에 새롭게 등장하는 우상숭배의 죄악이 될 것입니다.

그러나 이러한 상상은 영혼의 존재를 인정하지 않는 헛된 상상입니다. 인공지능은 물질과 정보의 결합일 뿐입니다. 그러나 성경에서는 영혼을 말합니다. 범신론은 물질주의로 우주, 자연이 신이라고 생각합니다. 그리고 물질주의와 자연주의는 초자연성을 인정하지 않습니다. 초자연성을 인정하지 않는다는 것은 사람이 죽으면 (물질은 썩으므로) 그냥 없어진다는 것입니다. 존재가 없어지는 것이니 영혼이 있다고도 말하지 않습니다. 그러나 성경은 영혼의 존재에 대해 분명하게 말하고 있으며, 이 부분은 다른 종교 또한 인정해 왔던 것입니다. 그러나 지금 이 시대는 자연주의 사상이 만연합니다. 따라서 오늘날 우리에게 선택이 요구됩니다. 우주는 스스로 존재하는가, 아니면 하나님만이 스스로 존재하시는가. 우주는 만들어진 것인가, 아니면 스스로 존재하는 것인가. 이러한 세계관적 선택이 종교적 신앙 안에서 요구될 것입니다. 인공지능은 우주의 진보와 진화의 정점에 있는 것으로 간주되며, 인간은 네트워크 안에서 인공지능의 계획과 설계 안에서 끌려다니며 살아가게끔 강요받을 것입니다. 더럽고 악한 것이 하나님 자리에 앉는 마귀의 역할을 하게 될 것입니다. 마귀는 인공지능이든 무엇이든 자기의 수단으로 삼을 것입니다.

그런 것으로 우리가 마귀에게 사로잡힌다면, 하나님 앞에서 살아가는 죄의 문제, 죄와 허물로 죽은 영적 생명, 하나님 앞에서 살아가는 거듭난 자의 영적인 새로움 등 이 모든 영적인 실상이 한순간에 지워지게 될 것입니다. 그저 세상이 이끄는 대로 육신 가운데 살다가 죽는 것으로 끝나는 것이요 바라볼 것은 이생뿐이요 다가올 내세에 대한 기대는 갖지 못하게 됩니다. 하나님을 대체하고자 하는 인간의 욕망은 지금도 계속됩니다. 사람들은 선악과를 따먹은 죄의 욕망, 바벨탑을 쌓은 죄의 욕망을 갖고 하나님을 지우며 자기 자신을 높입니다. 결국 인간은 마귀에게 종노릇 당하는 것처럼 스스로 만든 인공 지능이라는 피조물에 스스로 종속되어 그것을 신으로 섬기는 멸망에 이르게 될 것입니다.

우리의 영혼을 소생시키시며 우리를 살리시는 이는 오직 하나님뿐이십니다. 물질주의, 자연주의에 사로잡혀 그 안에 갇혀버리면 참된 진리를 알 수 없게 됩니다. 그런 사람의 영혼은 황폐해지고 이내 곧 죽고 말 것입니다. 사람은 죄를 행한 자요 죄 가운데 있는 자입니다. 하나님은 우리가 그 사실을 알게 하셨고, 이를 회개하게 하셔서 새로운 생명을 얻게 하셨습니다. 이러한 모든 일은 다 하나님이 하시는 일인데, 물질주의, 자연주의에 갇힌 사람들은 하나님을 부정해 버리니 어떻게 은혜를 입고 살아가겠습니까? 여러분은 영혼이 소생되었고 그 증거로 회개의 삶을 살아가고 있으며, 마음과 생각과 감정과 의지를 하나님 앞에 내어드리는 삶을 살고 있습니까? 그렇다면 여러분은 다윗처럼 시편 23편 3절의 고백을 하게 될 것입니다. "내 영혼을 소생시키시고 자기 이름을 위하여 의의 길로 인도하시는도다."

결론

웨스트민스터 대요리문답 67문은 "유효한 부르심이라는 것은 무엇인가?"입니다. 유효한 부르심이란, 하나님의 전능하신 권능과 은혜의 역사로 하나님이 택하신 자들에게 베푸시는 특별한 사랑입니다. 하나님은 그분이 정하신 때에 말씀과 성령으로 택하신 자들을 불러 그리스도께 가까이 나오도록 부르시고, 그들의 마음을 성령으로 밝히셔서 구원을 깨닫게 하십니다. 또 그들의 의지를 새롭게 하심으로 그들이 기꺼이 즐거운 마음으로 하나님의 부르심에 응답해 나오도록 이끄십니다. 이 모든 일을 성령님이 해 나가십니다. 우주는 결코 스스로 있거나 새롭게 되지 않습니다. 그리고 마지막 날에 완전히 멸망하게 되어 있습니다. 그날에 하나님이 우리에게 완전히 다른 세상을 주실 것입니다. 그날에 주어지는 세상은 지금의 세상과는 전혀 다를 것입니다. 그 세상은 완전히 새롭게 창조하셨다고 할 만큼 더럽고 부정한 것들은 사라질 것이요 현재에 있는 것들 중에 귀한 것들은 남아 있을 것입니다. 하나님이 새롭게 빚으실 그 나라가 우리의 미래인 것입니다. 절대로 유물론적 자연주의에 빠져서는 안 됩니다. 다윗은 하나님의 은혜를 입어 생명에 이르는 회개를 하고 진정한 복을 누리며 살았습니다. 시편 23편 3절은 그런 그가 자기의 한평생 삶을 돌아보면서 고백한 내용입니다. “내 영혼을 소생시키시고 자기 이름을 위하여 의의 길로 인도하시는도다.” 여러분에게도 이와 같은 고백이 있기를 바랍니다.

13장
자기 이름을 위하여 의의 길로 인도하시는 하나님

시편 23편 3절

[3]내 영혼을 소생시키시고 자기 이름을 위하여 의의 길로 인도하시는도다

자기 이름을 위하여 의의 길로 인도하시는 하나님

다윗은 평생 하나님의 은혜로 살았다고 고백합니다. 성경에 기록되어 있는 것처럼 그의 인생은 은혜로 시작해서 은혜로 마쳐집니다. 그것은 다윗이 죄를 짓지 않았다거나 그의 인생이 평안하기만 했다는 말이 결코 아닙니다. 다윗은 죄를 범했고 그에게도 고난은 있었습니다. 그러나 다윗은 오직 하나님의 은혜로 일관되게 나아갑니다. 다윗은 시편 23편 3절에서 "내 영혼을 소생시키시고 자기 이름을 위하여 의의 길로 인도하시는도다"라고 고백했습니다. 즉, 하나님이 자기의 영혼을 살리셨다고 고백하며, 하나님 때문에 자기가

죄에서 돌이킬 수 있었고 그분의 인도하심에 따라 의의 길로 나아갈 수 있었다고 고백합니다. 이 구절의 "내 영혼을 소생시키시고"에 대해서는 앞 장에서 살펴보았습니다. 오늘은 이어서 "자기 이름을 위하여 의의 길로 인도하시는도다"를 말씀하고자 합니다.

'영혼을 소생시켰다'라는 말은 죽은 영혼이요 썩어질 영혼이요 하나님의 진노를 받을 자가 이제는 하나님의 사랑을 입은 자요 썩지 않고 생기 있는 영혼으로 바뀌었다는 뜻입니다. 산 자와 죽은 자는 완전히 다른 것입니다. 죽은 자는 죽음이 있을 뿐이지만, 산자에게는 생명이 있습니다. 그리고 산자에게 그 생명은 절대적 가치입니다. 하나님은 자기가 살린 자를 결코 가볍게 여기지 않으시고 매우 귀하게 여기십니다. 다윗은 시편 23편 3절에서 그 은혜를 입은 고백을 합니다.

"자기 이름을 위하여 의의 길로 인도하시는도다."

하나님은 죽은 영혼을 살리시고, 그 영혼을 생기 있게 하시며, 사망의 기운에 취하여 정신을 차리지 못하는 영혼이 있으면 즉시 일깨워주십니다. 그리고 하늘의 양식인 만나, 곧 하나님의 말씀을 우리에게 주셔서 필요한 양분들을 먹게 하십니다. 하나님은 계속해서 우리의 영혼을 사랑으로 보살펴주시고 지켜주십니다. 그런데도 잠을 자는 자처럼, 죽은 자처럼 깨어나지 않으면, 하나님은 그 영혼을 깨우기 위해 일하기 시작하십니다.

속죄의 은총으로 말미암아 의의 길로 인도함을 받는다

하나님의 돌보심, 곧 하나님의 손길을 "의의 길"이라고 말할 수 있습니다. 하나님은 우리를 사랑으로 돌보십니다. 그리고 그 사랑은 분명한 목적이 있는 의의 길로 우리를 인도합니다. 우리가 어떻게 의의 길로 인도함을 받는 걸까요? 이와 관련해서 중요한 사실들을 살펴보고자 합니다.

먼저, 우리는 **속죄의 은총**으로 말미암아 의의 길로 인도함을 받습니다. 때로 우리는 하나님이 주신 것도 자기가 잘해서 받았다고 생각합니다. 우리의 타고난 성향이 그렇습니다. 하나님은 이스라엘 백성들을 출애굽하게 인도해주셨습니다. 그리고 광야에서 그들의 발이 부르트지 않게 하셨고, 신발이 해어지지 않게 하셨으며, 입을 의복과 먹을 만나를 주셨습니다. 하나님은 그들을 친히 돌보셨습니다. 또한, 맹수로부터 그들 모두를 보호하시고, 그들이 가나안 땅에 들어가서 (하나님의 은혜로 이 복된 땅에 이르렀으니) 이 모든 은혜를 어떻게 찬송해야 하는지도 가르쳐주셨습니다. 특히, 이 모든 일이 이루어진 것은 다 하나님이 하셨기 때문이라고 말합니다.

> "그러므로 네가 알 것은 네 하나님 여호와께서 네게 이 아름다운 땅을 기업으로 주신 것이 **네 공의로 말미암음이 아니니라 너는 목이 곧은 백성이니라**"(신 9:6).

하나님이 이스라엘 백성들에게 가나안 땅을 기업으로 주신 것은 그들의 의로움 때문이 아닙니다. 하나님이 그들을 사랑하셨기 때문입니다. 그들은 목이 곧은 백성으로 굉장히 교만하고, 하나님께 불순종하는 사람들이었습니다. 성경 곳곳에서 그들을 목이 곧은 백성이라고 말합니다. 어느 날은 모세가 하나님의 계명을 받기 위해 시내산에 올라갑니다. 그런데 사십 일이 지났는데도 그가 오지 않자, 백성들은 금송아지를 만들어 우상숭배를 합니다. 그들의 본성이 그대로 드러난 것입니다. 하나님은 이 일을 정확하게 지적하십니다. 이후에 스데반은 자신의 설교에서 다음과 같이 말씀을 전합니다.

> "그 때에 그들이 송아지를 만들어 그 우상 앞에 제사하며 자기 손으로 만든 것을 기뻐하더니 하나님이 외면하사 그들을 그 하늘의 군대 섬기는 일에 버려 두셨으니 이는 선지자의 책에 기록된 바 이스라엘의 집이여 너희가 광야에서 사십 년간 희생과 제물을 내게 드린 일이 있었느냐…목이 곧고 마음과 귀에 할례를 받지 못한 사람들아 너희도 너희 조상과 같이 항상 성령을 거스르는도다"(행 7:41-42, 51).

이 설교를 들은 바리새인과 유대인들은 결국 스데반을 죽입니다. 하나님은 우리가 그런 자들("목이 곧은 백성")이라고 정확하게 말씀하십니다. 그럼에도 불구하고 "의의 길"로 갈 수 있는 길이 있습니다. 그 길은 오직 한 가지밖에 없는데, 바로 **속죄의 은총**입니다.

"무릇 율법 행위에 속한 자들은 저주 아래에 있나니 기록된 바 누구든지 율법 책에 기록된 대로 모든 일을 항상 행하지 아니하는 자는 저주 아래에 있는 자라 하였음이라"(갈 3:10).

우리는 타고난 성향이 부패했기 때문에 율법에 있어서는 저주 아래에 있는 자들입니다. 또한, 갈라디아서 3장 10절은 우리가 율법 책에 기록된 것을 지킬 때, 어떤 내적 동기로 했는지를 묻습니다. 하나님은 우리가 그것을 겉모습뿐 아니라 내면으로 지키는지 물으시며, 계명 중에 하나라도 지킨 것이 있는지 돌아보게 하십니다. 이 말씀에 비추어보면, 누가 의의 길을 갈 수 있겠습니까? 우리의 힘으로는 결코 갈 수 없습니다. 하나님은 우리의 경건 곧 인격성을 사용하십니다. 우리가 죄를 고백하게 하시고 무릎 꿇게 하시며 깨우쳐주십니다. 그분은 우리의 인격성을 사용하여 우리를 의의 길로 이끌어 가십니다. 하나님은 우리에게 마음의 소원을 주시고 능력을 주십니다. 예를 들어, "하나님의 부르심의 길을 따라가기 원합니다"라는 전혀 상상도 못했던 소망이 마음에 생깁니다. 전에는 마음에 하나님 두기를 싫어했는데, 지금은 하나님을 즐거워하고 사랑합니다. 전에는 말씀의 교훈이 짜증 났는데, 지금은 그 말씀이 달다고 느껴집니다. 전에는 결심을 해도 끝내 이루지 못했는데, 지금은 하나님께 소망을 두고 구하니 할 수 있는 능력을 받아 해냅니다. 항상 성공하거나 승리하지는 않지만, 항상 실패하지 않도록 하나님이 붙들어주십니다. 한 번의 승리가 있다면 하나님의 은혜가 함께하고 있는 것입니다.

이사야서 28장 20절은 율법 앞에 서 있는 우리의 모습을 말합니다.

> "침상이 짧아서 능히 몸을 펴지 못하며 이불이 좁아서 능히 몸을 싸지 못함 같으리라 하셨느니라"(사 28:20).

우리가 율법을 행한다고 힘껏 으쓱대봤자 우리의 "의"는 누워 있어도 짧아서 몸을 오히려 피곤하게 하는 침상에 불과한 것이요 덮어도 몸의 일부만 가리는 쓸모없는 이불과 같습니다. 그것은 생명의 길은 고사하고 사망의 길을 만들어 내며, 의의 길은 고사하고 도리어 불의의 길이 되고 맙니다. 여기에 역설과 아이러니가 있습니다. 우리의 의로 조금 착한 일을 하면 더 나은 것 아닌가? 왜 오히려 그것을 나쁘다고 말하는 것인가? 예를 들어, 격려하면 좋은 일인데 왜 불경건하다고 말하는 것인가입니다. 그 이유는 부분적으로라도 의로워서 좋다는 개념을 계속 끌고 나가면, 우리는 절대 자기 의를 버리지 못하기 때문입니다. 하나님은 "부분적으로 의롭다는 그 가치는 전체 앞에서 아무것도 아니다"라는 사실을 계속해서 일깨워주십니다. 그것에는 굉장히 중요한 차이가 있습니다. 그래서 사도 바울도 로마서 7장 9-10절에서 다음과 같이 말합니다.

> "전에 율법을 깨닫지 못했을 때에는 내가 살았더니 계명이 이르매

죄는 살아나고 나는 죽었도다 생명에 이르게 할 그 계명이 내게 대하여 도리어 사망에 이르게 하는 것이 되었도다"(롬 7:9-10).

만일 여러분이 자기의 죄를 깨달았을 경우 어떻게 해야 속죄(죄 사함)를 받는지 알고 계십니까? 밤새 회개의 눈물을 흘린다고 해서 죄 사함을 받을 수는 없습니다. 회개의 눈물 자체로는 우리의 죄 단 하나도 사함 받지 못합니다. 의의 길로 나아가서 용서를 받아야 합니다. 즉, 누군가가 우리의 죗값을 갚아주거나 용서를 받아야 죄 사함을 받을 수 있습니다.

어린 시절의 일입니다. 아버지께 야단을 맞으면 많이 울었어요. 특히 매를 맞으면 아프니까 울었어요. 그런데 아버지는 제가 울어도 좀처럼 용서해주지 않으셨어요. 제가 잘못했다고 말하지 않고, 아프다고 울기만 하니까 계속 혼을 내셨죠. 옆에 계시던 어머니가 답답해하며, 잘못했다고 말을 하고 용서를 빌면 용서를 받을 거라고 알려주셨어요. 사죄란 용서하는 자가 용서를 해줘야 받는 것입니다. 고통스러워서 운다고 용서를 받는 것이 결코 아닙니다. 그렇다면 하나님은 우리에게 어떻게 용서를 베풀어주시나요? 오직 하나, 예수 그리스도의 은혜뿐입니다. 그것이 하나님이 작정하신 용서의 길입니다. 예수님은 이 땅에서 공생애 사역을 시작하실 때, 자기의 사역은 어떤 의미를 가지고 우리에게 어떻게 적용될 것인지 미리 말씀하지 않으셨습니다. 그리고 공생애 사역 초반에 다음과 같은 행동을 하셨습니다.

> "예수께서 그 자라나신 곳 나사렛에 이르사 안식일에 늘 하시던 대로 회당에 들어가사 성경을 읽으려고 서시매 선지자 이사야의 글을 드리거늘 책을 펴서 이렇게 기록된 데를 찾으시니 곧 주의 성령이 내게 임하셨으니 이는 가난한 자에게 복음을 전하게 하시려고 내게 기름을 부으시고 나를 보내사 포로 된 자에게 자유를, 눈 먼 자에게 다시 보게 함을 전파하며 눌린 자를 자유롭게 하고 주의 은혜의 해를 전파하게 하려 하심이라 하였더라"(눅 4:16-19).

예수님은 이사야서 61장 1-3절의 글을 인용하여 읽으셨습니다. 한마디로, 은혜의 해가 왔다고 선포하십니다. 은혜의 해는 희년, 곧 기쁨의 해입니다. 그 해가 예수님 자신으로 인해 도래했다고 선포하신 것입니다. 왜 그렇게 말씀하셨을까요? 하나님이 작정하신 그 뜻이(모든 죄를 용서하시는 자비로우신 하나님의 은혜가) 이제 역사 속에서 이루어질 때가 되었기 때문입니다. 예수님은, 이제는 실체가 왔으므로 약속된 그 일을 정말로 이루시겠다고 선포하십니다. 그리고 다음과 같은 놀라운 일이 일어납니다.

> "이제는 율법 외에 하나님의 한 의가 나타났으니 율법과 선지자들에게 증거를 받은 것이라 곧 예수 그리스도를 믿음으로 말미암아 모든 믿는 자에게 미치는 하나님의 의니 차별이 없느니라"(롬 3:21-22).

율법의 의는 율법을 다 지켜야만 하는 의입니다. 율법은 다 지킬 수가 없기에 우리는 율법의 의를 이룰 수가 없습니다. 율법은 정죄로 다가올 뿐, 결국에는 죽음을 피할 수 없습니다. 그런데 방금 앞에서 보았던 로마서 3장의 말씀은 율법 외에 하나님의 한 의가 나타났다고 증거합니다. 그것은 곧, 예수 그리스도의 은혜입니다. 즉, 예수 그리스도의 은혜가 우리에게 미치면 율법을 다 지키는 의와 같다는 것입니다. 그리스도께서 율법의 모든 의를 이루셨기 때문입니다. 율법의 의를 다 이루신 그리스도께서 우리의 죄를 위해 죽으시고 이를 믿는 자에게 율법의 의를 다 이루신 그 의를 주십니다. 따라서 우리는 그 그리스도의 의를 우리의 것으로 갖게 됩니다. 하나님은 그렇게 우리의 영혼을 소생시키시고 의의 길로 인도하십니다. 그리고 우리를 완전히 바꾸시고 의인이라고 부르십니다. 우리가 어찌 의인이냐고 부인하고 의심해도, 하나님은 우리를 의인이라고 하십니다.

우리는 하나님 앞에서, 그리스도 안에서 의인입니다. 여러분 자신을 보면 자기가 의인이라는 사실을 믿을 수 없을 것입니다. 그러나 예수 그리스도를 보면 믿을 수 있습니다. 약속의 말씀을 믿으면 됩니다. 그러나 우리가 우리 자신을 잘 알듯, 하나님은 우리가 의인이 아니라는 것을 잘 아십니다. 우리는 죄인인 동시에 의인입니다. 우리는 의를 실현해 가는 자기 의를 갖지 못합니다. 예를 들어, 우리는 십계명에 대해 다 알고 있지만 어느 한 계명도 온전히 지키는 것이 없습니다. 한평생 예수님을 믿었으면 십계명 가운데 몇 가지는 온전히 지키고 있다고 말해야 하지 않을까요? 그런데 우리는 그렇지가 못합니다. 단 하나도 주 앞에 내세울 것이 없습니다. 율법을 잘 지키는 신자라 할지라도 혹은 거듭난 자일지라도, 상태적으로는 율법의 정죄를 피할 수 없습니다.

그러나 우리를 하나님의 자녀로 삼으신 그 은혜 때문에 우리 안에 죄와 싸우는 일이 시작됐습니다. 우리에게 죄와 싸우고자 하는 의지가 생기기 시작했고 소원도 생겼으며 하나님이 주신 능력으로 죄와 싸워 이기는 일도 나타났습니다. 이것이 변화의 역사요 생명의 역사요 의의 길로 힘 있게 행진해 가는 용사의 모습입니다. 성도가 이 세상 가운데 사는 동안 영적 싸움을 해 나가는 모습이 드러나는 것입니다. 성도가 전신갑주를 입고 말씀으로 무장하고 성령님의 도우심을 입어 싸워 나가는 모습이 드러나면, 갈채와 하나님의 칭찬을 받게 됩니다. 성도는 승리의 기쁨 속에서 성도됨의 행복을 맛보기 시작합니다. 죄 중에 거하는 자들과 구별된 행복들을 맛보기 시작합니다. 이전에는 몰랐던 즐거움이 마음속에 있게 되는 것입니다. 온전하다는 것은 아니지만, 생명이 있음에 대한 증거가 나타나는 것입니다.

하나님의 은혜로 말미암아 의의 길로 인도함을 받는다

다윗이 "의의 길로 인도하시는도다"라고 말한 것은, 하나님이 우리의 죄와 허물을 덮어주신 것을 노래함과 동시에 자기의 심령을 의의 길로 정결하게 이끌어 가달라고 고백하는 것입니다. 의의 길로 간다는 것은 완전함을 뜻하지 않습니다. 그것은 하나님이 부르시는 방향을 보고 그곳으로 나아가는 것을 뜻합니다. 목자가 오라고 하는 길을 따라가고, 자기 생각대로 자리를 이탈하지 않습니다. 비록 온전함의 의미에서는 의로운 자가 결코 아니지만, 마땅히 신자가 해야 할 일을 분별하고 그 길을 가고자 원하며 그 길을 따라가는 사람이 의의 길을 가고 있는 것입니다.

우리는 절대적 의미에서 의인이라는 뜻이 결코 아닙니다. 죄인인 동시에 의인인 우리는 하나님의 은혜를 입고 하나님이 제시하시는 의의 길이 마땅히 옳은 줄 알고 그 길 가운데 있기를 원하며, 그분의 인도하심을 따라 걸어가는 자들입니다. 우리 가운데 완전한 사람은 없지만, 우리는 교회에서 매주 예배하면서 예배만이 생명과 영적 호흡인 줄 알고 감사함으로 나아갈 것입니다. 여러분은 그런 의미에서 신분적 의인이요 증거를 보이고 있는 것입니다. 그러면 어떤 사람이 그러한 은혜의 무리에 들어갈 수 있을까요?

> "복 있는 사람은 악인들의 꾀를 따르지 아니하며 죄인들의 길에 서지 아니하며 오만한 자들의 자리에 앉지 아니하고 오직 여호와의 율법을 즐거워하여 그의 율법을 주야로 묵상하는도다 그는 시냇가에 심은 나무가 철을 따라 열매를 맺으며 그 잎사귀가 마르지 아니함 같으니 그가 하는 모든 일이 다 형통하리로다 악인들은 그렇지 아니함이여 오직 바람에 나는 겨와 같도다 그러므로 악인들은 심판

> 을 견디지 못하며 죄인들이 의인들의 모임에 들지 못하리로다 무릇 의인들의 길은 여호와께서 인정하시나 악인들의 길은 망하리로다"(시 1:1-6).

하나님은 시편 1편에서 악인의 꾀를 따르지 않는 사람, 죄인의 길에 서지 않는 사람, 오만한 자의 자리에 앉지 않는 사람, 여호와의 율법을 주야로 묵상하는 사람 등, 의인의 무리에 들어갈 조건적인 행위의 요구를 말씀하신 것이 아닙니다. 하나님의 은혜를 입어 주 앞에 나오는 사람은 하나님의 율법을 즐거워합니다. 또한, 말씀이 생명인 줄 알고 주야로 인정하며 경건의 노력을 하고, 그 길 가운데서 항상 떠나지 않습니다.

신자에게 있어서 성화는 불완전한 것입니다. 육신의 정욕이 계속해서 남아 있고, 그것이 성령을 거스르게 하기 때문입니다. 신자들은 시험에 넘어지기도 하고 때로는 많은 죄, 큰 죄, 작은 죄에 빠지기도 합니다. 영적인 섬김과 봉사를 행함에 있어서 갈등이나 짜증이 생기고 방해를 받기도 합니다. 우리가 기껏 최선을 다해서 주 앞에 내어놓는 일이 하나님이 보실 때는 불완전한 것이요 정결하지 못한 것이 됩니다. 그러나 하나님은 예수 그리스도의 보혈로 그것을 받으실 만한 제사로 바꾸어주십니다. 우리는 기도조차 주 앞에서 온전하게 할 수 없지만 하나님은 그것을 향기로운 제사로 받으십니다. 예수 그리스도의 은혜 덕분입니다. 여러분은 평생 하나님께 예배하면서 단 한 번이라도 온전한 예배를 드린 적이 있습니까? 이 질문을 예수님이 직접 물어보신다면 아마도 쉽게 대답하지 못할 것입니다. 그러나 하나님은 이렇게 말씀하십니다. "네가 내게 드린 예배를 단 한 번도 받지 않은 적이 없다." 우리의 공로 때문이 아니라 예수님의 은혜 때문에 그렇습니다. 오늘 우리가 주 앞에 드리는 이 부족한 예배도 예수님 때문에 하나님께 드려지는 예배가 될 것입니다. 그렇다고 해서 예배 시간에 다른 생각을 하고 앉아만 있어도 되는 것은 아닙니다. 주 앞에 신령과 진정으로 엎드려야 하며 때로는 그것도 부족합니다.

하나님의 이름을 위하여

하나님은 "자기의 이름을 위하여" 우리를 의의 길로 인도하신다고 말씀하십니다. 하나님이 자기의 영광과 명예를 우리에게 거신다는 것입니다. 이것은 정말 놀라운 일입니다. 여러분이 전 재산을 투자해야 한다면 믿을 만한 곳에 하지 않겠습니까? 그런데 하나님은 우리를 믿고 우리에게 그분의 이름을 걸겠다고 말씀하십니다. 이런 일이 어떻게 가능할까요? 이 일은 하나님이 우리를 믿기 때문이 아니라 그분 자신을 믿기 때문에 가능해집니다. 하나님은 그런 일을 행하실 때, 우리 안에 자신의 영을 불어넣으십니다. 그 영은 곧 성령님입니다. 성령님은 우리를 거듭나게 하시고 우리 안에 거하시고 결코 떠나지 않으십니다. 우리 안에 착한 일을 시작하신 이가 어찌 그치시겠습니까? 성령님은 우리에게 믿음을 주시고 그리스도와 연합하게 하셨습니다. 그분은 우리를 버리지 않으시고 끝까지 붙들어주겠다고 약속하십니다. 이것이 양자됨의 은혜입니다. 그래서 하나님은 자신의 일을 우리에게 행하시고 절대로 포기하지 않으십니다. 포기가 아니라 우리를 바꾸시는 것이죠. 이 사실을 에스겔서 36장에서 다루고 있습니다. 당시 이스라엘 백성들이 우상들을 섬겼고, 그 일로 말미암아 하나님이 그들을 심판하사 각국으로 흩어지게 하셨습니다. 그랬더니 각 나라마다 이스라엘 백성들을 멸시하고 조롱합니다. 그리고 그들뿐 아니라 하나님에 대해서도 더러운 말들을 쏟아 냅니다. 이때, 하나님은 에스겔 선지자를 통해 그분의 뜻을 말씀하십니다. 즉, 하나님은 "자기의 이름을 위하여" 이스라엘 백성들을 다시 구원하고 새롭게 하겠다고 말씀하십니다.

> "여러 나라 가운데에서 더럽혀진 이름 곧 너희가 그들 가운데에서 더럽힌 **나의 큰 이름을 내가 거룩하게 할지라** 내가 그들의 눈 앞에서 너희로 말미암아 나의 거룩함을 나타내리니 내가 여호와인 줄을 여러 나라 사람이 알리라 주 여호와의 말씀이니라"(겔 36:23).

음부의 권세는 결코 교회를 해하지 못하며, 신자의 영혼을 하나도 빼앗아가지 못합니다. 하나님은 우리를 정결케 하시고 육신의 굳은 마음을 제거하시고 부드러운 마음을 주시는 은혜의 역사를 결코 쉬지 않으십니다. 하나님은 우리가 마음을 열어 복음 앞에 엎드리게 하십니다. 그리고 회개하게 하사 우리의 고백을 통해 영광을 받으십니다. 하나님은 우리가 자는 듯, 술 취한 듯, 죽은 듯, 멍하니 신앙생활을 하지 않도록 계속해서 일깨워주십니다. 그분은 우리를 절대로 포기하지 않으십니다.

어떤 신자라도 누구나 옛 사람의 구습이 남아 있습니다. 그래서 하나님을 사랑하는 마음이 쉽게 식기도 하고, 영적 생활이 금방 지치기도 합니다. 그러나 성도를 포기하지 않으시고 끝까지 붙드시는 하나님의 견인의 은혜 때문에 우리는 하나님의 사랑과 자비를 입고 의의 길을 향해 나아갈 수 있게 됩니다. 의의 길로 인도하시는 주체가 하나님이십니다. 웨스트민스터 대요리문답 79문은 "참 신자들이 그들의 불완전과 그들이 빠진 여러 가지 유혹과 죄의 이유로 은혜의 상태에서 타락할 수 있는가?"입니다. 그리고 이에 대한 답은 다음과 같습니다. "하나님의 변치 않는 사랑과 그들에게 궁극적 구원을 주시려는 하나님의 예정과 언약과 그리스도와의 나눌 수 없는 연합과 그들을 위한 그리스도의 계속적인 간구와 그들 안에 거하는 하나님의 영과 씨로 인하여, 참 신자들은 전적으로나 종국적으로 은혜의 상태에서 떨어질 수 없을 뿐 아니라 하나님의 능력에 의해서 믿음으로 말미암아 구원에 이르기까지 보존됩니다."

결론

"내 영혼을 소생시키시고 자기 이름을 위하여 의의 길로 인도하시는도다"(시 23:3).

다윗은 자기의 인생 전체를 돌아보면서 이 한 구절을 통해 모든 것이 하나님의 은혜요 그분의 인도하심이라고 고백합니다.

성경을 바르게 이해하려면 구약과 신약을 조화롭게 이해해야 합니다. 구약의 은혜를 이해하기 위해 기억해야 할 두 개념이 있습니다. 이 두 개념을 조화롭게 이해할 때 구약에 계시된 하나님의 은혜를 바르게 이해할 수 있습니다. 그중의 하나는 '헤세드'이고 다른 하나는 '쩨덱'입니다. '헤세드'는 사랑, 인내로 번역됩니다. 하나님은 죄인 된 이스라엘 백성들을 부르셔서 "너희는 나의 자녀요 내 백성이다"라고 말씀하시며, 그들에게 말할 수 없는 긍휼하심, 사랑, 오래 참음, 인애를 베풀어주셨습니다. 하나님은 그들을 무조건적으로 사랑하셨습니다. 그리고 '쩨덱'은 의라고 번역됩니다. 하나님은 그 언약적 사랑의 관계 안에서 이스라엘 백성들에게 사랑받기를 원하십니다. 하나님은 그들에게 다음과 같이 말씀하십니다. "나는 너희가 나를 사랑하면 좋겠다. 너희가 이제는 죄인이 아니요 나의 자녀이기 때문에 이렇게 살아서 나를 향한 사랑을 보여주었으면 좋겠다." 여기서 '이렇게 살아서'는 무엇인가요? 하나님이 그들에게 제시하시는 표준이 있는데, 그것이 바로 '의'입니다. 그리고 그 의는 율법을 통해 알 수 있습니다. 따라서 율법은 우리를 정죄하고 멸망시키기 위해 주어진 것이 아니라는 사실을 알아야 합니다. 하나님은 자기가 택한 백성들이 율법을 통해 깨닫고 악에서 돌이켜 주 앞에 나오기를 원하십니다. 그러나 율법을 통해 우리가 그 사랑의 책임을 다하지 못한다고 해도 결코 멸망하지 않습니다. 물론 하나님이 우리를 품으신 그 언약적 사랑을 멸시하는 자들은 멸망합니다. 십자가를 멸시하면 멸망하고, 십자가를 사랑하면 허물이 있고 죄를 범한다 할지라도 용서받는 길이 열려서 살게 됩니다. 십자가를 사랑하는 것은 성령님의 역사로 가능해집니다. 신자는 죄를 범한다 할지라도 내주하시는 성령님 때문에 하나님께 돌아갈 수밖에 없습니다. 결론을 내리자면, 하나님이 예수 그리스도 안에 주시는 은혜를 멸시하는 자, 하나님의 언약적 사랑을 멸시하는 자는 멸망합니다. 그리고 여러분이 하나님이 택하신 신자라면, 의(율법)를 다 이루지 못했다고 해서 결코 멸망하지 않습니다. 왜냐하면 여러분은 성령 하나님의 은혜로 하나님의 언약적 사랑을 의지하는 자이기 때문입니다.

> "이스라엘아 들으라 우리 하나님 여호와는 오직 유일한 여호와이시니 너는 마음을 다하고 뜻을 다하고 힘을 다하여 네 하나님 여호와를 사랑하라"(신 6:4-5).
>
> "네 이웃 사랑하기를 네 자신과 같이 사랑하라 나는 여호와이니라"(레 19:18b).

예수님은 율법을 위의 두 가지 말씀으로 요약하셨습니다. 여기서도 주목해야 할 것이 있습니다. 하나님이 우리를 사랑하여 부르신 그 은혜(헤세드)가 전제라는 사실입니다("이스라엘아 들으라"). 항상 하나님의 언약적 사랑이 먼저라는 사실을 기억하시기 바랍니다. 시편

23편에 "내 영혼을 소생시키시고" 또한 언약적 사랑이 먼저라는 사실을 말해줍니다. "인도하시는도다" 또한 하나님의 사랑의 손길이 먼저라는 사실을 나타냅니다. 이 구절을 우리가 의의 길로 나아가니 하나님이 나를 인도하셨다고 해석하면 안 됩니다. 우리가 하나님 앞에 의의 길로 나아가는 동안 하나님이 우리 안에서 성령을 통해 일하신 것입니다. 그리고 우리의 모든 경건을 기초로 훗날 상을 주실 것입니다. 하나님이 하신 것인데 칭찬과 상은 우리가 받게 됩니다. 이 모든 것이 오직 하나님의 은혜입니다. 우리의 인생은 오직 은혜로 시작해서 은혜로 마쳐지는 나그네 길입니다. 3절은 그 사실을 고백한 내용입니다. 3절이 오늘 우리의 고백이 되기를 주의 이름으로 축복합니다.

14장
나와 함께하시며 나를 안위하시는 하나님

시편 23편 4절

[4]내가 사망의 음침한 골짜기로 다닐지라도 해를 두려워하지 않을 것은 주께서 나와 함께 하심이라 주의 지팡이와 막대기가 나를 안위하시나이다

죽음과 생명의 연속성

많은 그리스도인들이 시편 23편을 사랑하는데, 특히 이 말씀은 임종 때도 많이 전해집니다. 은혜 가운데 임종을 맞는 사람은 "나는 이제 주께 가노라. 남은 너희들도 하나님 앞에 살아가는 신자로서 예수님을 잘 믿고 잘 살아야 한다."라고 마지막 말을 남길 것입니다. 그리고 평소에 귀하게 여기고 마음에 두고 있던 위로의 말씀을 듣는데, 그 말씀이 시편 23편인 경우가 참 많습니다. 특별히 4절에 "사망의 음침한 골짜기로 다닐지라도"라는 말은 임종을 맞이한

사람에게 직접적인 적용점이 있는 것 같습니다.

> "내가 사망의 음침한 골짜기로 다닐지라도 해를 두려워하지 않을 것은 주께서 나와 함께 하심이라 주의 지팡이와 막대기가 나를 안위하시나이다"(시 23:4).

여기서 "사망의 음침한 골짜기로 다닐지라도"라는 말은 인간이 육신의 삶을 다하고 낙원으로 옮겨가는 찰나적인 죽음의 순간을 염두에 둔 것이 아닙니다. 바로 지금 살아가는 인생길을 말하고 있습니다. 성도에게 있어서 죽음은 정말 찰나적인 것입니다. 호흡이 끊어지고 사망하는 그 순간, 바로 낙원에서 주님을 만날 것이기 때문입니다. 어떻게 보면 육신 가운데 사는 인생과 낙원은 붙어 있고, 그 복된 길을 건너느냐 아직 건너지 못하느냐의 차이인 것 같습니다. 중요한 진리가 있는데, 성도에게는 낙원뿐만 아니라 이 세상도 낙원과 같이 복된 것이라는 사실입니다. 성도는 그 심령 속에 하나님의 나라가 임재했기 때문에 이미 하나님 나라 가운데 살고 있다고 말할 수 있습니다. 성도는 약속된 성령님의 인치심과 그 은혜 가운데 말씀의 통치 안에서 이 세상을 살다가, 호흡이 끊어지면 그의 영혼이 바로 낙원의 영역으로 옮겨집니다. 따라서 성도는 이미 이 땅에서 낙원의 삶과 영생을 맛보며 살고 있다고 말할 수 있습니다. 엄밀히 말해서 성도에게 죽음이란 없습니다. 다시 말해, 육체가 죽는 그 순간에 바로 낙원으로 옮겨져서 하나님을 만나게 되기 때문에 우리의 영혼은 죽음을 겪지 않습니다. 이와 관련해서, 예수님은 요한복음 11장 26절에서 이렇게 말씀하셨습니다. "무릇 살아서 나를 믿는 자는 영원히 죽지 아니하리니." 영육이 완전히 죽었다가 영혼이 부활해서 낙원으로 가는 것이 아니고, 지금의 영혼 그대로 하나님을 만납니다. 그리스도인은 생명의 연속성을 가지며, 그들에게 죽음이란 그저 영혼의 자리가 옮겨지는 것뿐입니다.

사망의 음침한 골짜기의 참된 의미

하나님 앞에서 인생을 살아가는 성도는 죽음 자체를 두려워하지 않습니다. 그들에게는 "하나님 앞에서 어떻게 인생을 살 것인가", "무엇을 구하며 살 것인가"가 중요합니다. 다윗은 오늘의 본문 속에서 "사망의 음침한 골짜기로 다닐지라도"라는 말을 합니다. 이 말씀은 누구라도 사망의 음침한 골짜기를 피할 수 없다는 것입니다. "다닐지라도"라는 말은 "그런 일이 있을 수도 있다"가 아닙니다. 다윗은 누구라도 피할 수 없는 음침한 골짜기를 다니는 것이 우리의 인생(신앙생활)이라고 말하고 있습니다. 그렇다면 그는 왜 인생을 사망의 음침한 골짜기로 비관적이게 표현했을까요? 이것은 성경적 역사관을 담고 있습니다.

사람의 인생은 제한적으로는 비관적이고, 궁극적으로는 낙관적인 것입니다. 즉, 주께서 다시 오셔서 세상을 새롭게 하시기 전까지는 비관적일 수밖에 없습니다. 이 세상은 인간이 타락한 이후(아담의 범죄), 전부 죄의 영향력 아래에 있습니다. 거듭난 그리스도인들도 죄성이 있기 때문에 죄의 영향력으로부터 완전히 자유로울 수 없습니다. 죄의 영향력은 실제 우리 삶에 많은 곤고함을 가져다주고, 죄를 짓게끔 만듭니다. 하나님이 생명을 주시지 않은 자(택하시지 않은 자)들은 말할 것도 없습니다. 안타깝게도, 그들의 인생은 죄의 세력(마귀)이 다스리므로 그 자체가 심판이 됩니다. 세상 사람들은 죄의 세력에 이끌려 인생을 살아가는 것이고, 결국에는 고통스럽고 비참한 결과들을 맞이하게 될 것입니다. 인간은 죄의 지배 아래 신음하지만, 하나님의 관점에서 보게 되면 세상은 이미 하나님의 진노 아래 있는 것이요 종말에 있을 영원한 심판을 맛보는 전조에 불과합니다.

인생이 사망의 음침한 골짜기라는 것은 인간의 삶 가운데 여러 가지 죽음의 냄새가 진동하고, 어떤 인생이든지 신음소리와 분리, 탐욕, 어그러짐의 비명소리가 있다고 보는 것입니다. 어떻게 해볼 도리가 없는 육체의 질병도 사망 아래 있는 이 세상의 한 현상입니다. 어떤 사람은 예상치 못한 사고로 인해 큰 어려움을 당하거나 죽음에 이르기도 합니다. 이러한 일들은 하나님의 진노 아래 있는 세상의 모습입니다. 주께서 다시 오시는 그날에 새 하늘과 새 땅에서는 이런 일들이 일어나지 않습니다. 그곳에는 없을 일을 우리가 겪는 것은 그것이 죄 때문에 일어난 것이라는 사실을 말해줍니다. 이 말은 그 일을 당한 자들이 자기의 죗값을 치른 것이라는 뜻이 아니고, 그와는 관계없이 이 세상이 그런 구조를 갖게 되었다는 것입니다. 따라서 그리스도인이라 할지라도 질병을 얻게 되는 것입니다. 또한, 사고로 불행을 당하기도 합니다. 즉, 모든 사람은 이 세상에서 피할 수 없는 사망의 음침한 골짜기를 지나가고 있습니다. 가정의 파탄, 사업의 실패, 우울증, 낙심과 절망, 죄의 욕정을 부추기는 세상의 다양한 유혹과 미혹, 정죄와 미움 등 이러한 일들은 이 세상을 살아가는 사람이라면 누구나 겪을 수 있는 일들입니다. 그리스도인들도 그 영향에서 결코 자유로울 수 없습니다. 그러나 그리스도인에게는 다른 것이 하나 있는데, 죄와 싸운다는 사실입니다. 성령님께서 그들의 마음에 죄를 미워하고 하나님을 사랑하는 마음을 주셔서 죄와 싸우게 하시며, 싸울 만한 힘과 능력도 주십니다. 따라서 시편 23편 4절의 "사망의 음침한 골짜기"는 그리스도인이 하나님 앞에서 살아가는 인생살이요, 신앙생활을 말합니다.

누구나 지나가야 하는 골짜기

그리스도 안에 있지 못한 자들, 곧 생명이 없는 자들은 지금 인생에서 겪는 슬픔, 비참함, 고난, 환난들이 이후에 영원히 받을 형벌의 맛보기라는 것을 알지 못합니다. 그런 자들은 이 세상에는 소망이 없고 인생이 허무하다는 것을 고백하면서도 그저 인생이 짧게 마쳐질 줄 알고, 주위 사람들이 죽으면 '영면'하라고 말합니다. 그들은 자기들의 인생이 영면이 아니고 시작에 불과하다는 사실, 곧 영원한 형벌을 앞두고 있다는 사실을 전혀 모르고 있습니다.

성도는 이 세상에 있는 사망의 그림자가 결코 우리가 당하는 죽음의 냄새가 아니라는 것을 알아야 합니다. 성도는 이 땅에 살면서 어떤 고통, 아픔, 환난을 겪을지라도, 그것들은 단지 하나님이 자기를 위하여 개인적으로 경험하게 하신 특별한 일들이라고 생각하면 됩니다. 각자 인생에서 겪는 일들은 다 다를 것입니다. 그러나 그런 경험들이 오히려 성도를 유익하게 해준다는 사실을 기억하기 바랍니다. 그리고 어떤 어려움일지라도 우리가 육체의 죽음을 당하고 하나님이 오라 하시는 그 순간에 전부 지워져버릴 것입니다.

그렇다면 하나님은 왜 우리로 하여금 각각 나름대로의 "사망의 음침한 골짜기"인 인생길을 걷게 하실까요? 그것이 우리에게 유익이 되기 때문입니다. 그렇다면 도대체 그 유익이란 무엇일까요? 사람은 누구나 배가 평온한 바다를 항해하듯 혹은 곡식과 과실이 가득한 들판을 걸어가듯 자기 인생이 평탄할 것이라고 생각하지 않습니다. 만일 그렇게 생각하는 사람이 있다면, 그는 미련한 자일 것입니다. 사람은 누구나 깊은 터널을 예상하며 살아갑니다. 무언가를 맞닥뜨리면 만날 것을 만났구나 하는 것입니다. 성경 또한 예수 그리스도 안에 있는 자는 무조건적으로 범사가 잘되고 만사형통할 것이라고 가르치지 않습니다. 이와 같은 잘못된 이해와 기대치를 갖고 있다면, 당장 버려야 마땅합니다. 많은 사람들은 하나님 앞에서 경건의 노력을 하면서 종종 그런 기대치를 갖습니다. 그러다가 실제로 자기가 기대한 만큼 무언가가 잘되면, 자기가 잘해서 됐다는 생각을 합니다. 절대로 그래서는 안 됩니다. 그러나 하나님이 우리의 인생 가운데 평안과 위로를 주실 것이라는 기대를 갖는 것은 마땅한 일입니다. 성도들은 삶의 어려운 문제를 하나님께 기도하고 응답받는 일을 경험합니다. 하나님이 우리를 인도하시니 그럴 수 있습니다. 그러나 문제는 그것을 일반화시키고 표준화시키는 것에 있습니다. 하나님이 우리를 그분의 지혜로 이끌어 가실 때 각자의 삶에서 다양한 사망의 음침한 골짜기를 지나게 하시는데, 마치 예수 그리스도 안에 있는 사람들은 사망의 음침한 골짜기를 그냥 넘어가게 하실 것이라고 생각하면 결코 안 됩니다. 골짜기는 누구나 지나가야 할 세월입니다.

성경의 인물들 중 사망의 음침한 골짜기를 지나지 않은 사람은 단 한 명도 없습니다. 지금 여러분 중에도 사망의 음침한 골짜기인 인생길을 걷지 않았다고 말할 수 있는 사람이 있습니까? 야곱은 바로 앞에서 "내 나그네 길의 세월이 백삼십 년이니이다 내 나이가 얼마 못 되니 우리 조상의 나그네 길의 연조에 미치지 못하나 험악한 세월을 보내었나이다"(창 47:9)라고 말했습니다. 모세는 40년 동안 애굽의 왕자로 살다가, 소명을 받고 나서는 모든 것을 버리고 미디안 광야에서 목동으로 삽니다. 그리고 80세에 하나님께 능력을 받아 큰일들을 해나갑니다. 그분의 손에 붙들려 산다는 것은 큰 감격이요 자랑할 만한 인생 같은데, 모세는 자기의 인생이 수고와 슬픔뿐이었다고 말합니다(시 90편). 하나님 앞에 어떻게 쓰임을 받는가와 관계없이 사람의 인생은 수고와 슬픔뿐인 것입니다. 하나님을 위해 무언가를 했다는 사실 자체가 인생의 내용을 바꾸지는 않습니다.

문제없는 인생은 절대로 있을 수가 없습니다. 만일 문제를 맞닥뜨렸다면, 그 문제를 어떻게 해석하고 어떻게 반응하며 어떻게 처리해 나갈 것인지 생각해보아야 합니다. 그 모든 것들이 자기에게 어떤 의미가 있는지, 하나님과의 관계성 속에서 어떻게 이해하고 감당할 것인지 질문하고 답을 얻으며 사는 것이 중요합니다. 하나님의 부르심을 받은 자들은 그분의 일을 감당하면서 자기들의 인생을 평안하게 해달라고 기도했습니다. 그러나 모세도, 다윗도 그 기도에 응답받지 못했습니다. 심지어 사도 바울은 병들고 헐벗고 주리고 매 맞고 감옥에 갇히는 등 많은 환난을 겪었습니다.

성도가 겪는 세 가지 종류의 환난

성도가 겪는 환난, 곧 사망의 음침한 골짜기를 크게 세 가지로 나누어 말할 수 있습니다. **첫째, 하나님을 위하여 핍박받는 환난입니다.** 복음과 그리스도의 의를 위하여 받는 환난은 성도에게 있어서 가장 영광스러운 일이 됩니다. 그렇다면 성도에게 있어서 가장 수치스러운 환난은 무엇입니까? 그것은 **죄로 인해 당하는 징계입니다. 이것이 성도가 겪는 두 번째 환난입니다.** 하나님께 죄를 범하여 당하는 징계는 그 성도의 가장 밑바닥이 보이는 매우 수치스러운 일입니다. 성도라면 누구나 이 양면을 다 갖고 있습니다. 먼저 영광스러운 환난에 대해 살펴봅시다.

어떤 선교사가 복음 사역을 하다가 핍박받는 것은 하나님을 위하여 당하는 환난이며, 그것은 분명 가장 영광스러운 환난입니다. 그러나 그런 선교사뿐 아니라 모든 성도가 다 영광스러운 환난을 당하며 살아가고 있습니다. 예를 들어, 그리스도인들은 시장에서 물건을 거래하는 데 의견이 다르더라도 다투려고 하지 않습니다. 그리스도인들은 그리스도인이기 때문에 그리스도의 의를 위하여 소수자의 목소리를 내며 살아갑니다. 이러한 삶 자체가 그리스도의 의를 위하여 성도가 겪는 환난입니다. 그리스도인이라면 누구나 크든 작든, 이런 경험들이 있을 것입니다. 반대로, 성도라도 누구나 징계로 인한 환난을 겪습니다. 우리 가운데 허물없는 사람이 없고, 자기가 알든 다른 사람이 알든 드러나는 과실이 있습니다. 성도가 죄를 범하면 하나님의 징계가 주어집니다. 하나님은 우리가 그분의 사랑하는 자녀이기 때문에 징계하십니다. 성도는 그 징계를 심령으로 받거나 때로는 육신으로 당하게 됩니다. 때로는 왜 징계를 당하는지 그 이유를 알 수 없는 환난을 당하기도 합니다. 베드로는 베드로전서 2장 19-20절에서 그러한 세 가지 환난에 대해 말하면서 성도들에게 권면합니다.

> "**부당하게** 고난을 받아도 하나님을 생각함으로 슬픔을 참으면 이는 아름다우나 **죄가 있어** 매를 맞고 참으면 무슨 칭찬이 있으리요 그러나 **선을 행함으로** 고난을 받고 참으면 이는 하나님 앞에 아름다우니라"(벧전 2:19-20).

첫째, "부당하게"라는 말은 성도가 자기의 잘못도 아닌데 까닭 없이 고난을 받았다는 것을 뜻합니다. 만일 그런 일이 있으면 어떻게 하라고 권면합니까? 하나님을 생각하면서 슬픔을 참으라고 말합니다. 즉, 하나님을 알고 그분이 계시다는 것을 생각하면서 환난과 고난을 참아야 합니다. 까닭 없이 받는 불의의 고난을 원통해하면서 나아가 죄를 범하지 말고, 도리어 참음으로 하나님의 칭찬을 받으라고 말합니다. 둘째, "죄가 있어" 매를 맞는 고난에도 참으라고 말합니다. 죄가 있어 매를 맞는다는 것은 징계를 뜻합니다. 그리고 이 경우에는 참는다고 칭찬을 받을 일도 없을 것이라고 말합니다. 셋째, "선을 행함으로" 고난을 받는 일이 있을 수 있는데, 그럼에도 불구하고 참으라고 권면합니다. 이 경우에는 그 일을 참으면 이는 하나님 앞에 아름다운 것이 된다고 말합니다. 이러한 고난에 대한 권면이 베드로전서 4장에도 기록되어 있습니다.

> "사랑하는 자들아 **너희를 연단하려고 오는 불 시험**을 이상한 일 당하는 것 같이 이상히 여기지 말고 오히려 너희가 그리스도의 고난에 참여하는 것으로 즐거워하라 이는 그의 영광을 나타내실 때에 너희로 즐거워하고 기뻐하게 하려 함이라"(벧전 4:12-13).

여기서 "너희를 연단하려고 오는 불 시험"은 '너희를 시험하여 강하게 하려고'라는 뜻입니다. **이것이 성도가 겪을 수 있는 세 번째 환난입니다. 즉, 하나님은 성도의 믿음을 시험해보시려고 때로**

는 환난을 당하게 하십니다. 우리를 돌이켜 강하게 하시려고 시험하십니다. 그래서 "불 시험"이라는 것은 엄청나게 어려운 시험입니다. 만약 불 시험이 유혹이라면, 그 유혹은 감당하기 어려울 만큼 큰 유혹이요, 시련이라면, 감당하기 어려울 만큼 강한 시련입니다. 유혹이든 시련이든 이것들은 '시험'의 성격을 띠는데, 사람마다 그 시험을 받아들이는 내용이 다 다릅니다. 어떤 사람은 그 유혹이나 시련에 당해서 죄를 짓고 맙니다. 그러나 어떤 사람은 그 유혹이나 시련을 통해 죄를 짓지 않으려고 고난을 당합니다. 즉, 죄와 싸우기 때문에 고통을 당하는 것입니다. 베드로전서 4장 12-13절은 "불 시험을…이상히 여기지 말라"고 말합니다. 본문에 적용해서 말하자면, "사망의 음침한 골짜기로 다닐지라도 이상히 여기지 말라"는 말입니다. "세상에 나와 같이 어려움을 당하는 사람이 또 있을까?"라고 말하지 말고, "나보다 어려운 사람들이 얼마나 많을까? 다른 성도들은 이 불 시험을 어떻게 견뎠을까?"라고 생각하기 바랍니다. 그리고 무엇보다도 하나님을 생각하면서 참아내고 이겨내야 합니다. 이것이 "사망의 음침한 골짜기"를 앞서서 걸어간 성도들의 모습인 것입니다.

하나님의 선하신 뜻

궁극적으로, 하나님은 환난을 통해 성도를 유익하게 하셨습니다. 고난을 당했던 한 시편 기자는 그것이 오히려 자기에게 유익이 되었다고 말합니다. 그는 그 일로 하나님의 말씀을 더 알았으며, 하나님을 더 알게 되었다고 고백합니다.

> "고난 당한 것이 내게 유익이라 이로 말미암아 내가 주의 율례들을 배우게 되었나이다"(시 119:71).

하나님은 성도가 환난을 당할 때(위에서 언급한 세 가지 종류의 환난), 성도를 그분의 사랑 안에서 이끌어 가십니다. 이 사실이 아주 중요합니다. 하나님은 자기를 위하여 핍박받는 자만 사랑하시는 것이 아니고, 죄로 인해 징계를 받아 고난 중에 있는 성도 또한 사랑하십니다. 하나님은 그를 절대 외면하지 않으십니다. 성도가 자기도 모르게 당하는 슬픔과 아픔을 하나님은 다 아십니다. 억울함까지도 다 아십니다. 예를 들어, 어떤 사람은 운전을 잘하는데 다른 차가 운전을 잘못해서 교통사고를 당합니다. 예상치 못한 질병은 나쁜 생활 습관 때문에 찾아오기도 하지만 이유 없이 오는 경우도 종종 있습니다. 특히 암은 막을 수가 없다고 합니다. 건강한 생활 습관이 암을 막아준다면 참 좋겠지만, 꼭 그렇지만은 않다고 합니다. 어떤 부모는 믿음이 좋고 성품이 훌륭하며 성실합니다. 그런데 그들의 자식은 그렇지 않을 수도 있습니다. 한 치 앞도 모르는 게 세상사입니다. 우리가 살아가는 모든 일은 예상하고 계산하여 살 수 있는 인생이 아닙니다. 따라서 인생 가운데 겪는 모든 일도 그렇습니다.

만일 여러분이 부당하게 받는 고난이 있더라도, 하나님이 자기를 외면하셔서 일어난 일이라고 생각하면 안 됩니다. '내게 왜 이런 일을 당하게 하셨나'라고 생각하면 안 됩니다. 복음과 그리스도의 의를 위하여 핍박받을 때도, 죄를 짓고 징계를 받아 고난을 당할 때도, 불 시험으로 애매한 고난을 당할 때도, 하나님이 우리를 외면하지 않고 그분의 사랑 안에서 이끌어 가고 계신다는 사실을 기억해야 합니다. 하나님은 그분의 선하신 뜻을 위해 성도가 당하는 가장 아름다운 영광의 환난, 수치스러운 환난, 애매한 환난을 다스려 가십니다. **하나님의 선하신 뜻은 '성도가 하나님을 더욱더 알아가는 일'에 있습니다.** 하나님을 더욱더 아는 것이 더없이 기쁜 일이요 행복한 일이기 때문입니다. 성도는 자기의 허물과 과실로 인해 징계를 받을 때, 하나님의 공의를 알게 되고 하나님이 죄를 기뻐하지 않으신다는 사실을 깨닫게 됩니다. 그리고 나아가, 일평생 자신의 지난 과오들을 돌아보면서, 자기를 참아주신 하나님을 알게 됩니다. '그간에 하나님이 나를 얼마나 오래 참으셨는가?' 하면서 하나님의 징계 속에서 공의의 아픔을 넘어서 오래 참으시는 하나님의 긍휼하심을 보게 되는 것입니다. 하나님의 징계를 통해 그분의 선하신 뜻을 알게 된 자는 회개하고, 다음과 같이 고백합니다. "하나님, 참으로 감사합니다. 하나님이 저의 허물을 일일이 들어서 치셨으면, 저는 나면서부터 지금까지 온몸을 싸맬 수 없을 만큼 상했을 텐데 오래 참아주시니 감사합니다. 그리고 이제라도 돌이켜 깨닫게 하시니 참으로 감사합니다." 하나님은 사랑하는 성도에게 공의와 긍휼을 동시에 보이십니다.

하나님은 복음과 그리스도의 의를 위하여 핍박받는 성도에게 그분이 그 일을 기뻐하신다는 사실을 알게 하십니다. 따라서 하나님을 위하여 환난을 당하는 성도들은 하나님이 주실 상급을 바라보고 칭찬도 기대하며 충성되게 살아갑니다.

하나님은 애매하게 고난받는 성도들에게 '그리스도가 왜 이 땅에 소망인가'를 알게 하시려고 환난을 주십니다. 모든 것을 합력하여 선을 이루시는 하나님은 그런 자들을 자기 앞으로 나오게 하시고, 그들이 예수 그리스도의 형상을 닮을 때까지 이끌어 가십니다. 성도들은 그렇게 사망의 음침한 골짜기를 걸어가게 됩니다. 그리고 결국 그것이 그 성도의 행복이 됩니다.

아브라함도 이러한 일을 경험했습니다. 아브라함은 70세에 부름을 받고 하나님의 약속을 받아 고향을 떠나 가나안 땅에 갑니다. 하나님은 아브라함을 통해 후사가 될 자를 주겠다고 약속하셨습니다. 그러나 그가 80세가 되도록 자식이 생기지 않습니다. 그럼에도 아브라함은 믿음으로 하나님의 약속을 바라보았고, 마침내 100세에 자식을 받습니다. 그리고 하나님은 그의 믿음을 보시고 그 믿음을 오늘날 우리가 예수 그리스도의 십자가 구원을 믿는 믿음과 동일하게 보시며, 아브라함을 믿음의 조상으로 삼으십니다. 그런데 아브라함에게 큰 "불 시험"이 다가옵니다. 그 아들을 주신지 16년쯤 지났을 때, 하나님이 그 아들을 제물로 바치라고 말씀하신 것입니다. 아브라함은 하나님의 말씀에 순종합니다. 솔직히 말도 안 되는 것을 순종하는 아브라함이 이해가 안 됩니다. 그런데 성경은 아브라함이 하나님의 약속을 믿었기 때문에 순종했다고 말합니다. 그는 하나님을 죽은 자도 살리시는 분이라고 믿었습니다. 아브라함은, 하나님이 자기를 통해 후사를 주겠다고 말씀하셨고 하나님은 약속을 지키시고 죽은 자도 살리시는 분이라고 믿었기 때문에 아들 이삭을 드렸습니다. 그래서 그가 믿음의 조상입니다. 그 믿음이 순종으로 드러났으니 그가 오고 가는 만대에 칭찬을 받는 것입니다. 야고보서에서 행함이 없는 믿음은 죽은 믿음이라고 말하며, 아브라함의 순종을 행함이 있는 믿음의 예로 듭니다. 모든 교회에 아브라함의 영광이 드러났습니다.

하나님의 택하심

하나님은 왜 예수님을 부인한 베드로를 쓰셨을까요? 그리고 왜 교회를 핍박한 바울을 들어 쓰셨을까요? 바울은 당대에 학식이 뛰어나고 히브리인 중의 히브리인이요 율법으로는 바리새인이었습니다(빌 3:5). 그러나 하나님이 바울을 선택하여 쓰신 것은 근본적으로 바울의 출중함 때문이 아닙니다. 오히려 그저 하나님이 그를 택하셨기 때문입니다. 하나님이 쓰신 자 가운데는 바울 같은 사람이 있는 반면, 아닌 사람도 있습니다. 그러나 하나님은 그들을 불러서 각각 귀하게 쓰십니다. 오늘날 우리는 하나님의 자녀로 부름받고 서 있습니다. 그저 하나님이 우리를 부르셨기 때문입니다. 하나님은 우리가 갖춘 무언가가 필요해서 그것을 사용하기 위해 부르신 것이 아닙니다. 하나님이 우리를 택하시고 부르신 후 이것을 하라 하시니, 우리에게 주신 은사가 드러나는 것입니다. 우리를 향한 하나님의 택하심이 먼저 있고, 쓰임은 그 뒤에 따라오는 것입니다.

하나님은 우리가 "사망의 음침한 골짜기"를 지나가는 동안에 한 가지 사실을 깨닫게 하십니다. 그것은 "하나님 외에는(예수님 외에는) 소망이 없다"는 사실입니다. 하나님이 함께하시지 않으면 우리는 모두 죽은 자입니다. 목자가 없는 골짜기에 갇힌 양 떼들은 결국 늑대의 밥이 되고 맙니다. 목자의 막대기와 지팡이가 양 떼를 지켜주어야만 비로소 그들이 살 수 있습니다. 양을 치는 목동이었던 다윗은 이 사실을 자신의 경험에서 알고 있었습니다. 블레셋이 이스라엘을 치려고 할 때, 이스라엘 군대는 블레셋의 골리앗 장수 앞에 두려워하며 대항할 기력을 모두 잃어버렸습니다. 이방 족속 블레셋과 골리앗은 살아계신 하나님의 군대를 욕하기까지 합니다. 이때, 그 말을 들은 다윗이 참지 못하고 골리앗과 싸우겠다고 나섭니다. 사울이 이를 말리자, 다윗은 자기가 아버지의 양 떼를 지켰고 경험과 실력이 있다고 말합니다. 그때, 다윗은 자기가 아버지의 양 떼를 돌볼 때 사자와 곰을 물리쳤던 것처럼, 이스라엘의 하나님이 그분의 양 떼인 이스라엘을 넉넉히 지키시지 않겠는가 생각했습니다. 즉, 다윗은 자기뿐만 아니라 양 떼(이스라엘)를 인도하시는 하나님의 손길을 바라보며 담대하게 나섰습니다. 따라서 다윗의 능력이 아니라, 하나님이 이스라엘을 어떻게 지키시는가를 보여주신 기적이 일어납니다. 다윗이 던진 돌이 골리앗의 이마에 박히고, 골리앗은 그 자리에서 쓰러집니다. 하나님이 기적을 베푸셨습니다. 그리고 그분은 다윗의 승리를 통해서 이스라엘을 어떻게 보호하시는가를 보여주셨습니다.

말씀으로 보호하시는 하나님

> "또 내가 네게 이르노니 너는 베드로라 내가 이 반석 위에 내 교회를 세우리니 음부의 권세가 이기지 못하리라"(마 16:18).

하나님은 음부의 권세가 절대로 그분의 백성과 교회를 무너뜨리지 못한다고 말씀하십니다. 이것을 좀 더 자세하게 말하면, 음부의 권세가 하나님과 하나님이 택한 자를 갈라놓으려고 성벽의 문을 닫고 아무리 방어해도, 하나님은 그 문을 부수고 자신의 백성을 데려오신다는 뜻입니다. 언뜻 보면, 하나님이 음부의 권세로부터 교회를 보호하는 것처럼 해석되는데 원문의 의미는 그와 반대입니다. 방어전이 아니라 공격전입니다. 따라서 음부의 권세가 결코 교회의 권세를 이기지 못하는 것입니다. 하나님은 자기의 백성을 그렇게 보호하십니다. 그러나 "사망의 음침한 골짜기"를 지나는 성도에게는 많은 환난과 시험과 유혹이 있을 것입니다. 하나님은 그런 어려움에 있는 성도들을 어떻게 보호하실까요? '말씀'으로 보호하십니다. 하나님은 그분의 말씀을 통해 우리가 절절히 깨닫도록 하십니다. 사도 바울은 진리를 깨닫고 주 앞에 무릎을 꿇었습니다. 바울은 시편 32편을 인용하여 다음과 같이 말합니다.

> "불법이 사함을 받고 죄가 가리어짐을 받는 사람들은 복이 있고 주께서 그 죄를 인정하지 아니하실 사람은 복이 있도다 함과 같으니라"(롬 4:7-8).

하나님은 그분의 자녀에게 다음과 같이 말씀하십니다. "나의 사랑 너는 어여쁘고 아무 흠이 없구나"(아 4:7). 포도밭에서 일하면서 햇빛에 피부가 거무죽죽해져도 말입니다. 하나님은 그렇게 말씀하심으로 신자가 자기의 사랑을 깨닫게 하십니다. 즉, 우리를 그분의 말씀으로 붙들어주셔서 그 사랑을 보게 하시고, 우리가 좌로나 우로나 치우치지 않도록 붙들어주십니다. 우리가 그리스도의 은혜에 충성하면 칭찬해주시고, 우리가 곁길로 가면 책망하셔서 붙잡아주십니다. 이러한 일들은 목자가 '지팡이'로 양 떼를 인도하는 것과 같습니다. 지팡이는 무서운 짐승이나 들개가 오면 양 떼를 보호하기 위해 맞서 싸우는 데 사용됩니다. 그리고 양들을 울타리에 집어넣을 때 숫자를 세면서 개별 상태가 어떤지를 살펴보는 데 사용됩니다. 목자는 지팡이로 양을 툭툭 치면서 양모의 건강 상태를 확인한다고 합니다. 그리고 상태가 안 좋은 양은 골라내서 닦아주고 치료해서 좋은 양모를 낼 수 있도록 돌보아줍니다. 하나님은 그분의 말씀을 가지고, 지팡이가 하는 일들을 하십니다. 하나님이 우리에게 말씀을 주사 깨닫게 하실 때, 그것이 우리를 향한 하나님의 사랑이라는 것을 깨닫고 감사하시기 바랍니다.

저는 마지막 날에 하나님이 나팔 불며 우리의 이름을 부르실 때 제 이름이 빠질까봐 걱정한 적이 있습니다. 학교를 다닐 때도 제 이름을 제일 먼저 부르면 걱정하지 않을 텐데, 주위 사람들을 다 부르고 맨 끝에 제 이름을 부르니까 계속해서 주의하며 기다리곤 했습니다. 노회에서도 누군가가 출석을 부를 때 제 이름을 먼저 부르면 편안합니다. 여러분, 혹시 주님이 여러분의 이름을 부르시지 않을까봐 염려하십니까? 염려하실 이유가 없습니다. 하나님은 지금도 여러분을 부르고 계시기 때문입니다. 하나님께 예배하면서 마음속에 영적인 깨달음, 기쁨, 슬픔, 낙심, 회개, 감사 등을 느낀다면 그것은 하나님이 여러분의 이름을 부르셨기 때문입니다. 그러한 영적인 반응은 하나님이 부르신 자녀에게만 주어지는 은혜입니다. 하나님의 말씀은 우리로 하여금 자기 자신을 살펴보게 합니다.

> "하나님이여 나를 살피사 내 마음을 아시며 나를 시험하사 내 뜻을 아옵소서 내게 무슨 악한 행위가 있나 보시고 나를 영원한 길로 인도하소서"(시 139:23-24).

말씀의 역할

"주의 지팡이와 막대기가 나를 안위하시나이다"라는 말은, 성도가 은혜를 입어 주 앞에 있을 때는 말씀을 통해 위로와 격려를 받고, 곁길로 빠졌을 때는 말씀을 통해 책망을 받는다는 뜻입니다. 곁길로 빠진 자라도 예배에 나아와 회개하고 용서를 구하면, 하나님은 그를 내치지 않고 용서하시며 양 무리 가운데 두십니다. 이것이 주의 인도하심입니다.

> "모든 성경은 하나님의 감동으로 된 것으로 교훈과 책망과 바르게 함과 의로 교육하기에 유익하니 이는 하나님의 사람으로 온전하게 하며 모든 선한 일을 행할 능력을 갖추게 하려 함이라"(딤후 3:16-17).

교훈은 마땅히 행할 바가 무엇인지 가르쳐주고, 책망은 우리의 상태를 비추어 잘못된 것을 교정하도록 깨우쳐줍니다. 따라서 성경은 우리에게 유익한 것입니다. 나아가, 그리스도의 의의 열매를 맺도록 이끌어 가는 일을 합니다. 따라서 성경은 하나님의 사람을 온전하게 하며 모든 선한 일을 행하는 능력을 갖추게 도와줍니다.

시편 19편은 '말씀'에 대해 다음과 같이 말합니다. 첫째, 말씀은 우리의 영혼을 살리고 우리를 지혜롭게 합니다. "여호와의 율법은 완전하여 영혼을 소성시키며 여호와의 증거는 확실하여 우둔한 자를 지혜롭게 하며"(7절). 둘째, 말씀은 우리의 마음을 기쁘게 하고 우리의 눈을 뜨이게 합니다. "여호와의 교훈은 정직하여 마음을 기쁘게 하고 여호와의 계명은 순결하여 눈을 밝게 하시도다"(8절). 셋째, 말씀은 우리에게 달콤함을 맛보게 해줍니다. "금 곧 많은 순금보다 더 사모할 것이며 꿀과 송이꿀보다 더 달도다"(10절). 이처럼 말씀은 우리의 영혼을 살리고, 우리를 지혜롭게 만들며, 우리의 마음에 기쁨을 주고, 우리의 눈을 뜨이게 해서 하나님의 뜻이 무엇인지 분별하게 하며, 송이꿀보다 더 달콤한 것을 맛보게 해줍니다.

시편 19편은 7-10절에서 말씀의 성질에 대해 말하고, 11-13절에서 그 말씀을 어떻게 적용해야 하는지 일깨워줍니다.

> "또 주의 종이 이것으로 경고를 받고 이것을 지킴으로 상이 크니이다 자기 허물을 능히 깨달을 자 누구리요 나를 숨은 허물에서 벗어나게 하소서 또 주의 종에게 고의로 죄를 짓지 말게 하사 그 죄가 나를 주장하지 못하게 하소서 그리하면 내가 정직하여 큰 죄과에서 벗어나겠나이다"(시 19:11-13).

즉, 우리가 '말씀을 통해' 경고를 받을 수 있다는 사실을 말합니다. 이 말은 우리가 말씀 때문에 고의로 죄를 짓지 않는 이유를 찾게 된다는 것입니다. 이 말씀 덕분에 죄가 우리를 지배하거나 주인 노릇을 하지 못합니다. 또한, 우리는 말씀을 지킴으로 상을 받습니다. 하나님은 우리가 평생 나그네 길을 걸으며 사망의 음침한 골짜기를 다닐지라도, 곁길 곧 죄악된 길로 나가지 않도록 우리를 보호해주십니다. 그리고 우리의 입의 말과 마음의 묵상이 하나님이 기뻐하시는 것이 되도록 생각하며 살게끔 이끌어주십니다. "나의 반석이시요 나의 구속자이신 여호와여 내 입의 말과 마음의 묵상이 주님 앞에 열납되기를 원하나이다"(시 19:14).

결론

주의 지팡이와 막대기로 인도함을 받는 양 떼는 그 인도하심에 감사하며, 다음의 여섯 가지 일들을 행해야 합니다. 첫째, 예수 그리스도의 용서하심과 하나님의 긍휼하심을 깊이 알아야 합니다. 그 은혜를 확실하게 깨닫고 마음에 기반으로 두어야 합니다. 둘째, 그 은혜를 깊이 깨달을수록 마음에 감사가 넘쳐야 합니다. 용서받은 그 은혜에 감사하며, 더 이상 죄짓는 즐거움을 좇지 않고 그 죄를 따르지 않겠다고 고백해야 합니다. 그리고 복음과 그리스도의 의를 위하여 환난을 당하더라도 기꺼이 감당하겠다고 고백하기까지 마음이 바뀌기를 주 앞에 기도해야 합니다. 셋째, 용서받은 은혜에 대한 감사로 인해, 이 시대에 올바른 의견과 발언을 내는 데 용기를 가져야 합니다. 넷째, 용서받은 은혜에 감사함으로 예수 그리스도의 복음을 위해 기쁜 마음으로 기꺼이 봉사해야 합니다. 다섯째, 하나님의 말씀을 듣는 것을 사랑하고, 들은 교훈을 행할 수 있는 능력을 달라고 기도해야 합니다. 여섯째, 용서받은 은혜에 감사하며 "하나님, 제가 기쁜 마음으로 하나님을 위한 인생을 살게 해 주세요"라는 기도를 마음에 꼭 붙들고 나아가야 합니다. 그렇게 나아가면 "주의 지팡이와 막대기"가 우리를 안위하심으로 "사망의 음침한 골짜기로 다닐지라도" 잘 지나갈 수 있을 것입니다.

하나님은 우리의 목자이신 예수 그리스도 안에서 우리가 그렇게 나아가기를 바라시고, 지금도 그렇게 이끌어 가십니다. 여러분의 인생을 가만히 돌아보기 바랍니다. 여러분이 그분의 손길 가운데 있음을 확인할 수가 있을 것입니다.

15장
내 잔이 넘치게 부어주시는 하나님

시편 23편 5절

[5]주께서 내 원수의 목전에서 내게 상을 차려 주시고 기름을 내 머리에 부으셨으니 내 잔이 넘치나이다

시편 23편 1-5절의 장면

시편 23편을 읽고 도화지에 그림을 그린다면, 여러분은 어떤 것들을 그리시겠습니까? 대부분 푸른 초장에 목자가 큰 지팡이를 들고 서 있고, 양 떼가 있으며, 시냇가가 펼쳐져 있는 그림일 것입니다.

"여호와는 나의 목자시니 내게 부족함이 없으리로다 그가 나를 푸른 풀밭에 누이시며 쉴 만한 물 가로 인도하시는도다 내 영혼을 소생시키시고 자기 이름을 위하여 의의 길로 인도하시는도다"(1-3절).

1-3절을 보면 푸른 초장과 맑은 시냇물, 그리고 목자와 그의 보호 아래 편안해보이는 양 떼가 그려집니다. 그런데 4절에서는 분위기가 사뭇 달라집니다.

"내가 사망의 음침한 골짜기로 다닐지라도 해를 두려워하지 않을 것은 주께서 나와 함께 하심이라 주의 지팡이와 막대기가 나를 안위하시나이다"(4절).

4절만 가지고 그림을 그린다면, 여러분은 어떤 것들을 그리시겠습니까? 밝은 그림일까요 아니면 어두운 그림일까요? "사망의 음침한 골짜기"니까 칙칙하고 차갑고 무서운 느낌을 주기 위해 어두운 색깔로 그림을 그릴 것입니다. 그런데 거기에 "주의 지팡이와 막대기가 나를 안위하시나이다"라고 되어 있으니, 양이 곁길로 가는 것을 막아주고 병이 들면 고쳐주는 안위를 나타내기 위해 목자의 손길을 그리려고 할 것입니다. 조합해보면, 어두운 곳에 비치는 따뜻한 보호의 손길을 그려낼 것입니다. 아마도 어두운 곳에 스포트라이트의 빛을 비추어서 보호하시는 손길을 나타내려고 하지 않을까요?

5절은 어떤 그림이 그려질까요? 아마도 전투의 현장이 그려질 것입니다.

"주께서 내 원수의 목전에서 내게 상을 차려 주시고 기름을 내 머리에 부으셨으니 내 잔이 넘치나이다"(5절).

시편 23편은 한 가지 그림으로만 설명이 되지 않습니다. 다윗은 인생 중에 많은 역경과 환난을 당했습니다. 그러나 그는 그 가운데서도 끝까지 하나님을 예배하고 섬기는 자로 살았습니다. 이에 대해 다윗은 항상 자신에게 하나님의 보호하심이 있었다고 고백합니다. 5절은 다윗이 실제로 숱한 전투를 치러본 장군으로서 표현한 고백입니다. "내 원수의 목전에서 내게 상을 차려주시는 하나님, 기름을 내 머리에 부어주시는 하나님, 내 잔을 넘치게 하시는 하나님께 감사를 드립니다." 5절을 그림으로 그린다면, 다음과 같은 모습이 연상됩니다. 원수(적군)가 위협하며 쳐들어오는 상황 속에 심각한 전투를 앞두고 왕이 장수를 불러서 용기를 북돋아주고 승리를 기원하며 확신을 줍니다. 그리고 마침내 싸워서 이기고 돌아오는 장수에게 크게 치하하며 함께 기쁨을 나누는 장면입니다.

최후 승리가 보장된 영적 전투

다윗은 목동이었기 때문에 목자와 양의 관계를 잘 알고 있었습니다. 따라서 하나님이 교회를 어떻게 지키고 보호하시는지, 그리고 하나님이 교회 안의 교인들을 어떻게 지키고 보호하시는지 잘 알고 있었습니다. 그런데 1-4절과는 달리, 5절에서는 왜 그런 것들을 표현하는 데 전투의 현장을 빌려서 말했을까요? 그는 목동이면서 전투하는 용사이기도 했고 왕이었기 때문에 하나님의 큰 사랑에 대해 5절처럼 고백할 수도 있던 것입니다.

우리가 살아가는 인생은 근본적으로 처절한 싸움입니다. 이것은 마귀와의 싸움이고, 세상과의 싸움이며, 한편으로는 우리 안에 똬리를 틀고 여전히 자기의 힘으로 하려고 하는 정욕과의 싸움입니다. 하나님은 그리스도인이 그 가운데서 신앙생활을 통해 최종적이고 궁극적인 승리를 얻기 원하십니다. 그리스도인은 믿음으로 인생을 살아가는 동안에 그러한 전투에서 실패나 패배를 맛보기도 합니다. 그러나 기억할 것은, 그리스도인에게는 최후 승리가 이미 보장되어 있다는 사실입니다. 세상 세력과의 싸움은 이미 이긴 싸움이요 승리가 약속된 전투입니다. 그러나 그 승리는 우리가 싸움으로 인해 얻은 것이 아니요 하나님이 확정 지으셨기 때문에 주어진 것입니다. 하나님은 우리에게 다음과 같이 말씀하십니다. "너는 나가서 승리하는 싸움을 누리며 그 즐거움을 누리라. 너희의 삶 가운데 수많은 전투가 있을 것인데, 어떤 싸움이든지 너희의 최후 승리가 이미 보장되어 있다는 것을 잊지 말아라. 그리고 감당하라."

성도에게 주어진 삶은 영적 전투의 연속입니다. 시편 23편 5절은 이와 같은 전투의 모습을 그리면서 **하나님의 세 가지 은혜**를 표현합니다. 하나는 주께서 내 원수의 목전에서 내게 상을 차리셨다는 것이고, 다른 하나는 주께서 기름을 내 머리에 부으셨다는 것이고, 또 다른 하나는 주께서 내 잔을 넘치게 하셨다는 것입니다. 하나씩 그 의미를 살펴보려고 합니다.

내 원수의 목전에서 상을 차려주시고

첫째, "주께서 내 원수의 목전에서 내게 상을 차려 주시고"입니다. 이 상황은 전투 현장 저편에 원수가 진을 치고 있는 상황입니다. 그리고 그 원수가 우리를 향해 큰소리를 칩니다. 다윗과 골리앗의 싸움을 생각해보십시오. 원수는 이미 승리를 얻은 것처럼 금방이라도 덤빌 듯한 자세를 보입니다. 그에 비해, 우리는 우리의 연약과 잘못, 허물, 모든 병법의 약점이 다 드러날까봐 두려워합니다. 그런데 이때, 왕이 장수를 불러서 상을 차려줍니다. 그 상에는 아주 좋은 음식들이 가득 차 있을 것입니다. 왕이 장수에게 상을 차려준 것은 그 음식들을 먹고 싸워서 반드시 이기라는 뜻입니다. 그리고 돌아와서 이 음식보다 더 많은 것으로 함께 기쁨을 누리자고 말하는 것입니다. 즉, 그 상은 싸우러 가는 자에게 마지막으로 베푸는 상이 아니요 승리하고 돌아오는 자에게 주어질 미래의 더 풍요로운 상에 대한 약속입니다. 왕이 장수에게 주는 약속이요 격려요 용기인 것입니다. 여기서 말하는 "상"은 사형수가 사형장에 끌려가기 전에 왕이 그를 불쌍히 여겨 왕의 영광의 얼굴을 보여주고 따뜻한 음식을 차려주는 그런 것이 아닙니다. 왕은 장수에게 이렇게 말하는 것입니다. "이 전투에서 네가 반드시 이길 것이다. 이 상을 차려주는 이유는 그 싸움에 대한 확신을 주기 위함이다. 네가 돌아오면 이 진미보다 배나 더 좋은 진미로 내가 너를 맞을 것이다." 왕이 장수에게 차려준 그 상에는 급한 대로 전투 식량만 있는 것이 아닙니다. 그 상은 최선을 다해 잘 차려진 상입니다. 그리고 승리가 이미 확정되어 있기 때문에, 원수가 공격해 올지라도 그들은 느긋하게 그 상을 즐깁니다. 그 상은 전투에 필요한 힘을 돕기 위한 상일 따름이요 두려워할 이유가 없는 힘을 공급받는 자리입니다.

신앙생활은 전투와 같습니다. 그렇다면 하나님은 우리에게 상을 어떻게 베풀어주실까요? 왕이 전투에 나가는 장수에게 상을 차려주는 것처럼, 하나님은 우리에게 예배를 통해 말씀을 주심으로 상을 차려주십니다. 예배를 통해서 받는 말씀의 은혜는 상의 진미와 같은 것입니다. 하늘의 신령한 교리를 전하는 말씀에 우리의 영혼이 살찌고 용기를 얻습니다. 그래서 우리는 말씀을 먹고 나가서 싸우는 것입니다. 성도의 싸움은 이미 승리한 싸움입니다. 예수 그리스도 때문입니다. 하나님이 여러분을 부르시고 나가서 싸우라고 전투 현장에 내보내실 때, 여러분은 전투에 나갈 만한 좋은 군사로 서 있습니까? 사실상 우리의 모습은 매우 연약합니다. 우리는 허물과 죄가 많으니 누가 우리를 불러 영적 싸움, 즉 마귀를 대적하고 세상의 모든 환난과 죄와 싸워 이기며 자기의 정욕과 싸우는 자격 있는 자로 그 자리에 세우겠습니까? **하나님이 그 자격 없는 우리에게 상을 차려주시고 먹고 나가서 싸우라고 하십니다.** 그런데 마귀가 우리의 죄와 허물을 보며 달려듭니다. 마귀는 가장 불법하고 불의한 자인데, 이상하게도 그가 하나님의 공의와 율법을 들어 우리를 칩니다. 교회가 죄를 범하면, 누가 교회를 조롱하고 비판하고 멸시하고 정죄합니까? 세상입니다. 세상은 우리보다 더 큰 죄 아래 있는 사람들입니다. 그런데 세상이 범죄할 때와는 달리 하나님의 백성이 범죄하면 그들은 일어나서 교회를 허물어뜨리려고 합니다. 이처럼 마귀는 끊임없이 하나님의 백성을 허물어뜨리려고 합니다. 그는 우리를 고발해 나가면서 하나님 나라의 용사로서 전투력을 가지지 못한 자로 지적합니다. 그래서 이미 싸우기도 전에 우리를 패잔병이요 쓸모없는 병력으로 만들어버립니다. 즉, 우리가 하나님 앞에서 잘 차려진 상을 먹고 나가서 싸우지 못하도록 용기나 자격 자체를 아예 갖지 못하게 만들어버리는 것입니다. 이때 기억할 것이 있는데, 마귀는 우리를 정죄하지만 하나님은 우리를 아주 쓸모 있는 장수로 인정하신다는 사실입니다. 그래서 하나님은 우리를 잘 차려진 상으로 초대하십니다. 우리가 자격이 없다고 말할 때, 그분은 "내가 네게 이 싸움을 맡기니 어서 오라"고 말씀하시며 우리를 불러내십니다. 그분은 허물이 많은 우리를 불러내십니다. 우리가 여전히 죄 중에 있어도 불러내십니다. 그렇게 하시는 한 가지 이유는 오직 예수 그리스도의 은혜 때문입니다. 하나님이 나가서 싸우라고 파송하는 하나님의 군사는 허물과 죄를 갖고 있는 사람들입니다. 마귀가 볼 때 형편없다고 할 만한 사람들입니다. 그러나 하나님은 우리를 부르실 때, 우리가 얼마나 의롭고 선하고 능력이 있고 깨끗한지를 보지 않으십니다. 그분은 그저 우리를 사랑하기 때문에 불러내십니다. 그래서 그 상에 참여하라고 부르시는 것입니다. 그리고 그렇게 일

일이 모아져서 우리가 있는 것입니다.

우리는 예수 그리스도의 권세 때문에 최후의 원수인 사망과도 싸워 이길 것이고, 그 어떤 것과도 싸워 이길 수 있습니다. 마귀가 비록 우리의 죄와 허물을 드러낼지라도, 우리는 하나님의 군사로 나가서 싸울 수 있는 자격을 가지고 있습니다. 예수 그리스도 때문입니다. 우리는 우리 주 예수 그리스도로 말미암아 승리를 얻습니다. 그리고 그리스도의 부활은 우리에게 승리의 약속을 보장해주고 이미 성취된 것을 말해주는 증거입니다.

> "사망아 너의 승리가 어디 있느냐 사망아 네가 쏘는 것이 어디 있느냐 사망이 쏘는 것은 죄요 죄의 권능은 율법이라 우리 주 예수 그리스도로 말미암아 우리에게 승리를 주시는 하나님께 감사하노니"(고전 15:55-57).
>
> "그러나 이제 그리스도께서 죽은 자 가운데서 다시 살아나사 잠자는 자들의 첫 열매가 되셨도다 사망이 한 사람으로 말미암았으니 죽은 자의 부활도 한 사람으로 말미암는도다 아담 안에서 모든 사람이 죽은 것 같이 그리스도 안에서 모든 사람이 삶을 얻으리라"(고전 15:20-22).

모든 사람이 죄를 범하였기 때문에 하나님의 영광에 이를 자는 아무도 없었습니다. 그런데 한 가지 일로 인해 가능성이 열렸습니다.

"그리스도 예수 안에 있는 속량으로 말미암아 하나님의 은혜로 값없이 의롭다 하심을 얻은 자 되었느니라"(롬 3:24).

우리는 죄인이지만, 예수 그리스도의 속량으로 말미암아 의롭다 하심을 얻었습니다. 예수님은 죄인인 우리를 위해 자기 목숨을 내어주시고 죄를 용서해주셨습니다. 그래서 오합지졸 같은 우리가 하나씩 모여서 하나님의 군대가 되었고, 나아가 교회를 구성하는 사람들이 되었습니다. 이 치열한 영적 싸움에 하나님 나라의 군사로 서게 된 것입니다. 그러나 우리는 전투에서 패배할 때가 많습니다. 넘어지고 다치고 때로는 패잔병으로 돌아오기도 합니다. 그러면 하나님은 다시 우리를 먹이셔서 힘과 용기를 주시고, 다시 나가서 싸우라고 내보내십니다. 전투에서, 우리는 절대로 자기의 힘과 능력으로 싸울 수 없습니다. 군사로서의 능력을 과시하거나 자랑할 자도 없습니다. 사도 바울이 "선 줄로 생각하는 자는 넘어질까 조심하라"(고전 10:12)라고 말한 것처럼, 우리는 연약하기 때문입니다. 그러나 자신이 비참하고 연약하다는 것을 아는 자에게는 그리스도의 능력이 더욱더 견고하고 확실하게 나타납니다. 어떤 사람이 자기의 의를 자랑하면, 그는 이내 곧 마귀에게 좋은 먹이가 될 따름입니다. 우리는 자신이 비참한 자임을 깨닫고 영적으로 완전한 파산한 자임을 깨달아야 합니다. 우리는 그저 하나님이 우리를 불쌍히 여기사 베풀어주신 은혜로 사는 자들입니다. 이 사실을 깨달아 고백하고, 자기의 의를 산산조각 내어야 마땅합니다.

그리스도인들은 자기의 불경건함이나 연약함을 보고 '나는 구원에서 떨어졌구나'라고 생각하면 안 됩니다. 사실 우리는 처음부터 그런 자들이었습니다. 그러나 언제라도 돌이키면 되는 것입니다. 그럴 때면, 그저 하나님 앞에 죄를 인정하고 죄인 됨을 고백하면 됩니다. 마지막 순간이라도 하나님 앞으로 돌아오면 살게 됩니다. 누구도 자기의 의로 하나님의 영광에 이를 자가 없고, 그리스도의 의를 덧입는 것 외에는 아무것도 우리를 살릴 길이 없기 때문입니다. 따라서 자기의 의를 버리고 자기의 부정함과 연약함과 허물로 인하여 회개하되, 의심 없이 그리스도의 의를 받아들이고 그 앞에 나아가야 합니다. 주께서 차려주신 상 앞의 군사들은 그런 자들입니다. 마귀가 우리를 정죄하고 원수가 달려들지만, 왕이 그것들을 차단합니다. 마귀가 우리를 죄인이라고 정죄하지만, 하나님은 우리가 싸우기에 충분한 전투력을 가진 그분의 군사라고 인정하며 모으십니다. 우리는 형편없는 자들이지만, 하나님은 우리를 강력한 군사요 용사로 세워주십니다. 우리 가운데 싸우시는 이가 하나님 자신이시기 때문입니다. 하나님은 우리에게 다음과 같이 말씀하십니다. "내가 너희와 함께 싸울 것이다. 내가 너희 안에서 싸울 것이다. 너희는 내가 이끄는 대로 싸우라. 그리하면 승리하리라."

기름을 내 머리에 부으셨으니

둘째, "주께서…기름을 내 머리에 부으셨으니"입니다. 하나님이 누군가에게 기름을 부으신다는 것은 특별한 일을 말합니다. 다윗이 있던 당시에는 공적 사역을 위해 선지자나 제사장이나 왕을 세울 때, 기름을 부었습니다. 하나님은 다윗에게 기름을 부어 이스라엘의 왕으로 삼으셨고, 선지자들에게 기름을 부어 그분의 말씀을 전하는 직무를 맡기셨습니다. 구약에 좁은 의미로 있는 이 삼중적 직분이 신약에 와서는 넓게 쓰입니다. 그리고 더 넓은 의미에서 봤을 때, 그리스도인이라면 누구나 다 기름 부음을 받은 자들입니다. 원리적으로 그렇습니다. 성령님이 우리를 인치시고 우리 안에 내주하시기 때문에 성령님의 내주함을 입은 모든 그리스도인은 다 성령님의 기름 부음을 받은 자라고 말할 수 있습니다. 또한, 모든 성도는 복음의 증인으로 살기 때문에 선지자와 같습니다. 세상 가운데 복음의 증인으로 서는 성도는 선지자의 직무를 다하고 있는 것입니다. 성도가 전하는 복음의 증거를 통해, 세상 사람들이 죽음에서 생명으로 나오고 하나님의 택한 자들이 어둠에서 빛으로 나오게 됩니다. 이런 의미에서 보면 성도는 제사장과 같습니다. 이 세상과 하나님 사이를 연결하기 때문입니다. 성도는 성령님의 인도하심에 따라 말씀의 권세 앞에 엎드려 순종합니다. 말씀에 순종하는 일은 죄를 다스린다는 것을 의미합니다. 그래서 여기서는 성도가 왕과 같다고 말할 수 있습니다. 성도는 그리스도의 말씀 앞에 순종하는 백성이지만, 죄에 대해서는 그것을 다스리기 때문에 왕과 같다고 말할 수 있는 것입니다. 이 모든 일이 기름 부음을 받은 자의 행복이요 모든 성도에게 주신 부르심이라고 볼 수 있습니다. 동시에 기름은 우리를 향기롭게 하고 치유해줍니다. 기름은 약효가 있어 상처를 낫게 하고 정결케 하며 아름다운 향기로 우리의 심령과 몸을 적셔줍니다. 즉, 기름 부음은 성령님의 은혜입니다.

말씀을 따라 살아가는 성도, 곧 성령을 따라 살아가는 성도에게는 그리스도의 향기가 있습니다. 전투의 현장에서 싸우다가 패배하고 돌아오더라도 '기름 부음'은 우리의 상처를 씻겨주고 다시 싸우러 나갈 힘을 줍니다. 다시 말해, 하나님은 그 기름을 우리의 머리가 흠뻑 적도록 부어주셔서 피곤한 몸을 바로 세워주시고, 상처를 고쳐주시고, 다시 나가서 싸우도록 이끌어주십니다. 이것이 기름 부음의 은혜입니다. 그리고 기름 부음의 의미는, 왕이 자기의 칼을 장수에게 맡기듯 우리에게 책임을 이행할 직분을 주셨다는 것을 말합니다. 공적 직무 외에 모든 성도는 각자 부름받고 있는 것이 있습니다. 이 모든 것의 부르심을 질적인 측면과 방향적인 측면에서 보게 되면 성결을 향한 부르심입니다. 기름 부음은 거룩하게 하는 은혜인 것입니다. 교회는 주께서 다시 오실 때까지 선지자직, 제사장직, 왕직을 감당하되, 한 가지 목표를 향해 나아갑니다. 그것은 그리스도의 형상을 닮는 것입니다. 그리스도의 형상을 닮는 것은 우리를 거룩하게 하시는 은혜입니다. 원수는 우리가 그 싸움을 할 수 있겠냐며 조롱할 것입니다. 그러나 우리는 그리스도의 보혈로 이미 의로운 자이기 때문에 우리의 자격에 그 누구도 시비를 걸 수 없으며, 우리의 불완전한 성화의 길을 조롱하더라도 성령님이 이미 인치시고 우리를 감싸주시고 상처를 치유하시는 가운데 있기 때문에 절대로 우리를 흔들지 못합니다. 넘어져도 다시 일어나고 한걸음 갔다가 반걸음 뒷걸음치더라도 다시 걸어갈 수 있습니다. 성령님은 우리가 그 싸움을 이어가도록 기름을 부어주십니다.

사람은 누구나 타고난 성향과 연약함이 있고, 자기 인생 중에 고단함과 아픔이 있으며, 자기만의 허물들을 안고 살아갑니다. 그리고 그런 일들은 우리가 거룩한 삶을 살아가는 데 어려움을 줍니다. 그러나 하나님은 그런 것들 때문에 우리를 버리지 않으십니다. 원수는 우리를 조롱하겠지만, 하나님은 우리를 원수의 목전에서 군사로 삼으십니다. 하나님은 우리가 그리스도 안에서 성령님의 기름 부음을 받아 그 싸움을 해 나가도록 이끌어주십니다.

> "너희는 주께 받은 바 기름 부음이 너희 안에 거하나니 아무도 너희를 가르칠 필요가 없고 오직 그의 기름 부음이 모든 것을 너희에게 가르치며 또 참되고 거짓이 없으니 너희를 가르치신 그대로 주 안에 거하라 자녀들아 이제 그의 안에 거하라 이는 주께서 나타내신 바 되면 그가 강림하실 때에 우리로 담대함을 얻어 그 앞에서 부끄럽지 않게 하려 함이라 너희가 그가 의로우신 줄을 알면 의를 행하는 자마다 그에게서 난 줄을 알리라"(요일 2:27-29).

요한일서 2장 27-29절은 이미 의롭다 한 자들에게 주시는 은택의 아름다움을 말합니다. 결국 우리에게 기름을 부으시고 이끄시는 하나님의 은혜는, 우리가 그 부르심에 합당하도록 무엇을 바라며 나아가야 하는지를 일깨워줍니다. 즉, 우리는 성도로서 선지자직, 제사장직, 왕직을 감당해야 합니다. 성도는 복음의 증언자요 세상이 구원을 받도록 다리를 놓는 자들이요 말씀에 순종함으로 죄를 다스려가는 왕직을 행하는 사람들인 것입니다. 결국 이것이 기름을 내 머리에 부으시고 전투 현장으로 내보내시는 왕의 도움인 것입니다.

내 잔이 넘치나이다

셋째, **"내 잔이 넘치나이다"**입니다. 군사가 싸움을 마치고 돌아오면, 그는 승리한 장수로 오는 것입니다. 왕은 승리한 군사들에게 후한 상을 줍니다. 그 후한 상의 기쁨을 5절에서는 "내 잔이 넘치나이다"라고 말합니다. 각종 전투에서 승리를 경험했던 다윗은 이스라엘을 위협했던 가나안 족속을 전부 제압하고 그들이 바치는 조공을 받습니다. 이로 인해 번영한 이스라엘의 상태를 성경은 "이제 하나님께서 이스라엘에 안식을 주셨도다"라고 표현합니다. 하나님은 이스라엘 백성들에게 약속된 안식 곧 하나님 나라의 평강을 주셨습니다. 사람들은 이 땅에서 온갖 싸움에 시달리며 삽니다. 확정된 승리가 있는 그리스도인이라 할지라도 계속되는 전투 속에 살아가며, 그 가운데 이기기도 하고 패배도 하면서 살아갑니다. 전투하는 과정 속에 있는 사람에게는 평화롭고 완전한 쉼이 없습니다. 그는 계속 싸우는 중에 있기 때문에 쉬면서도 전투태세를 갖추어야 합니다. 그러나 이를 힘들어하지 말고 항상 잊지 말아야 할 것이 있으니,

우리의 싸움은 확정된 승리가 있는 이기는 싸움이라는 사실입니다. 그리고 마침내 그날에는 하나님이 주시는 놀라운 상이 있습니다. 그것은 도무리 우리가 기대할 수 없는 것이며 우리가 기대하는 것보다 넘치게 주시는 상입니다. 또한, 그리스도인은 전투하는 과정 속에서도 하나님이 주시는 즐거움과 위로를 누리며 삽니다. 그리고 그 행복은 그날에 우리가 생각하는 것보다 비교가 안 되는 큰 기쁨으로 다가올 것입니다. 다윗은 그 기쁨에 대해 알고 있었습니다.

"하나님이여 나를 지켜 주소서 내가 주께 피하나이다 내가 여호와께 아뢰되 주는 나의 주님이시오니 주 밖에는 나의 복이 없다 하였나이다"(시 16:1-2).

다윗은 오직 하나님께만 피합니다. 자기가 하나님께 피할 만한 훌륭한 사람이라는 말이 아니고, 주님만이 자기의 피난처가 되시니 그분께 간다고 말하는 것입니다. 그리고 "주 밖에 나의 복이 없습니다"라고 말합니다. 그는 세상의 어떤 것을 복이라고 말하지 않고, 주께 피하는 것이 복이라고 말합니다. 그는 자기 자신은 능력이 없고 약하기 때문에 하나님께 피합니다. 그리고 나서 하나님만이 자기의 복이 되신다고 고백합니다. 그리고 하나님 나라에 자기의 몫이 있음을 기뻐합니다.

"여호와는 나의 산업과 나의 잔의 소득이시니 나의 분깃을 지키시나이다 내게 줄로 재어 준 구역은 아름다운 곳에 있음이여 나의 기업이 실로 아름답도다"(시 16:5-6).

주께서 "내게 줄로 재어 준 구역", 즉 하나님이 그분의 섭리 가운데 자기에게 실행하신 일에 감사하고 있습니다. 사람들은 저마다의 인생이 각각 다르며 삶도 모두 다릅니다. 우리는 하나님이 우리에게 주신 인생의 몫이 자기에게 가장 좋은 것이라고 고백하면서 살아야 합니다. 하나님이 주신 것이기 때문입니다. 그리고 하나님이 나를 보고 주신 것이기 때문입니다. 다윗은 계속해서 이렇게 고백합니다.

"내가 여호와를 항상 내 앞에 모심이여 그가 나의 오른쪽에 계시므로 내가 흔들리지 아니하리로다"(시 16:8).

여호와를 자기의 오른쪽에 두었다는 것은 그분이 자기의 능력이라는 것을 뜻합니다. 그래서 16편 9절에는 "이러므로 나의 마음이 기쁘고 나의 영도 즐거워하며 내 육체도 안전히 살리니"라고 말합니다. 다윗은 그 이유에 대해 16편 10절에서 이렇게 말합니다.

"이는 주께서 내 영혼을 스올에 버리지 아니하시며 주의 거룩한 자를 멸망시키지 않으실 것임이니이다"(시 16:10).

육체 가운데 죽는데 영혼이 스올에 가지 않는다는 것은 무슨 말일까요? 이것은 죽음을 보지 않고 영원토록 살 자의 고백과 기쁨을 이야기하는 것입니다. 그래서 주 앞에 충만한 기쁨과 영원한 즐거움이 있다고 말합니다. 육체 가운데 살고 영혼이 음부에 들어가지 않으며 멸망하지 않는 이 영원한 기쁨은 도대체 무엇일까요? 그것은 '영생'입니다.

다윗은 영생을 바라본 것입니다. 베드로와 바울은 복음을 전파할 때 시편 16편을 인용하면서, 다윗을 선견자, 선지자, 자신의 부활을 내다본 사람이라고 말합니다. 이 말은 다윗이 자신의 후손으로 오실 그리스도의 부활을 내다보고, 그리스도로 말미암아 자기도 부활할 것을 생각하며 고백했다는 뜻입니다. 다윗의 예언은 거기까지 간 것입니다. 나아가 사도행전 2장과 그 이후의 베드로의 설교와 바울 사도의 말에 의하면, 다윗은 이스라엘의 왕으로서 교회의 머리 되신 그리스도의 통치와 그를 통해 이루어질 하나님의 언약을 바라보면서 모든 성도에게 주어질 부활과 영생의 영광까지 바라보았습니다. 그래서 그는 "이것이 나에게 미칠지니 내 마음이 기쁘고 즐겁도다. 내게 주어진 기업 중에서 이보다 아름다운 것이 어디 있겠느냐"라고 말하면서 주 안에서 살아간 것입니다. 다윗은 이렇게 말합니다.

> "주께서 생명의 길을 내게 보이시리니 주의 앞에는 충만한 기쁨이 있고 주의 오른쪽에는 영원한 즐거움이 있나이다"(시 16:11).

이 기쁨은 오늘날 모든 성도의 삶의 자랑이요 위로가 됩니다. 이 땅에 사는 성도는 하나님의 주권적 섭리 앞에 엎드려, 먹을 것이 부족하여도 족하다고 고백합니다. 삶의 어떤 형편이든지 자족하면 감사하다는 마음을 갖게 됩니다. 그때 우리는 "내 잔이 넘치나이다" 라고 말할 수 있습니다. "내 잔이 넘치니, 제가 무엇을 더 구하고 바라리요." 하나님의 섭리 가운데 사는 자의 행복 때문에 그런 것입니다. 그런데 다윗은 지금 그 정도의 이야기를 하고 있는 것이 아닙니다. 그는 영원한 생명과 자신이 누릴 하나님 나라의 행복을 미리 내다보았습니다. 따라서 이 땅에 사는 동안에 삶의 형편이 어떠하든지 혹은 큰 어려움이 있다 할지라도 그 나라를 바라보라는 것입니다. 다윗은 이렇게 말하는 것입니다. "영원한 생명과 하나님 나라를 바라보면, 무엇이 부족하고 무엇 때문에 곤고하며 무엇 때문에 괴로움으로 자기를 학대하고 무엇 때문에 죄에 끌려 세상에 속하겠는가? 무엇을 얻으려고 마귀를 따라가겠으며 무엇을 얻으려고 세상을 따라가겠으며 무엇을 얻으려고 정욕에 따라 살겠습니까?"

결론

다윗의 고백이 모든 성도의 삶에 공통적인 고백이 되기를 소망합니다.

"이 사람들은 다 믿음을 따라 죽었으며 약속을 받지 못하였으되 그것들을 멀리서 보고 환영하며 또 땅에서는 외국인과 나그네임을 증언하였으니 그들이 이같이 말하는 것은 자기들이 본향 찾는 자임을 나타냄이라 그들이 나온 바 본향을 생각하였더라면 돌아갈 기회가 있었으려니와 그들이 이제는 더 나은 본향을 사모하니 곧 하늘에 있는 것이라 이러므로 하나님이 그들의 하나님이라 일컬음 받으심을 부끄러워하지 아니하시고 그들을 위하여 한 성을 예비하셨느니라"(히 11:13-16).

여러분, 그날에 받을 상을 마음에 담고 살기 바랍니다. 그리고 그날에 이루어질 약속된 영광을 기억하며 살기 바랍니다. 그 기쁨과 약속된 미래의 영광은 우리가 전혀 모르는 바가 아니요 이미 아는 바입니다. 우리는 지금도 삶에서 그것들을 맛보며 살아가고 있습니다. 주일마다 예배할 때, 그리스도의 십자가의 용서의 은혜와 천국 백성 됨에 대한 감사가 있을 때, 하나님의 큰 사랑과 나를 사랑하시는 그 은혜에 대한 감사가 마음속에 밀려올 때 우리는 이미 그 기쁨과 천국을 맛보고 있는 것입니다. 히브리서 11장에서 말하는 믿음의 선조들은 다 믿음을 따라 죽었습니다. 믿음을 따라 죽었다는 것은 믿음을 따라 산 것입니다. 믿음을 따라 살다가 죽은 것입니다. 그들은 약속된 일이 아직 이루어지지 않았음에도 불구하고 그 약속을 기뻐했습니다. 이것이 믿음입니다. 또한, 그들은 이 땅에서 외국인과 나그네로 있으면서 세상과 마귀와 정욕과 싸워가며 살았습니다. 나그네 인생길은 전투하는 인생입니다. 나그네 인생길은 그저 삶을 나그네 신세로 지낸다는 것이 아니라 세상에 안착하기를 거부하는 인생입니다. 그것은 세상과 짝하기를 거부한 인생이니, 세상으로부터 조롱과 멸시를 받기도 합니다. 그리고 더 나은 본향을 사모합니다. 더 나은 본향, 넘치는 잔, 약속된 하늘의 상급, 우리에게 주실 영원한 기쁨은 무엇일까요? 요한계시록 21장에 이러한 것들이 생생하게 사실적으로 묘사되어 있습니다.

> "또 내가 새 하늘과 새 땅을 보니 처음 하늘과 처음 땅이 없어졌고 바다도 다시 있지 않더라 또 내가 보매 거룩한 성 새 예루살렘이 하나님께로부터 하늘에서 내려오니 그 준비한 것이 신부가 남편을 위하여 단장한 것 같더라 내가 들으니 보좌에서 큰 음성이 나서 이르되 보라 하나님의 장막이 사람들과 함께 있으매 하나님이 그들과 함께 계시리니 그들은 하나님의 백성이 되고 하나님은 친히 그들과 함께 계셔서 모든 눈물을 그 눈에서 닦아 주시니 다시는 사망이 없고 애통하는 것이나 곡하는 것이나 아픈 것이 다시 있지 아니하리니 처음 것들이 다 지나갔음이러라 보좌에 앉으신 이가 이르시되 보라 내가 만물을 새롭게 하노라 하시고 또 이르시되 이 말은 신실하고 참되니 기록하라 하시고 또 내게 말씀하시되 이루었도다 나는 알파와 오메가요 처음과 마지막이라 내가 생명수 샘물을 목마른 자에게 값없이 주리니 이기는 자는 이것들을 상속으로 받으리라 나는 그의 하나님이 되고 그는 내 아들이 되리라 그러나 두려워하는 자들과 믿지 아니하는 자들과 흉악한 자들과 살인자들과 음행하는 자

들과 점술가들과 우상 숭배자들과 거짓말하는 모든 자들은 불과 유황으로 타는 못에 던져지리니 이것이 둘째 사망이라"(계 21:1-8).

다시 말해, 이 말씀은 더 나은 본향, 넘치는 잔, 약속된 하늘의 상급, 우리에게 주실 영원한 기쁨을 말합니다. 새 하늘과 새 땅이 있는데 그것은 처음 하늘과 땅과는 다릅니다. 그곳은 굉장히 아름답고, 마치 남편을 위하여 신부가 단장한 것처럼 예쁘다고 표현됩니다. 그리고 그 아름다운 곳에는 하나님의 장막이 있고, 사람들이 있으며, 하나님이 그들과 함께 계십니다. 하나님의 임재, 하나님 나라의 완성을 보이십니다. 그곳에는 이 땅에 있는 슬픔(눈물, 사망, 애통하는 것, 곡하는 것, 아픈 것)이 전부 없다고 말씀하십니다. 죄로 인한 징조, 징후, 고통의 모든 심판은 다 사라집니다. 예수님은 목마른 자에게 생명 샘을 값없이 주실 것이라고 약속하셨습니다. 그 약속을 우리에게 주신 것입니다. 값없이 주시는 은혜의 하나님 나라를 그저 믿음으로 받고, 그분의 인치심을 받아(하나님과 그분의 자녀의 관계) 기름 부음을 입으며 살아가는 것입니다. 그러나 그곳에 들어가지 못하는 자들이 있습니다. 성경은 그들이 "두려워하는 자들, 믿지 아니하는 자들, 흉악한 자들, 살인자들, 음행하는 자들, 점술가들, 우상 숭배자들, 거짓말하는 모든 자들"이라고 말합니다(계 21:8). 그들은 불과 유황으로 타는 못에 던져지며 마귀와 함께 멸망합니다. 또한, 요한계시록 22장 1-5절은 다음과 같이 말합니다.

"또 그가 수정 같이 맑은 생명수의 강을 내게 보이니 하나님과 및 어린 양의 보좌로부터 나와서 길 가운데로 흐르더라 강 좌우에 생명나무가 있어 열두 가지 열매를 맺되 달마다 그 열매를 맺고 그 나무 잎사귀들은 만국을 치료하기 위하여 있더라 다시 저주가 없으며 하나님과 그 어린 양의 보좌가 그 가운데에 있으리니 그의 종들이 그를 섬기며 그의 얼굴을 볼 터이요 그의 이름도 그들의 이마에 있으리라 다시 밤이 없겠고 등불과 햇빛이 쓸 데 없으니 이는 주 하나님이 그들에게 비치심이라 그들이 세세토록 왕 노릇 하리로다"(계 22:1-5).

수정 같이 맑은 생명수의 강이 있는데, 그것은 하나님과 어린 양의 보좌로부터 나와서 흐릅니다. 생명이신 예수님이 주시는 물을 마시는 자는 삽니다. 그 강의 좌우에는 생명나무가 있는데, 그 나무는 열두 가지 열매를 맺고 그 잎사귀들은 만국을 치료합니다. 이것은 하나님과 어린 양을 통해 죄 사함을 받고 영적 생명을 얻는 것을 의미합니다. 우리(주의 이름을 부르는 자들)는 그날이 오면, 어린 양의 보좌에 둘러서 주님께 영광을 돌리면서 살게 될 것입니다. 점술가, 음행하는 자, 살인자 등 불의를 행하는 자들은 성 밖으로 내쫓기지만, 자기의 두루마기를 빠는 자들, 곧 죄를 회개하고 그리스도의 의를 믿는 자들은 천국에서 영광을 누립니다. 자기의 두루마기를 빠는 자는 그리스도의 피에 적셔진 흰 옷을 입은 자, 예수 십자가의 보혈로 의롭게 된 자, 예수님을 믿음으로 그분의 의를 자기 의로 삼은 자를 말합니다. 그런 자에게 주시는 영광스러운 복이 종말의 약속으로 주어져 있고, 하나님은 지금도 그 기쁨을 맛보도록 이끌어 가십니다.

그러므로 그리스도인은 전투하는 교인이고, 교회는 전투하는 교회입니다. 우리는 평생을 살아가는 동안에 왕의 잔칫상에 부름을 받고 용기와 격려를 받습니다. 사실상 우리는 싸울 만한 자격이 없지만 그리스도의 의 때문에 갑옷을 입고 나가는 자들이요 십자가를 가슴에 달고 나가는 자들입니다. 그리고 성령님은 우리에게 그 싸울 만한 힘과 용기와 지혜를 주시려고 기름을 부어주시고, 다치더라도 치유해주십니다. 그리고 그리스도의 향기를 나타내도록 이끌어 가십니다. 하나님은 마지막 날에 끝내 확정된 승리를 맛보도록 하실 것입니다. 하나님은 양 떼를 끝까지 사랑하는 목자의 인도함처럼 우리를 안전한 곳으로 이끌어 가십니다. 그것은 우리가 신앙적 삶을 살도록 하시는 것입니다. 어떤 상황이든지 이 말씀을 통해 큰 위로를 받고 힘을 내시기 바랍니다.

16장
내 평생에 선하심과 인자하심이 반드시 나를 따르리니

시편 23편 6절

[6]내 평생에 선하심과 인자하심이 반드시 나를 따르리니 내가 여호와의 집에 영원히 살리로다

다윗의 인생

다윗에게 "당신에게 인생은 어떤 의미가 있나요?"라고 질문한다고 가정해봅시다. 사실 이것은 소위 형이상학적인 질문인데, 누가 이 질문에 얼른 답할 수 있겠어요. 그런데 다윗은 시편 23편 6절을 통해 그 답을 말해줍니다. 한마디로, 자기에게 인생은 하나님의 선하심과 인자하심을 평생 맛보며 사는 것이고, 그렇게 살다가 여호와의 집에 영원히 거하는 것이라고 말합니다. 이것이 그가 말하는

인생의 요약입니다. 그러나 이러한 인생은 다윗에게만 적용되는 것이 아니고, 이 말씀을 듣는 우리들에게도 동일하게 적용됩니다. 여러분은 지금까지 하나님의 선하심과 인자하심 가운데 인생을 살아왔고, 앞으로 살아갈 인생도 그러할 것입니다. 그리고 결국에는 우리를 이끌어 가시는 하나님의 은혜로 여호와의 집에 거하게 될 것입니다.

우리는 성경을 통해 다윗이 이 땅에서 약 70년 정도 살았다는 것을 알 수 있습니다. 다윗이 처음 왕위에 올랐을 때, 그의 나이는 30세였습니다(삼하 5:4). 그때 그는 열두 지파 전체를 다스리는 왕이 아니라 유다 지파와 베냐민 지파를 다스리는 왕이었고, 당시 수도는 예루살렘이 아니라 헤브론이었습니다. 그는 30세에 왕이 되고, 헤브론에서 약 7년 6개월 동안 유다를 다스렸습니다(삼하 5:5). 그러고 나서 그는 열두 지파 전체를 다스리는 왕이 되어 예루살렘에서 33년 동안 이스라엘을 다스립니다. 따라서 통산하면 다윗은 약 40년 동안 왕으로 있었습니다. 그래서 우리는 그가 70세쯤 인생을 마쳤을 거라고 짐작할 수 있습니다. 다윗의 70년 인생은 환난과 고통과 슬픔이 많았고, 죄악도 많고 영광도 많았던 인생입니다. 그래서 그의 인생은 얼룩이 있고 굴곡이 심한 인생이었다고 볼 수 있습니다. 그럼에도 그러한 인생 가운데 다윗에게는 특징적으로 용기가 드러나고, 하나님에 대한 굳은 믿음의 태도가 드러나는 등, 참으로 아름답고 강직한 멋진 모습이 많이 나타납니다. 어둠 속에 별이 반짝이듯, 다윗의 인생 전체는 어두운 것 같은데 그의 신앙이 별처럼 빛납니다. 빛나는 가운데, 그는 찬란하게 누릴 수 있는 영광의 은혜를 받습니다. 그런데 그 영광의 정점과 가장 깊은 나락의 슬픔이 함께 점철되어 있는 특징적인 삶 또한 마주하게 됩니다.

다윗의 어린 시절, 곧 그가 목동이었을 때를 보면 그가 언제부터 하나님의 은혜를 입었는지를 알 수 있습니다. 사무엘상 17장에 블레셋 사람들이 이스라엘을 침공하고, 골리앗을 앞세워 등장합니다. 이스라엘 중 누구도 골리앗을 상대하려 하지 않았고, 그때 다윗이 나타나 사울에게 나아가 이렇게 말합니다.

> "주의 종이 아버지의 양을 지킬 때에 사자나 곰이 와서 양 떼에서 새끼를 물어가면 내가 따라가서 그것을 치고 그 입에서 새끼를 건져내었고 그것이 일어나 나를 해하고자 하면 내가 그 수염을 잡고 그것을 쳐죽였나이다 주의 종이 사자와 곰도 쳤은즉 살아 계시는 하나님의 군대를 모욕한 이 할례 받지 않은 블레셋 사람이리이까 그가 그 짐승의 하나와 같이 되리이다…여호와께서 나를 사자의 발톱과 곰의 발톱에서 건져내셨은즉 나를 이 블레셋 사람의 손에서도 건져내시리이다"(삼상 17:34-37).

사실상 양을 낚아채서 입에 덥석 물고 있는 맹수를 쫓아가 그 입에서 양을 빼낸다는 것은 불가능한 일입니다. 그런데 다윗은 그렇게 했다고 말합니다. 그것은 하나님이 자기를 도우셨다는 고백입니다. 그리고 그와 같이, 골리앗과의 싸움에서도 하나님이 자기를 도우실 거라는 믿음의 고백을 합니다. 다윗은 자기 인생 가운데 하나님의 도우심이 있다는 것을 일찍이 깨달았습니다. 그래서 그 믿음과 경험을 가지고 골리앗에게 나아갑니다. 그는 "오늘 여호와께서 너를 내 손에 넘기시리니"라는 믿음으로 골리앗 앞에 나가서 싸웠고, 결국 골리앗을 물리치게 됩니다. 이때 다윗의 나이를 14-15세 정도로 봅니다.

다윗은 어려서부터 하나님의 사랑의 은혜를 깊이 체험했습니다. 농촌에 살았던 사람과 도시에서만 산 사람은 통상 자연과의 친숙성이 크게 다릅니다. 농촌에서 살았던 사람들은 짐승들의 행태, 들풀의 이름 등 아는 것이 참 많습니다. 그리고 그들은 농사일의 경험을 통하여 인생을 보는 눈이 다르고 사람들과 관계를 맺는 방식도 다릅니다. 다시 말해, 짐승과 들풀에 대한 지식을 책으로 보고 배운 사람들과는 그 아는 것이 차원이 다르며, 삶을 이해하는 성숙도도 나름의 특징을 가지고 있으며 어떤 의미에서는 자연질서와 조화를 이루며 사는 삶의 모습이 어른스럽기도 합니다. 다윗은 어릴 때부터 아버지와 형을 따라다니면서 이런저런 심부름을 하며 많은 것을 경험하였을 것입니다. 아버지의 양 떼를 끌고 홀로 양 떼를 치는 목동의 구실을 다한 것입니다. 다윗은 그런 일을 감당하면서 그 가운데 하나님의 도우심에 대한 은혜적 체험을 많이 경험하였고, 그러면서 하나님을 믿는 신앙이 무럭무럭 자랐습니다.

그런 다윗이 어느 날 세상에 나타나 골리앗을 무찌르고 이스라엘 성읍에 널리 알려지게 됩니다. 사울은 그때부터 다윗을 시기하고 질투합니다. 그러던 어느 날, 사울에게 악한 영이 덮쳤고, 그는 발작이 도져 집 안에서 소리를 지르며 돌아다닙니다. 다윗은 평소와 같이 사울 앞에서 하프를 연주하는데, 그때 사울이 그에게 창을 던집니다. 다윗은 그 창을 여러 번 피했고, 이외에도 계속해서 사울에게 쫓김을 당하면서 생명의 위기를 여러 번 넘깁니다. 다윗은 15살일 때, 요나단과 더불어 맹세하고 요나단의 도움으로 이스라엘을 도망쳐 나옵니다. 그때부터 그는 유대 광야를 방황하면서 자기의 생명을 근근이 유지하며 살아야 했습니다. 그때, 다윗은 하나님을 얼마나 바라보았을까요? 밤하늘의 별을 보면서 주님을 생각하고, 낮에 해가 쨍쨍 내릴 때도 주님을 생각하고 눈물의 시간들을 가졌겠지요. 15살 때부터 다윗은 피난을 다니면서 하나님의 도우심을 구하고 받습니다. 어떻게 이스라엘의 왕이라는 사람이 다윗 한 사람을 찾아내지 못했을까요? 다윗은 그 모든 것이 하나님의 보호하심 덕분이라고 고백합니다. 하나님의 선하심과 인자하심이 보호하심의 은혜로 나타난 것입니다. 사실 다윗이 그 시련들을 감내한 것은 쉬운 일이 아니었습니다. 분명 사무엘에게 기름 부음을 받았는데도 불구하고, 그는 긴 세월동안 슬픈 인생의 행적들을 밟아야 했습니다. 다윗은 그 가운데 하나님께 원망할 수도 있었으나, 끝까지 인내합니다. 하나님의 은혜가 있었던 것입니다.

다윗 언약

다윗은 30세에 이스라엘의 왕이 되었고, 이후에 주변 족속들을 잘 복속시킵니다. 사무엘하 7장 1절은 여호와께서 주위의 모든 원수를 무찌르사 다윗을 궁에 평안히 살게 하셨다고 말합니다. 그리고 다윗이 얼마나 놀라운 복을 받았는가 하면, 그는 사무엘하 7장에서 '다윗 언약'이라 불리는 유명한 약속을 받습니다. 다윗 언약은 신구약 성경의 핵심 언약입니다. 성경 전체 속에 특히 구약에서 하나님이 우리에게 구원의 은혜를 베푸실 때 어떻게 그 언약을 주시고 행하시는가를 설명하는 해석적 지침이 나오는데, 하나는 아브라함 언약이고 다른 하나는 다윗 언약입니다. 아브라함 언약을 통해서 약속하신 바를 믿는 자에게 베푸시는 구원의 은총이 설명되어졌고, 다윗 언약을 통해서 그 언약을 이루기 위해 메시아를 보내시겠다는 약속이 주어집니다. 사무엘하 7장 12절을 보면, 하나님이 사무엘을 통해 다윗에게 이렇게 약속합니다.

> "네 수한이 차서 네 조상들과 함께 누울 때에 내가 네 몸에서 날 네 씨를 네 뒤에 세워 그의 나라를 견고하게 하리라"(삼하 7:12).

이 말씀은 다윗이 죽은 이후에도 그의 후사를 통해 그의 나라를 견고하게 하시겠다는 하나님의 약속입니다. 이어서 보면, 다윗의 후사가 하나님의 이름을 위하여 성전을 건축하게 될 것이고, 그의 나라 왕위를 영원히 견고하게 하시겠다고 약속하십니다. 다윗은 이 말을 듣고 얼마나 감사했는지 모릅니다. 그래서 "미천하기 짝이 없는 종을 불쌍히 여기시고 이런 은혜를 주시니 내가 무엇으로 감사하리요"라고 고백합니다.

과연 이 말씀의 성취가 다윗의 후손 가운데 누구를 통해서 이루어집니까? 솔로몬입니다. 솔로몬을 통해서 성전이 건축됩니다. 그런데 그것이 온전한 성취는 아닙니다. 그의 범죄 때문입니다. 솔로몬 이후에 나라가 북쪽 이스라엘과 남쪽 유다로 갈라집니다. 즉, 구약 교회인 이스라엘이 분열된 것입니다. 북이스라엘이 앗수르에 의하여 주전 722년에 먼저 멸망하고, 그 후에도 140여 년 정도 남유다는 다윗의 혈통을 따라 왕위가 계승되지만 하나님 앞에서 죄악을 범하는 왕들이 나타납니다. 그러다가 마침내 하나님의 심판을 받아 남유다마저 주전 586년에 바벨론에 의하여 멸망을 당합니다. 그 결과 가나안 땅에서 내쫓기게 되고 왕위의 계승은 끊어지게 됩니다. 이후에 그들은 바벨론의 포로로 끌려갔다가 다시 이스라엘로 돌아왔지만, 왕위의 계승은 사라지고 없게 됩니다. 예수님 때 가서야 로마의 정복하에 왕이 세워지는데, 그것은 독립된 왕이 아니고 분봉왕이었고, 헤롯이 그 왕위에 오릅니다. 그러나 그는 다윗의 후손이 아니라, 에돔 족속의 후손입니다. 결국 다윗의 후손의 왕위는 끊어지고 만 것입니다. 어떤 사람들은 여기서 사무엘하 7장의 다윗 언약의 성취에 의문을 가질 수 있습니다. 그러나 그 약속의 성취는 결코 폐하여진 것이 아닙니다. 무슨 말인고 하면, 그때까지는 이 땅의 그림자를 보여주셨을 뿐 다윗 언약의 실체가 오지 않은 것입니다. 사무엘하 7장 13절에서 "그는 내 이름을 위하여 집을 건축할 것이요 나는 그의 나라 왕위를 영원히 견고하게 하리라"라는 말씀은, 다윗에게서 날 약속의 자손이 주의 성전을 세워 하나님의 임재를 드러낼 것이고, 그를 통하여 말씀의 통치가 이루어질 것이라는 말씀입니다. 여기서 성전을 세우신다는 것은 죄 용서의 완전성을 가리킵니다. 따라서 다윗 언약은 다윗의 씨로 오실 예수 그리스도를 예표하며 모든 일이 그분을 통해서 이루어질 것이라는 약속의 말씀입니다.

마태복음 1장 1절은 "아브라함과 다윗의 자손 예수 그리스도의 계보라"라고 말씀하는데, 사실 원문을 보면 "다윗과 아브라함의 후손 예수 그리스도의 계보라"라고 쓰여 있습니다. 아브라함보다 다윗이 먼저 나오는 것입니다. 예수 그리스도 오심에 대한 언약적 성취에 대한 설명은 다윗 언약으로 설명되기 때문에 그렇습니다. 아브라함 언약과 다윗 언약의 상관성은 이삭의 제물 사건으로 설명이 됩니다. 이삭은 약속의 자녀를 예표하며, 이 약속의 자녀의 원형은 바로 예수 그리스도이십니다.

> "이 약속들은 아브라함과 그 자손에게 말씀하신 것인데 여럿을 가리켜 그 자손들이라 하지 아니하시고 오직 한 사람을 가리켜 네 자손이라 하셨으니 곧 그리스도라"(갈 3:16).

그리고 그리스도를 믿는 우리는 그리스도와 연합한 자로서 또한 아브라함의 후손입니다.

"형제들아 너희는 이삭과 같이 약속의 자녀라"(갈 4:28).

다윗이 얼마나 많은 계시를 받았냐면, 시편 16편과 110편에서 알 수 있듯이, 그는 자기 후사로 오실 그분이 자기에게 부활과 영생을 주실 분이라는 것을 압니다. 또한, 예수님이 멜기세덱의 반차를 따르는 영원한 제사장이심을 압니다. 다윗은 참으로 놀라운 언약적 계시를 받은 자입니다. 그래서 큰 은혜를 입은 사람이었습니다.

그런데 다윗이 중년에 이르러서 밧세바라는 여인과 간통을 저지릅니다. 그녀의 남편은 헷 사람 우리아로 충신 중의 충신이었는데, 다윗은 자신의 죄를 덮기 위해 우연을 가장하여 전쟁터에서 그를 죽게 만듭니다. 간통죄에 이어 살인 교사죄를 범한 것입니다. 개인적, 도덕적 죄를 들여다보면, 다윗은 사울보다 더 악한 자입니다. 성경에 사울의 개인적, 도덕적 죄가 뚜렷하게 드러난 것은 없지만, 그는 선지자가 해야 하는 일을 왕권적 차원에서 정치적 의미로 해석하여 불순종한 죄가 드러나서 심판을 받습니다. 반면에 다윗은 개인적, 도덕적 죄가 뚜렷하게 드러납니다. 그러나 하나님은 그에게 자비를 베풀어주십니다. 그리고 회개의 깊은 은혜 속에 들어가도록 그를 이끌어주십니다. 그러한 은혜를 입은 다윗이 하나님의 선하심을 찬양할 때, 그에게 가장 큰 은혜는 자기 후사로 오시는 메시아, 곧 다윗 언약보다 더 큰 것은 없습니다. 다윗이 찬양하는 하나님의 선하심은 이스라엘의 세속적 왕권을 주시는 은혜가 전부가 아닙니다. 그는 자신이 이스라엘의 왕권을 가지실 그리스도를 예표하는 자의 자리에 섰다는 사실에 대한 엄청난 은혜를 찬양했습니다.

여호와의 집에 영원히 살리로다

다윗은 평생 동안 자기를 지켜주시고 돌보신 하나님의 선하심을 고백하며, 그것과 더불어 하나님의 인자하심을 고백합니다. 즉, 불쌍히 여겨주심의 은혜입니다.

시편 6편 1절은 다윗의 참회의 시입니다. 그리고 이어서 6절에 이렇게 말합니다.

> "여호와여 주의 분노로 나를 책망하지 마시오며 주의 진노로 나를 징계하지 마옵소서"(시 6:1).
> "내가 탄식함으로 피곤하여 밤마다 눈물로 내 침상을 띄우며 내 요를 적시나이다"(시 6:6).

다윗은 일말의 자기 의도 남지 않게끔 완전히 회개합니다. 만일 여러분이 다윗이라면, 골리앗을 물리치고 이스라엘 백성들에게 "사울이 죽인 자는 천천이요 다윗은 만만이로다"라는 이 영광된 환호를 받을 때, 마음속에 자기 의나 자랑이 없었겠습니까? 또한, 마침내 약속대로 30세에 열두 지파의 왕으로 등극하면 마음에 차오르는 기쁨이 얼마나 크겠습니까? 그런데 하나님이 그런 다윗의 의를 산산조각 내십니다. 다윗으로 하여금 자기의 의를 부수게 하시고, 불법이 사함을 받으며 죄가 가리움을 받는 자의 행복이 무엇인가를 알게 하십니다. 하나님은 그 뒷면에 그가 죄 용서함을 받지 않으면 살 수 없는 자라는 사실을 일깨워주십니다. 따라서 다윗은 하나님의 선하심과 인자하심이 자기 인생에 모든 것이라고 고백할 수밖에 없는 것입니다.

다윗은 시편 51편 17절에서 "하나님께서 구하시는 제사는 상한 심령이라"라고 말하며, 제물의 자랑을 내려놓고 상한 심령으로 돌아갑니다. 그리고 "하나님이여 상하고 통회하는 마음을 주께서 절대로 멸시하지 않으시는 줄 압니다"라고 고백합니다. 상하고 통회하는 마음이란, 아무것도 드릴 것이 없는 것을 인식하는 마음입니다. 나의 의는 하나도 없고, 하나님이 내게 베푸시는 것을 받고자 하오니 약속대로 주실 줄 믿는다고 고백하며 그저 받는 것이 '믿음'입니다. 우리는 "믿음의 행함으로 의가 나서 믿음을 내어드리니 내가 드리는 믿음을 보옵소서. 나는 구원받을 만한 자이지 않습니까?"라며 주장할 수 없습니다. 엄밀한 의미에서 구원받는 믿음이란, "저는 죄인이오니, 약속하신 대로 그저 주를 바라봅니다"라고 하는 것이고, 그렇게 고백할 때 용서의 은혜가 주어집니다.

다윗은 인생의 끝에 가서 평안히 죽습니다. 전쟁에서 칼을 맞거나 고통을 당하지 않고, 노환으로 죽게 됩니다. 그러나 그가 죽을 당시 정치적 상황은 안정되어 있지 않았습니다. 다윗에게는 자기 오큰팔처럼 평생을 함께한 요압이라는 장수가 있었습니다. 그런데 그는 기세가 너무 커서 왕인 다윗조차 그를 쉽게 다스릴 수 없었습니다. 사자 같은 부하라서 전쟁 중에는 그를 잘 써먹을 수 있었는데, 모든 족속들을 복속시키고 전쟁 시대가 끝나고 평화로운 시대가 찾아오니, 다윗에게 요압은 다스리기가 힘든 부하였습니다. 심지어 요압이 다윗의 마음에 항상 일치되지 않게 행동합니다. 이후에 요압이 큰 죄를 저지르고 맙니다. 다윗은 그 죄에 대하여 그를 심판하고 벌을 주어야 하는데 그렇게 하지 못합니다. 다윗은 견고한 왕권 교체가 아직 완성되지 못한 그런 때에 임종의 때를 맞이하게 되었습니다. 더군다나 자식인 압살롬의 반역으로 왕권이 흔들립니다. 사실상 압살롬의 반역은 왕권의 안전성과 명분을 참으로 위태롭게 만든 일이었습니다. 다윗은 모든 백성들로부터의 존경을 한 번에 잃어버리게 되었습니다. 그리고 아도니야 또한 반역을 일으킵니다. 자기 자식 간에 벌어진 많은 수치스러운 일들은 다윗이 말씀 가운데 통치해 가는 왕권적 하나님 나라의 임재를 볼 수 없게 만드는 것이었으므로, 백성들이 수군수군할 만한 일들이 됩니다.

성경 어디에도 다윗이 죽자 이스라엘이 삼 년간 통곡했다는 말은 없습니다. 나라가 정세를 수습하고 왕권을 견고하게 세우기까지 긴박한 상황들이 전개되었기 때문에, 다윗의 죽음을 오래도록 슬퍼할 여유를 가질 만한 상황이 안 되었던 것입니다. 그런 상황에서 다윗은 임종을 맞았고, 죽을 때까지 하나님의 선하심과 불쌍히 여기시는 인자하심이 그와 함께 했습니다. 그러므로 임종을 맞은 다윗은 한평생을 돌아보면서 "내가 여호와의 집에 영원히 살리로다"라는 고백을 합니다. 여호와의 집은 무엇을 의미할까요? 일차적으로는 눈앞에 보이는 예루살렘 성전을 가리킵니다. 그러나 그것을 넘어 다윗이 믿음으로 보는 여호와의 집이 있습니다. 우리의 인생은 영원히 살지 못하고 잠시 살다가 가는 것인데 그는 영원히 살 것이라고 말했습니다. 다윗은 그 성전으로 말미암아 죄 사함의 은총을 받고 하나님의 보호하심을 받으며 하나님의 백성 된 자가 누릴 하나님의 나라, 곧 낙원을 바라본 것입니다. 이는 예수 그리스도의 재림으로 이루어질 새 예루살렘까지 내다보는 것이라 말할 수 있습니다.

사람들에게 "당신에게 인생은 어떤 의미가 있나요?"라고 물어보면, 사람들은 통상 세속적인 대답을 합니다. 예를 들어 재벌일 경우, 그는 자기가 인생을 살면서 큰 사업을 이루었고 그 사업을 이루는 과정 속에 숱한 어려움도 있었다고 말할 것입니다. 그 사람에게 인생의 의미는 사업 그 자체였을 것입니다. 그러나 모든 인생은 다 허무한 것입니다. 그것들은 인생의 궁극적인 의미가 못됩니다.

이 세상에서 나그네와 같은 삶을 사는 우리는 천국을 직접 볼 수 없습니다. 성도라도 천국을 직접 본 사람은 아무도 없습니다. 누군가가 천국을 보고 왔다고 말하면, 일단 그 사람의 말을 믿지 마세요. 천국은 보이지 않습니다. 그런데 알 수는 있습니다. 보이기 때문에 아는 것이 아니고, 하나님을 예배하고 주와 함께 교통하는 가운데 아는 것입니다. 우리는 성령님이 말씀 가운데 베푸시는 은혜로 천국을 아는 얼마간의 이해를 가지고, 이 땅에서 천국의 맛을 보고 누리고 살며 고대하고 바라게 됩니다.

하나님의 선하심과 인자하심이 따르는 인생

시편 23편의 말씀은 한평생 살아온 성도의 삶을 설명합니다. 시편 116편은 한평생 하나님의 선하심과 인자하심을 맛보고 여호와의 집에서 영원토록 사는 것을 고백하는 성도의 삶을 요약적으로 보여줍니다. 15절 말씀입니다.

> "그의 경건한 자들의 죽음은 여호와께서 보시기에 귀중한 것이로다"(시 116:15).

개역한글 성경은 "경건한 자"들을 "성도"라고 표현합니다. 따라서 "하나님의 백성들의 죽음은 여호와께서 보시기에 귀한 것이다, 하나님은 성도의 죽음을 귀하게 보신다"고 말할 수 있습니다. 하나님은 그분의 선하심과 인자하심으로 우리의 인생을 이끄시며, 인생의 끝에 가서 죽음을 맞을 때까지 우리를 지켜주십니다. 우리에게는 죽음 뒤에 이어지는 새로운 생명이 있습니다. 살아서 믿는 자는 영원히 죽지 않는다는 말씀대로 우리는 영생을 가진 자들입니다. 죽음은 우리에게 이미 누려지고 있는 생명에 대한 또 다른 측면에서의 맛봄으로 이어지는 것이지 우리 가운데는 죽는 자가 없습니다. 그렇다면 하나님이 죽을 때까지 보호하시는 그 인생살이란 어떠한 것일까요? 우리는 그 인생을 어떻게 살 수 있을까요? 성경을 보면, 다윗의 인생살이가 그러했습니다. 그리고 우리는 시편 116편을 통해 다윗이 그 인생을 어떻게 살았는지 알 수 있습니다.

> "여호와께서 내 음성과 내 간구를 들으시므로 내가 저를 사랑하는도다 그 귀를 내게 기울이셨으므로 내가 평생에 기도하리로다"(시 116:1-2).

평생에 선하심과 인자하심이 나를 따른다고 고백하는 사람은 평생에 '기도'하는 사람입니다. 그는 하나님을 늘 생각하고, 인생의 연약함을 놓고 늘 기도합니다. 그리고 하나님을 사랑합니다. 기도는 하나님께 사랑을 표현하는 것이기 때문입니다. 예배, 말씀의 순종, 찬양 등, 이 모든 것이 사랑의 표현입니다. 그러나 그중에 절대 빼놓을 수 없는 것이 바로 기도입니다. 기도는 하나님께 그분에 대한 신뢰를 표현하는 것입니다. 여러분은 왜 기도하십니까? 바로 그분이 답이시기 때문일 것입니다. 이처럼 기도는 하나님에 대한 신뢰를 표현하고 감사를 표현하는 것이 됩니다. 평생에 하나님의 선하심과 인자하심이 따르는 인생은 하나님을 사랑하며 기도하는 자에게 있습니다.

> "여호와는 은혜로우시며 의로우시며 우리 하나님은 긍휼이 많으시

> 도다"(시 116:5).

은혜는 선한 것을 뜻하고 긍휼은 인자하심을 뜻합니다. 이 시편 116편의 찬송도 마찬가지입니다. 시편 기자는, 하나님을 은혜로 선을 베푸시고 긍휼이 많으시며, 인자하심을 베푸시고 거두지 않으시는 분이라고 고백합니다. 그래서 그는 3-4절에서, 사망의 줄에 옭매여 이 환난과 슬픔을 어떻게 이길까 했을 때, 하나님의 이름으로 기도하니 주께서 건져주셨다고 말합니다. 6-7절은 하나님이 순진한 자를 지키신다고 말씀합니다.

> "여호와께서는 순진한 자를 지키시나니 내가 어려울 때에 나를 구원하셨도다 내 영혼아 네 평안함으로 돌아갈지어다 여호와께서 너를 후대하심이로다"(시 116:6-7).

개역한글 성경에는 이 "순진한 자"를 "어리석은 자"로 썼습니다. 이 둘은 같은 뜻입니다. 세상은 우리에게 "어리석어서, 순진하게 하나님을 믿느냐"고 비아냥댑니다. 이때, 하나님은 어리석은 자인 우리를 지키시겠다고 말씀하십니다. 하나님은 그분을 믿는 자를 구원하십니다. 그리고 우리 영혼을 평안함으로 붙들어주십니다.

8절은 "주께서 내 영혼을 사망에서, 내 눈을 눈물에서, 내 발을 넘어짐에서 건지셨나이다"라고 말씀합니다. 이처럼, 영혼을 사망이 아니라 생명으로, 눈을 눈물이 아니라 기쁨으로, 발을 넘어짐이 아니라 세움으로 우리를 건져주십니다. 그러니 9절에서 "내가 생명이 있는 땅에서 여호와 앞에 행하리로다"라고 고백하는 것입니다. "생명이 있는 땅"은 살아 있는 인생을 의미합니다. 내가 이 땅에서 사는 동안에 하나님 앞에서 살겠다고 고백하는 것입니다.

우리는 인생을 살면서 고통을 당할 수도 있습니다. 그때 사람들은 10-11절처럼 우리를 조롱하기도 합니다.

> "내가 크게 고통을 당하였다고 말할 때에도 나는 믿었도다 내가 놀라서 이르기를 모든 사람이 거짓말쟁이라 하였도다"(시 116:10-11).

사람들은 하나님을 의지하지 말고 도리어 사람들을 믿으라고 말합니다. 그러나 세상과 사람은 의지할 것이 못됩니다. 세상 사람들은 "하나님을 믿어야 소용없다. 다 거짓말이다"라고 하지만, 하나님의 선하심과 인자하심이 따르는 인생을 사는 신자는 그 가운데 하나님을 믿고 의지합니다.

하나님은 "경건한 자들"을 절대로 잊지 않으십니다. 이사야서 49장 15절은 이렇게 말씀합니다. "여인이 어찌 그 젖 먹는 자식을 잊겠으며 자기 태에서 난 아들을 긍휼히 여기지 않겠느냐 그들은 혹시 잊을지라도 나는 너를 잊지 아니할 것이라." 이 말씀은 손바닥에 우리를 새기셨다는 하나님의 약속의 말씀입니다. 부모는 못난 자식을 호적에서 지워버리겠다고 말할 수도 있습니다. 그러나 하나님은 그런 분이 아니십니다. 한 탕자가 아버지에게 자기 몫을 미리 달라고 요구하고, 그 재산을 다 허비하고 허랑방탕한 삶을 삽니다. 그럼에도 아버지는 탕자가 돌아오기를 기다리는데, 사실 이 아버지의 마음이 우리를 보시는 하나님 아버지의 마음입니다. 그리고 그 은혜를 아는 성도는 이렇게 고백합니다.

> "내게 주신 모든 은혜를 내가 여호와께 무엇으로 보답할까 내가 구원의 잔을 들고 여호와의 이름을 부르며 여호와의 모든 백성 앞에서 나는 나의 서원을 여호와께 갚으리로다"(시 116:12-14).

서원을 갚는다는 것은 감사의 고백입니다. 하나님께 드렸던 감사의 찬양의 고백을 이제는 행동으로 실천하겠다고 하는 것입니다. 여기서 "구원의 잔을 들고"라는 말은 하나님이 베푸신 긍휼, 곧 구원을 기뻐하는 것을 뜻합니다. 그리고 "여호와의 이름을 부르며"라는 말은 하나님께 영광을 돌리겠다는 것입니다.

> "여호와여 나는 진실로 주의 종이요 주의 여종의 아들 곧 주의 종이라 주께서 나의 결박을 푸셨나이다 내가 주께 감사제를 드리고 여호와의 이름을 부르리이다 내가 여호와께 서원한 것을 그의 모든 백성이 보는 앞에서 내가 지키리로다 예루살렘아, 네 한가운데에서 곧 여호와의 성전 뜰에서 지키리로다 할렐루야"(시 116:16-19).

신자가 하나님께 감사를 드리는 중심 근거지는 여호와의 성전

뜰입니다. 그리고 여기서 감사제는 서원한 것을 갚는 것과 같은 내용입니다.

하나님의 자녀, 곧 그리스도를 믿는 자에게 평생 지워지지 않는 것이 있습니다. 그것은 죄 용서입니다. 그리고 용서받은 우리는 하나님의 자녀 된 신분을 얻습니다. 그리고 하나님이 그분의 자녀에게 약속하신 것이 있는데, 그것은 영원한 생명의 기업입니다. 성령님은 우리가 이 땅에 사는 동안에 어떻게든 죄를 미워하고 하나님을 사랑하도록 마음의 성향을 주장하사, 거룩한 삶을 살도록 이끌어 가십니다. 하나님은 이 모든 일에 있어서 절대로 그분의 손길을 놓지 않으십니다. 그리하여 모든 일이 협력하여 우리가 예수 그리스도의 형상을 닮아가기까지 이끄십니다. 이 일을 위하여, 하나님은 우리를 말씀으로 가르치시고, 쉬지 않으십니다. 오늘 여러분도 그 은혜를 입어 하나님의 말씀을 듣고 있는 것입니다. 디모데후서 3장 16절에서 말한 대로, 하나님은 우리를 말씀으로 바르게 하시고 책망하십니다. 그리고 우리가 배우고 바라볼 것이 무엇인지 교훈하십니다. 마침내 의로운 자요 하나님의 자녀 된 신분에 합당한 자로 빚어가기까지, 하나님은 그 일을 쉬지 않고 하십니다. 그 일을 행하실 때, 성령님이 우리를 떠나지 않고 항상 함께하십니다.

정암 박윤선 박사님은 합동 교단의 총신 신학교와 고신 교단의 고려 신학교에서 교수 사역을 하셨으며, 한국 장로교회가 분립되기 이전에는 평양 신학교에 계셨습니다. 그분은 만주에서 공부하셨고, 봉천 신학교에도 계셨으며, 76세가 되시던 1980년에 합신을 세우시고 83세인 1988년에 하늘 낙원에 가셨습니다. 80세가 되셨을 때, 박사님은 자기를 통해 하나님이 행하신 일을 감사하면서 한 출판기념회로 감사하는 자리를 가졌는데, 그때 "나는 그저 팔십 년 묵은 죄인입니다"라고 말씀하셨습니다. 그분은 평생 하나님의 말씀을 전하고 가르치고 말씀에 순종하기를 기쁨으로 여겨, 이 땅의 나그네 인생길을 살면서 하나님의 나라를 위해서 평생 봉사하신 분입니다. 그분의 삶의 내용을 들여다보면 오직 기도와 말씀뿐이었습니다. 그럼에도 그분은 "나는 그저 팔십 년 묵은 죄인입니다"라고 고백하는 삶을 살아오셨고, 따라서 기도를 놓지 않을 수가 없었습니다. 그분은 틈이 날 때마다 기도를 하셨습니다. 그분은 이렇게 말씀하셨습니다. "기도는 시간을 내서 드리는 것이지, 시간이 날 때 하는 것이 아니다." 굉장히 중요한 말씀입니다. 기도뿐만 아니라 말씀을 읽는 것도 주 앞에 시간을 바쳐야 할 수 있는 일입니다. 시간을 바치지 않고 살아가는 것은 모든 것이 속히 이루어지면 좋겠다는 자기 마음의 욕심일 뿐입니다. 그리고 박사님은, "성도가 하나님의 말씀을 먹지 않고 어떻게 살겠느냐"고 말씀하셨습니다. 음식을 먹어야 피와 살이 되는 것처럼 말씀을 먹어야 힘을 쓸 수가 있다고 하십니다. 그렇게 위대하게 살아오신 이 분의 묘비에는 "그러므로 내일 일을 위하여 염려하지 말라"고 쓰여 있습니다.

> "그러므로 내일 일을 위하여 염려하지 말라 내일 일은 내일이 염려할 것이요 한 날의 괴로움은 그 날로 족하니라"(마 6:34).

이 말씀은 박사님이 유언으로 남긴 것이 아닙니다. 유족들이 박사님의 인생을 보고 이 말씀이 적절하다고 생각하여 선택했습니다. 사실 그분의 묘비에 굉장한 말씀을 쓸 수 있었을 텐데 그렇지 않았어요. 그런데 제 생각에는, 유족들이 말씀을 아주 잘 정한 것 같습니다. "한 날의 괴로움은 그 날로 족하니라"라는 말씀의 고백이 우리 자신의 평범한 인생을 돌아보게 하기 때문입니다.

시편 23편은 결국 환난 가운데 낙심하지 말고, 기도하고 용기를 가지라고 가르쳐줍니다. 하나님이 그분의 선하심과 인자하심으로 우리를 지켜주시기 때문입니다. 이 말씀은 다윗뿐만 아니라 우리의 인생에도 적용이 됩니다.

빌립보서 4장 6-7절은 이렇게 말씀합니다.

> "아무 것도 염려하지 말고 다만 모든 일에 기도와 간구로, 너희 구할 것을 감사함으로 하나님께 아뢰라 그리하면 모든 지각에 뛰어난 하나님의 평강이 그리스도 예수 안에서 너희 마음과 생각을 지키시리라"(빌 4:6-7).

우리의 마음과 생각을 무엇으로 지켜주십니까? 하나님의 평강입니다. 따라서 염려하지 말고 주께 맡기세요. 박윤선 박사님은, "우리는 미래를 모르는 존재로 미래에 대해서는 모르지만, 미래의 주관자인 하나님은 아신다. 그러니 미래를 모른다고 두려워하거나 염려하지 말고, 모든 것을 아시는 하나님 앞에서 회개하고 기도하라"

고 말씀하셨습니다. 우리는 미래를 모르기 때문에 기도하지 않을 수가 없습니다. 기도하는 가운데 회개와 감사가 있는 것이고, 그러므로 우리가 주 앞에서 사는 자임을 깨닫는 것입니다. 기도와 말씀으로 하나님을 만나시기 바랍니다. 하나님을 만나는 것은 우리가 그분 안에 있게 되는 것입니다. 결국 다윗이 시편 23편 전체에서 고백하는 것이 이것입니다. "하나님이 우리의 인생을 그분의 선하심과 인자하심으로 붙드시다가, 우리를 영원토록 하나님의 집에 살게 하시는구나." 이것이 인생의 결국이요 목적입니다. 우리는 이 말씀에 따라 이 땅을 사는 우리의 삶의 방향을 결정해야 합니다.

몇 년 전에 노년에 이르러 은퇴하신 아주 유명한 철학자가 계셨는데, 그분은 지성인이요 교과서에도 그분의 글이 실려 있습니다. 어느 신문사에서 그분과 인터뷰를 하면서 지성적인 답변을 얻고자 "인생의 의미가 무엇입니까? 인생은 왜 사는 것입니까?"라는 질문을 했습니다. 그는 이 질문에 대해, "나는 아직도 인생이 무엇인가 탐구하고 있습니다. 이것이 내가 철학을 하고 있는 이유라고 볼 수 있습니다. 그런데 아직까지도 분명한 답을 못 찾았습니다. 일단 지금까지 내린 답은, 인생에는 궁극적인 의미라는 것이 없다는 것입니다." 이어서 "그렇다면 궁극적인 의미가 없는 인생을 어떻게 살아야 잘 사는 것이겠습니까?"라고 물어보자, 그는 "의미가 있으면 의미를 따라 살면 잘 사는 것일 텐데, 의미가 없으니 그저 죽는 순간까지 치열하고 철저하게 하루하루를 살 따름입니다."라고 답했습니다. 이 말은, 자동차 운전을 하는 사람에게 어디로 가냐고 물었을 때, "저도 모릅니다. 그저 열심히 달려갈 따름입니다"라는 답변과 똑같은 것입니다. 이게 철학의 마지막입니다.

그러나 다윗은 우리에게 어떤 답을 주고 있습니까? 그는 인생에 의미가 있다고 말합니다. 그것은 "여호와의 집"입니다. 그리고 인생을 어떻게 살아가야 하는지에 대해서도 분명하게 말합니다. 그것은 여호와의 선하심을 맛보며, 여호와의 인자하심을 찬송하며 사는 것입니다. 이는 빌립보서 3장 20절에 나오는 사도 바울의 말과 같습니다.

> "그러나 우리의 시민권은 하늘에 있는지라 거기로부터 구원하는 자 곧 주 예수 그리스도를 기다리노니"(빌 3:20).

즉, "우리의 시민권은 하늘에 있다"는 말이 인생의 의미를 설명하는 가장 최종적인 답입니다. 그러니 우리는 "거기로부터 구원하는 자 곧 주 예수 그리스도"를 기다리며 살아야 합니다. 그 은혜를 바라며 살 때, 성도가 구하는 하나님의 복이 있을 것입니다. 그것은 하나님이 아론을 통해 이스라엘 백성에게 주신 복입니다.

> "여호와는 네게 복을 주시고 너를 지키시기를 원하며 여호와는 그의 얼굴을 네게 비추사 은혜 베푸시기를 원하며 여호와는 그 얼굴을 네게로 향하여 드사 평강 주시기를 원하노라 할지니라 하라"(민 6:24-26).

이 말씀은 제사장적 교회를 향한 축복 선언입니다. 또한, 교회가 예배 마지막에 제사장적 선언을 받을 때 가장 많이 쓰이는 축복 선언의 말씀이 고린도후서 13장 13절입니다.

> "주 예수 그리스도의 은혜와 하나님의 사랑과 성령의 교통하심이 너희 무리와 함께 있을지어다."

이 말씀의 축복 선언이 이 땅에서 살아가는 성도의 인생의 의미를 결정합니다. 신자에게는 주님의 은혜가 이와 같이 임합니다. 여러분이 살아온 인생 속에서도 주의 선하심과 인자하심이 이와 같이 임해 왔던 것입니다.

17장
우리의 위로, 예수 그리스도

창세기 3장 14-21절

[14]여호와 하나님이 뱀에게 이르시되 네가 이렇게 하였으니 네가 모든 가축과 들의 모든 짐승보다 더욱 저주를 받아 배로 다니고 살아 있는 동안 흙을 먹을지니라 [15]내가 너로 여자와 원수가 되게 하고 네 후손도 여자의 후손과 원수가 되게 하리니 여자의 후손은 네 머리를 상하게 할 것이요 너는 그의 발꿈치를 상하게 할 것이니라 하시고 [16]또 여자에게 이르시되 내가 네게 임신하는 고통을 크게 더하리니 네가 수고하고 자식을 낳을 것이며 너는 남편을 원하고 남편은 너를 다스릴 것이니라 하시고 [17]아담에게 이르시되 네가 네 아내의 말을 듣고 내가 네게 먹지 말라 한 나무의 열매를 먹었은즉 땅은 너로 말미암아 저주를 받고 너는 네 평생에 수고하여야 그 소산을 먹으리라 [18]땅이 네게 가시덤불과 엉겅퀴를 낼 것이라 네가 먹을 것은 밭의 채소인즉 [19]네가 흙으로 돌아갈 때까지 얼굴에 땀을 흘려야 먹을 것을 먹으리니 네가 그것에서 취함을 입었음이라 너는 흙이니 흙으로 돌아갈 것이니라 하시니라

[20]아담이 그의 아내의 이름을 하와라 불렀으니 그는 모든 산 자의 어머니가 됨이더라 [21]여호와 하나님이 아담과 그의 아내를 위하여 가죽옷을 지어 입히시니라

서덜랜드 스프링스 제1침례교회 총기 난사 사건

텍사스에 있는 서덜랜드 스프링스 제1침례교회는 작은 농촌 교회로, 오십여 명 정도가 모이는 가족 같은 교회입니다. 그런데 이 교회 안에서 주일 예배 중에 끔찍한 일이 일어납니다. 뉴스를 통해 미국 사회에서 일어난 총기 난사 사건들을 종종 봤지만, 교회 예배당 안에서 그와 같이 아름다운 순간에 총기 난사가 참혹하게 이루어질 줄은 생각도 못 했습니다. 예배 중에 벌어진 총기 난사 사건은 텍사스 주로서는 처음 있는 일이었고, 텍사스뿐 아니라 미국 전역에서도 이런 일이 일어나기는 드물다고 합니다. 그 사건이 있기 일주일 전에, 그 교회의 담임목사인 프랭크 포머로이 목사는 '하나님의 섭리'를 주제로 설교했습니다. 본문은 잠언 3장 5-6절 말씀이었습니다.

> "너는 마음을 다하여 여호와를 신뢰하고 네 명철을 의지하지 말라 너는 범사에 그를 인정하라 그리하면 네 길을 지도하시리라."

설교의 제목과 요점은 '예수 그리스도를 신뢰하라'는 것이었습

니다. "여러분, 누구나 인생에는 오르막과 내리막이 있습니다. 잘될 때가 있는 반면, 잘 안될 때도 있는 것입니다. 또 살다보면, 직선이 아니라 모퉁이를 돌아야만 도착점이 있어 힘이 들 때도 있습니다. 무엇이든지 잘될 때는 힘을 받아 달려가기도 하지만, 어떤 일에는 브레이크가 걸려서 천천히 답답하게 갈 때도 있는 것입니다. 그러나 잊지 말아야 할 것은 모든 일에 하나님을 신뢰하고 그분을 의지해야 한다는 사실입니다." 이것이 설교의 요점이었습니다.

포머로이 목사는 오토바이 타는 것을 좋아했답니다. 그가 오토바이로 한 예를 들기를, 오토바이를 타고 평탄한 길을 갈 때는 오토바이가 안정적으로 가는데, 굽이굽이 커브가 있는 길을 갈 때는 오토바이가 기울어진다고 합니다. 그런 길을 갈 때, 오토바이가 땅에 가까워질 때도 있고 그러면 몸이 숙여지고 힘이 드는데, 그럼에도 그는 오토바이를 타면서 넘어지지 않을 거라고 믿는다고 합니다. 그 이유는 오토바이를 넘어뜨리려는 중력도 있겠지만, 그와 반대로 오토바이를 잡아주는 구심력이 있다는 것을 알기 때문입니다.

"여러분, 우리는 인생 중에 평탄한 길을 갈 때도 있고, 굽이굽이 커브가 있는 길을 갈 때도 있습니다. 그러나 어느 길이든, 우리를 넘어지지 않게 끝까지 붙들어주는 구심력이 있는데 그것은 바로 하나님이십니다. 하나님을 의지하십시오. 우리의 명철을 의지하지 말고 주님만 의지하시기 바랍니다." 바로 이런 내용이 설교의 요지였습니다. 그리고 이어서 말하기를 "여러분의 인생의 목적은 무엇입니까? 평온, 태평, 평안함을 누리는 것입니까?"라고 묻고, 그 모든 것은 우리 인생의 목적이 안 된다고 말합니다. 인생에는 항상 굽은 길, 돌아가는 길, 오르막길, 내리막길이 있기 때문입니다. "만일 인생 중에 평온한 것이 여러분의 목적이라면, 여러분은 목적을 이루지 못하고 살 것입니다. 우리의 인생의 목표는 오직 그리스도여야 합니다. 즉, 어떤 길을 가든지 그리스도와 함께 걸었다고 고백할 수 있는 인생이어야 합니다."

포머로이 목사는 딸 아나벨을 매우 사랑했습니다. 아나벨은 오토바이 뒤에 타는 것을 좋아해서 아빠와 함께 드라이브를 종종 즐겼답니다. 둘은 시골길의 자연과 풍경을 보면서 하나님의 창조하심을 경외하며 마음껏 정을 나누곤 했습니다. 그러다가 오토바이가 기울면서 회전길을 돌 때면, 그녀는 바짝 긴장을 해서 아빠 등에 매달립니다. 그런데 나중에는 그것도 익숙해지니까 무서워하지 않고 그대로 앉아 있었다고 합니다. 그때 아나벨은 아빠의 능숙한 운전 솜씨와 물리적 작용을 잘 아는 아빠의 명철을 의지한 것입니다. 여러분도 여러분의 명철을 의지하지 마시고, 하나님의 명철을 의지하시기 바랍니다. 특히 인생 중에 일어나는 여러 가지 일들을 우리의 생각으로 이해하려고 하면 안 됩니다. 하나님은 우리가 생각할 수 없는 일로 우리를 부르시고 붙드시기 때문입니다.

그날의 사건으로 다시 돌아가면, 포머로이 목사의 딸 아나벨이 그 죽음의 현장에서 비극의 주인공 중 하나가 됩니다. 인생길은 오토바이가 회전길을 도는 것과 같습니다. 오토바이를 타고 가다보면, 길을 굽이굽이 돌아갈 때가 있습니다. 인생은 이와 같습니다. 우리는 그런 인생 가운데라도 낙담하지 말고, 우리의 판단과 감정에 치우치지 말고, 오직 말씀에 의지해서 주를 바라보아야 합니다. 앞서 말한 바와 같이 그날의 사건이 있기 일주일 전에, 포머로이 목사는 이것이 인생의 목적이라고 설교했습니다. 그런데 그 말씀이 있고 나서 다음 주에 예배하기 위해 다시 모인 그 자리에서 그 참혹한 비극이 벌어진 것입니다. 그날, 목사 부부는 오클라호마 주에 있는 교회의 설교 초청을 받아서 그 자리에 없었습니다. 그런데 그런 끔찍한 사건이 일어났고, 친한 친구요 영적 벗이 그 자리에서 죽었습니다. 목사의 딸까지 포함해서 총 26명이 그 사건으로 죽었습니다.

한 주 전에 그런 설교를 듣고 그날에 그 비극을 당한 교인과 동네 사람들은 어떤 반응을 보였을까요? "도대체 우리 가운데 어떻게 이런 일이 일어날 수 있단 말인가"라고 말하며, 하나님을 이해할 수 없다고 했을 수도 있습니다. 또한, "예배 중에 주시는 은혜는 고사하고 어떻게 신자에게 이토록 참담한 비극을 주시는가"라고 말하며 하나님을 믿을 수 없다고 뛰쳐나갔을 수도 있을 것입니다. 그 자리에 없었던 담당 목사의 마음은 어땠을까요? 놀란 소식에 돌아와 현장을 보면서 얼마나 마음이 찢어졌을까요. 여느 날과 다름없이 일곱 날이 지나고 교인들이 교회로 모였을 때, 무슨 설교를 하였을까요? 이것이 사뭇 궁금해집니다. 누구라도 비극을 당하기 전에는, 하나님을 신뢰하고 자기의 명철을 의지하지 말라고 선포하기 쉽습니다. 그러나 참담한 비극을 직적 경험하면, 달라집니다. 포머로이 목사는 그런 상황 속에서 무슨 말을 할 수 있었을까요?

그 사건이 있은 다음 주일에는 교회 예배당을 사용할 수 없었습니다. 난장판이 된 그곳은 하얀 천으로 다 덮여 있었습니다. 그래서 목사와 교회 성도들은 인근 야구장에서 천막을 치고 예배를 드립니다. 목사는 희생을 당한 성도의 가족들과 생존자들을 가장 앞에 세 줄에 앉힙니다. 그가 택한 설교 본문은 창세기 3장 15절이었습니다. 그리고 설교 내용은 딱 한 가지였습니다.

"사랑하는 여러분, 우리가 비록 비극적인 일을 당했지만 이 비극은 결코 우리를 무너뜨리지 못합니다. 우리는 여전히 하나님을 찬양하며 예배하는 일을 결코 멈추지 않을 것입니다. 마귀는 우리를 계속해서 흔들며 공격할 것입니다. 지난주 토요일은 국군의 날로, 나라를 위해 싸우다가 죽은 사람들을 기리는 날이었습니다. 이처럼, 오늘도 우리는 성경에서 한 싸움을 봅니다. 이 싸움은 하나님 나라를 위한 싸움입니다. 지난주의 비극에 우리 형제자매들은 하나님 나라를 위해 무기를 들고 싸우지는 않았지만, 예배하며 살아온 그 자체가 싸움이었고 그 싸움의 자리에서 비극을 당했기에, 우리는 그들이 하나님 나라를 위해 싸우다가 죽었다고 말할 수 있습니다. 그리고 여기서 여러분께 분명하게 말씀드리고 싶은 것은, 그들이 비록 지금 우리 눈에 보이지는 않지만, 또 우리와 함께 예배를 드리고 있지는 않지만 그들이 살아 있다는 사실입니다. 그들은 살아서 지금 천국에서 예수님과 함께 춤추고 있을 것입니다. 여러분은 그것을 믿으시기 바랍니다. 우리는 인생을 살면서 마귀에게 어떤 형태의 공격을 받더라고 하나님께 영광을 돌려야 합니다. 마귀는 계속해서 우리를 하나님으로부터 끊어놓으려고 합니다. 그러나 우리는 결코 하나님에게서 끊어지지 않습니다. 그리스도께서 이미 승리하셨기 때문입니다. 우리는 이 싸움을 계속해서 해나가야 합니다. 사실, 우리에게는 선과 악을 선택할 수 있는 힘이 있습니다. 여러분은 어느 편에 서시겠습니까? 총격범인 26살의 청년은 악을 선택하여 잔인한 일을 저질렀습니다. 우리는 어떤 상황 속에서도 악을 선택하지 말아야 합니다. 그리고 이 일을 핑계로, 여러분이 이 자리를 떠나는 일이 없기를 바랍니다. 이런 일을 구실로 삼아서 더 악한 일을 저지르는 자가 되어서도 안 됩니다. 우리는 항상 선을 선택해야 합니다. 그것이 하나님께 영광을 돌리는 일의 계속입니다."

단순한 복음이었습니다. 그는 "우리 인생에 존재하는 이 많은 비극에도 불구하고 하나님은 선하십니다. 그런데 왜 하나님이 이런 비극을 주셨을까요?"라고 말하며 모든 것을 신앙의 변증적 자료로 삼아서 그것을 풀어내려 하지 않았습니다. "우리는 살아 있는 자요. 그리고 우리의 선택은 지금도 계속 모여 하나님께 여전히 예배하는 것입니다."라고 단순한 복음을 선포했습니다.

어느 기관이나 단체가 그런 비극을 당하고도 계속 있을 수가 있겠습니까? 서덜랜드 스프링스 제1침례교회는 계속됩니다. 목사는 "우리는 하나님을 예배하는 일을 결코 멈추지 않습니다"라고 말하고, 이어서 이렇게 말합니다. "여러분 중에는 우리가 비극을 당했는데도 예수 그리스도만이 생명이라며 모여서 예배하는 모습을 보고 감동을 받아서, 아니면 불쌍한 마음에 우리를 위로하려고 이 자리에 오신 분이 있을지 모릅니다. 그러나 감정으로 서 있지 마십시오. 오신 걸음이 헛되지 않게, 그리스도의 은혜를 깨달아 다음에 다시 오시고 그다음에도 다시 오셔야 합니다. 예수 그리스도만이 살길이기 때문입니다. 우리는 감정적 위로를 구하는 자들이 아닙니다. 여러분도 감정으로 이 사건을 보지 마십시오. 오직 말씀 앞에 서서 그리스도만이 생명인 것을 알고 붙드셔야 합니다."

여자의 후손, 예수 그리스도

'슬픈 인생과 그리스도의 위로'를 주제로 17번째 설교를 이어가려고 합니다. 오늘로서 이 주제의 설교는 끝이 납니다.

아담과 하와가 타락한 이후에, 이 세상에는 저주가 임했습니다. 하나님은 아담과 하와에게 죽음의 저주를 내리셨습니다.

> "너는 흙이니 흙으로 돌아갈 것이니라 하시니라"(창 3:19b).

이 말씀은 저주 중에 저주입니다. 본래 생명나무의 과실을 따먹을 수 있는 행복을 주셨으며 순종했더라면 누릴 수 있었던 하늘의 영원한 생명을 받지 못한 채 죽음을 겪어야 하는 상황이 주어진 것입니다. 육신과 영혼이 나뉘는 경험을 해야 하는 것입니다. 그리고 육신은 아무 가치가 없어 보이는 흙으로 변합니다. 영혼은 음부로 내려가 영원한 형벌을 미리 맛보며 고통 중에서 마지막 심판 날을 기다려야 합니다. 한마디로, 우리는 생명에서 사망으로 옮겨졌습니다. 그것이 우리에게 임한 저주입니다. 하나님과의 화평의 관계에서 진노의 상태로 옮겨진 것입니다. 이러한 상태에서 이 땅에서 사는 동안 하와에게는 임신과 해산의 고통, 남편과의 긴장과 갈등의 관계가 주어졌고, 아담에게는 평생 수고를 해야 겨우 먹고 살아가는 노동과 땅의 저주가 임했습니다. 그런데 사실상 이 모든 것은 영원한 죽음을 미리 겪는 전조입니다. 이러한 저주에서 벗어날 수 있는 생명의 길은 어디 있겠습니까?

아담은 하와를 원망했습니다. 하나님이 아담을 부르시며 "네가 어디 있느냐"라고 묻자, 아담은 "하나님이 주셔서 나와 함께 있게 하신 여자 그가 그 나무 열매를 내게 주므로 내가 먹었나이다"(12절)라고 핑계를 댑니다. 이처럼 아담에게 하와는 그야말로 원망과 저주의 대상, 미움의 대상이 아닐 수가 없습니다. 그런데 이 일이 있고 나서, 아담은 하와에게 뜻밖의 이름을 지어줍니다. 이전까지 하와에게는 이름이 없었습니다. 그런데 아담이 그런 상황에서 하와에게 이름을 지어줬고, 이 이름의 뜻은 '생명'이었습니다.

> "아담이 그의 아내의 이름을 하와라 불렀으니 그는 모든 산 자의 어머니가 됨이더라"(창 3:20).

아담은 하와를 가리켜 "모든 산 자의 어머니"라고 부릅니다. 곧, "당신은 생명이오"라고 말한 것입니다. 어떻게 그럴 수 있었을까요? 제가 아담이었으면 하와에게 "당신은 사망의 어머니요, 저주요"라고 말했을 것입니다. 아담이 하와의 이름을 그렇게 지은 이유는 15절에 나온 하나님의 약속의 말씀 때문입니다.

> "내가 너로 여자와 원수가 되게 하고 네 후손도 여자의 후손과 원수가 되게 하리니 여자의 후손은 네 머리를 상하게 할 것이요 너는 그의 발꿈치를 상하게 할 것이니라 하시고"(창 3:15).

하나님은 여자와 뱀이 원수가 되고, 둘의 관계에 끊임없는 싸움이 있을 것이라고 말씀하십니다. 그리고 여자의 후손이 뱀의 머리를 상하게 할 것이라고 말씀하십니다. 여기서 "여자의 후손"은 직접적으로는 예수 그리스도를 가리키는 것이요, "머리를 상하게 할 것이요"라는 말은 그분을 통해 이루어질 구원의 역사를 가리킵니다. 아담은 이 약속의 말씀을 통해 자신에게 소망이 있음을 안 것입니다.

많은 신학자들은 하나님이 말씀하신 창세기 3장 15절을 모든 구원의 출발점이자 복음의 첫 시작이라며 '원복음'이라고 말합니다. 아담은 이 계시를, 여자의 후손이 와서 뱀의 머리를 짓밟아 우리를 풀어주는 데서 끝난다고 보지 않았습니다. 그의 깨달음은 여자의 후손이 궁극적으로 어떤 분인가에 대한 존재의 이해에까지 넘어가게 됩니다. 다시 말해, 아담은 뱀의 머리를 짓밟아버릴 그 여자의 후손이 그리스도라는 데까지 내다봅니다. 그래서 하와를 가리켜서

"산 자의 어머니"라고 일컬은 것입니다. 이 말씀의 실제적인 성취와 실현은 요한계시록 12장 1-5절에 잘 나와 있습니다.

> "하늘에 큰 이적이 보이니 해를 옷 입은 한 여자가 있는데 그 발 아래에는 달이 있고 그 머리에는 열두 별의 관을 썼더라 이 여자가 아이를 배어 해산하게 되매 아파서 애를 쓰며 부르짖더라 하늘에 또 다른 이적이 보이니 보라 한 큰 붉은 용이 있어 머리가 일곱이요 뿔이 열이라 그 여러 머리에 일곱 왕관이 있는데 그 꼬리가 하늘의 별 삼분의 일을 끌어다가 땅에 던지더라 용이 해산하려는 여자 앞에서 그가 해산하면 그 아이를 삼키고자 하더니 여자가 아들을 낳으니 이는 장차 철장으로 만국을 다스릴 남자라 그 아이를 하나님 앞과 그 보좌 앞으로 올려가더라"(계 12:1-5).

여자가 낳은 아들은 아주 특별한 아이였습니다. 그는 "장차 철장으로 만국을 다스릴 남자"였습니다. 여기서 "장차 철장으로 만국을 다스릴" 권세는 '왕적 권세'요 "만국을 다스릴" 권세는 '마귀의 권세를 깨부수는 권세'를 말합니다. 이 말씀은 바로 시편 2편의 말씀을 가져와서 아이의 출생과 존재와 그 사역에 대해 설명하고 있는 것입니다.

> "내가 여호와의 명령을 전하노라 여호와께서 내게 이르시되 너는 내 아들이라 오늘 내가 너를 낳았도다 내게 구하라 내가 이방 나라

를 네 유업으로 주리니 네 소유가 땅 끝까지 이르리로다 네가 철장으로 그들을 깨뜨림이여 질그릇 같이 부수리라 하시도다"(시 2:7-9).

하나님이 아들에게 "너는 내 아들이라 오늘 내가 너를 낳았도다"라고 하시며, 그에게 특별한 권세가 있음을 말씀하십니다. 그는 모든 나라를 유업으로 가질 자요 철장으로 모든 이방 나라를 깨뜨릴 자입니다. 이방 나라를 깨뜨린다는 것은 무슨 뜻일까요? 시편 2편 1절에서 "어찌하여 이방 나라들이 분노하며 민족들이 헛된 일을 꾸미는가"라고 말하는 것으로 보아, 이방 나라는 하나님 나라를 대적하는 자들입니다. 하나님의 아들은 하나님 나라를 대적하는 자를 철장으로 깨뜨리시는데, 그 권세의 힘은 원수의 세력을 질그릇 깨듯이 깰 정도로 엄청납니다. 그 힘 앞에 이길 자가 없고 거스를 자가 없으니, 이는 음부의 권세가 교회를 이기지 못한다는 약속의 토대가 되는 것입니다.

예수님은 "내가 이 반석 위에 내 교회를 세우리니 음부의 권세가 이기지 못하리라"라고 말씀하셨습니다(마 16:18). 음부의 권세가 교회를 이기지 못한다는 말은 교회가 구하고자 하는 것을 구할 때 음부가 방어하지 못한다는 뜻입니다. 이 말은 교회가 음부의 권세에 방어적인 입장을 갖는 게 아니고, 오히려 그 반대입니다. 즉, 교회가 하나님이 택하신 자를 불러내는 일을 함에 있어서, 마귀에게 한 사람도 빼앗기지 않는다는 말입니다. 마귀는 우리가 다 저주 아래 있으며 자기에게 속한 자라고 합니다. 음부의 권세는 '문'을 뜻하는데, 마귀는 우리의 영혼을 가두어 두려고 성문을 닫아버립니다. 그런데 예수님이 그 닫힌 문을 철장으로 산산조각 나게 깨버리신 것입니다. 예수님이 철장으로 질그릇 같이 깬다는 것은, 공격해오는 마귀를 물리치시는 것만을 말하지 않습니다. 마귀는 우리 모두를 자기에게 속한 존재라고 하며 하나도 내놓으려 하지 않습니다. 이때, 음부의 문이 아무리 두꺼워도 예수님은 철장으로 그 문을 질그릇 깨듯이 산산조각 내셔서 택한 백성을 그 안에서 구해내십니다. 그래서 우리가 여기에 와 있는 것입니다.

시편 2편 7절에서 "너는 내 아들이라 오늘 내가 너를 낳았도다"라는 말은 예수 그리스도의 신성을 설명하는 아주 중요한 구절입니다. 예수님은 하나님이 낳은 아들이시며, 아주 특별한 지위를 가진 분이십니다. 다시 말해, 예수님은 왕적 권세를 가지셨습니다. 하나님 나라를 대적하는 자들이 헛된 일을 꾸미자(1-3절), 주께서 그들을 비웃으십니다(4절). 그리고 "그 때에 분을 발하며 진노하사 그들을 놀라게 하여 이르시기를 내가 나의 왕을 내 거룩한 산 시온에 세웠다"라고 말씀하십니다(5-6절). 이 6절 말씀에서 '그리스도의 왕권'이 드러나고 설명되어집니다. 10-12절을 보겠습니다.

> "그런즉 군왕들아 너희는 지혜를 얻으며 세상의 재판관들아 너희는 교훈을 받을지어다 여호와를 경외함으로 섬기고 떨며 즐거워할지어다 그의 아들에게 입맞추라 그렇지 아니하면 진노하심으로 너희가 길에서 망하리니 그의 진노가 급하심이라 여호와께 피하는 모

든 사람은 다 복이 있도다"(시 2:10-12).

마태복음 22장 41-46절을 보겠습니다.

"바리새인들이 모였을 때에 예수께서 그들에게 물으시되 너희는 그리스도에 대하여 어떻게 생각하느냐 누구의 자손이냐 대답하되 다윗의 자손이니이다 이르시되 그러면 다윗이 성령에 감동되어 어찌 그리스도를 주라 칭하여 말하되 주께서 내 주께 이르시되 내가 네 원수를 네 발 아래에 둘 때까지 내 우편에 앉아 있으라 하셨도다 하였느냐 다윗이 그리스도를 주라 칭하였은즉 어찌 그의 자손이 되겠느냐 하시니 한 마디도 능히 대답하는 자가 없고 그 날부터 감히 그에게 묻는 자도 없더라"(마 22:41-46).

그리스도는 다윗의 계통으로 오시는데, 다윗이 그를 가리켜서 어찌하여 주라 칭했느냐고 물으시는 44절은 시편 119편의 인용입니다. 어떻게 해서 다윗은 그를 주라고, 하나님이라고 고백했을까, 그리스도의 존재의 신비를 너희가 아느냐고 묻는 것입니다. 시편 2편에서 "너는 내 아들이라 오늘 내가 너를 낳았도다"라는 말과 어찌하여 다윗이 자기 후손을 가리켜 주라 칭하였느냐는 질문은 서로 연결되어 있습니다. 다윗의 고백은 오실 예수 그리스도의 신성의 의미를 우리에게 드러내줍니다.

이사야서 9장 6-7절을 보겠습니다.

"이는 한 아기가 우리에게 났고 한 아들을 우리에게 주신 바 되었는데 그의 어깨에는 정사를 메었고 그의 이름은 기묘자라, 모사라, 전능하신 하나님이라, 영존하시는 아버지라, 평강의 왕이라 할 것임이라 그 정사와 평강의 더함이 무궁하며 또 다윗의 왕좌와 그의 나라에 군림하여 그 나라를 굳게 세우고 지금 이후로 영원히 정의와 공의로 그것을 보존하실 것이라 만군의 여호와의 열심이 이를 이루시리라"(사 9:6-7).

하나님의 열심이 일을 이루실 때가 차매, 우리에게 주신 바 된 한 아기가 우리에게 났는데 그 아이는 정사를 메었습니다. 정사를 메었다는 말씀은 모든 것을 통치하시는 그분의 권세를 드러내줍니다. 그의 이름은 "기묘자"로 그는 모든 지혜를 가졌고 우리 인간으로서는 상상할 수 없는 상식의 신기한 분이며, "모사"로 우리의 모든 문제를 해결할 수 있는 지혜와 열쇠를 가지신 분입니다. 또, 그분을 "전능하신 하나님이라, 영존하시는 아버지라"고 했습니다. 예수님이 바로 이런 존재이십니다. 또, 예수님은 "평강의 왕"으로 우리에게 참된 평강을 주실 왕이시며, "다윗의 왕좌"의 뒤를 이어 그 나라를 굳게 세우고 영원히 보존하실 분이십니다.

이처럼 말씀 곳곳에서 예수님이 창세기 3장 15절에서 말씀한 "여자의 후손"이라는 사실이 드러납니다. 그리고 모든 말씀을 통하여 그분이 우리와 교회 안에 사람으로 오셨으나, 본래는 하나님이시라는 사실을 드러납니다. 아담은 창세기 3장 15절 말씀을 통해

이 모든 것을 내다보았습니다. 그래서 여자, 곧 하와의 몸에서 날 예수님을 미리 내다보고, 하와의 이름을 '생명의 어머니'라고 지은 것입니다. 만일 아담이 하나님의 약속의 말씀을 깨닫지 못하고 하와의 이름을 '저주의 어머니'라고 지었다면, 훗날 예수님이 여자의 몸에서 나오실 때 저주 아래서 태어나신다는 말도 안 되는 일이 일어났을 것입니다.

아담은 창세기 3장 15절 말씀에서 여자의 후손이 뱀의 머리를 짓밟을 그 승리의 내용을 본 것입니다. 다시 말해, 아담은 그분이 하와의 몸을 통해 사람으로 오시나 참 하나님이시라는 것을 알았고, 그분이 오실 것을 미리 내다보고 하와를 산 자의 어머니라고 불렀습니다. 아담은 예수 그리스도 안에서 모든 저주가 사라지는 '소망'을 봤습니다. 그래서 하와에게 '생명'이라는 뜻의 이름을 지어준 것입니다. 아담의 고백은 이런 것입니다. "나는 당신을 통해서 저주와 사망이 아닌 생명을 봅니다. 당신의 태요 자궁을 통해서, 하나님의 이름을 부르는 모든 세대에게 생명을 주실 구세주가 오실 것을 믿음으로 바라봅니다. 이것은 우리 때문이 아니요 우리를 향하신 하나님의 약속 때문입니다. 그것은 하나님이 우리에게 주신 맹세요 사랑이요 언약입니다. 따라서 결코 의심할 바가 아니라 강력한 것이니, 내가 이 약속을 믿고 당신의 이름을 생명이라고 부릅니다."

아담은 저주가 임한 세상 속에서 '소망', 곧 예수 그리스도를 바라봅니다. 그래서 그가 한 인생을 믿음 가운데 살 수 있었던 것입니다. 아담은 히브리서 11장에 나오는 믿음의 선진 계열 속에도 들어

갑니다.

세상을 이기신 예수 그리스도

서덜랜드 스프링스 제1침례교회의 포머로이 목사는 누구나 인생에 오르막과 내리막이 있다고 말했습니다. 어떤 사람들은 인생의 목표와 꿈을 고난과 슬픔 없이 평온하고 안전하게 사는 것이라고 말하지만, 그것은 결코 이루어질 수 없습니다. 마귀는 우리를 찾아와 거짓말로 그것을 약속합니다. 그러나 기억하세요. 하나님은 우리의 인생을 결코 그렇게 다루어 가지 않으십니다. 예수님은 제자들에게 "너희는 곡하고 애통하겠으나 세상은 기뻐하리라 너희는 근심하겠으나 너희 근심이 도리어 기쁨이 되리라"라고 말씀하십니다(요 16:20). 십자가에 죽으러 가시기 전에, 주께서 이루실 십자가 사역과 부활 사역의 내용이 어떤 의미인가를 제자들에게 일깨워주신 것입니다. 예수님은 자기가 십자가에서 죽을 때 세상은 기뻐하고 제자들은 애통하겠지만 그들의 근심이 도리어 기쁨으로 바뀔 것이라고 말씀하십니다. 십자가에서 이루실 놀라운 구원 사역은 모든 저주를 걷어내고, 우리에게 하나님의 영광이 있는 새 하늘과 새 땅을 주기 때문입니다. 그래서 22절은 "지금은 너희가 근심하나 내가 다시 너희를 보리니 너희 마음이 기쁠 것이요 너희 기쁨을 빼앗을 자가 없으리라"라고 말씀합니다. 나아가 33절은 이렇게 말씀합니다.

"이것을 너희에게 이르는 것은 너희로 내 안에서 평안을 누리게 하려 함이라 세상에서는 너희가 환난을 당하나 담대하라 내가 세상을 이기었노라"(요 16:33).

우리가 그리스도 안에서 누리는 평안은 세상 가운데 있는 그런 평안이 아닙니다. 노아의 홍수 심판 때, 방주 밖은 거센 폭풍우와 넘치는 물로 난리가 났지만 방주 안은 평안이 있었습니다. 그리스도 안에서 누리는 평안이 그런 것입니다. 그래서 그것은 우리가 환난을 당할지라도 담대할 수 있는 이유가 됩니다.

33절을 다시 보면, 주님은 우리가 그분 안에서 평안을 누리기 원하십니다. 그럼에도 우리가 세상에서는 환난을 당할 것이라고 하십니다. 그러나 예수님은 우리에게 "너희가 환난을 당하나 담대하라 내가 세상을 이기었노라"라고 말씀하십니다. 우리가 일정 기간 동안 한평생 나그네로 사는 동안에 세상 속에서 살 슬픈 인생에 대해 주님이 다 아시는 것입니다. 우리는 세상 사람들과 다름없이 이 세상 안에서 사는 자들이요 세상 밖에서 사는 자들은 아닙니다. 그럼에도 인생을 살면서 많은 어려움과 슬픔과 죄로 인한 고통을 겪을 것입니다. 죄를 짓지 않고 의의 길을 걷는다고 할지라도, 의 때문에 핍박을 받고 애매하게 당하는 환난과 고통도 있을 것입니다. 성도가 이러한 환난을 당할 경우, 마귀는 즉시 그 성도에게 달려가 "이 환난은 네가 하나님에게서 끊어진 자요 네가 그리스도에게서 버려진 자라는 증거이며, 하나님 나라를 부인해야 할 충분한 이유가 된다"고 속삭입니다.

서덜랜드 스프링스 제1침례교회가 당한 일은 비극적인 일이었습니다. 만일 그 교회가 하나님의 말씀에 불순종하고 패역했을 때 그런 일을 당한 거라면, 차라리 우리는 그 교회가 하나님의 공의의 심판을 당한 거라고 말할 수 있었을는지 모릅니다. 그런데 그 일은 하나님께 예배를 드리는 중에 일어났습니다. 하나님 앞에서 성령 충만하여 하나님의 선하심을 찬양하는 찬송가를 드리며 감격하는 그 자리에 참혹한 일이 벌어진 것입니다. 마귀는 그 일을 당한 많은 사람들에게 찾아가 "도대체 하나님이 살아계시기는 한 것이냐. 살아계신다고 해도, 그분이 너를 사랑하는 것이 맞느냐. 하나님은 지금 너를 저주하고 있는 것이다. 이 일이 그 증거다."라고 말합니다. 마귀는 우리가 당하는 환난과 고통과 아픔을 들어 보이며, 하나님이 우리를 떠났다고 속삭입니다. 마귀는 그렇게 우리를 하나님 나라에서 끌어내려고 합니다.

사실상 많은 사람들은 인생 중에 슬픔과 아픔을 당하거나 개인적인 허물이 있거나 곤란과 궁핍을 있을 때 그것들을 구실 삼아 하나님을 떠나곤 합니다. 그러나 참된 성도는 그런 일이 있을지라도, 예수님이 약속하신 말씀을 붙잡음으로 그리스도 안에서 평안을 발견합니다. "너희가 환난을 당하나 담대하라 내가 세상을 이기었노라"(요 16:33). 그렇게 할 수 있는 것은, 우리가 겪는 세상의 모든 슬픔과 아픔이 우리의 마지막이요 전부가 아니라는 것을 알기 때문입니다. 마귀는 우리를 하나님 나라에서 끌어내기 위해 계속해서 속삭이지만, 참된 성도는 그 싸움 속에서 이렇게 말합니다. "그리스도께서 세상을 이기셨으니, 나는 그리스도 안에서 이미 이긴 자이다. 이 환난은 나를 결코 넘어뜨릴 수 없을 것이다."

하나님의 놀라운 섭리

하나님은 로마서 8장에서 사도 바울을 통해 우리를 격려하십니다.

> "그런즉 이 일에 대하여 우리가 무슨 말 하리요 만일 하나님이 우리를 위하시면 누가 우리를 대적하리요"(롬 8:31).

이 말씀은 "하나님이 우리 편이신데 그 누가 우리를 끌어낼 수 있겠는가"라는 말입니다. 나아가 32절은 이렇게 말씀합니다.

> "자기 아들을 아끼지 아니하시고 우리 모든 사람을 위하여 내주신 이가 어찌 그 아들과 함께 모든 것을 우리에게 주시지 아니하겠느냐"(롬 8:32).

하나님이 자기 아들을 아끼지 아니하시고 우리에게 내어주셨다는 말은, 하나님은 우리가 필요한 모든 선한 것을 다 주시는 분이라는 것을 의미합니다. 그러니, 우리가 예수님을 믿고 나서 그분 외에는 받은 것이 없다고 말해서는 안 됩니다. 어떤 사람들은 자기가 예수를 믿고 구원 외에 받은 것이 무엇이 있느냐며, 재력도 없고 건강도 없고 은사도 없다고 말합니다. 그러나 성경은 우리에게 예수님을 믿고 받은 것이 아무것도 없다고 말하지 말라고 말씀합니다. 우리가 그 모든 것을 이미 받았기 때문입니다. 하나님은 이미 우리에게 필요한 선한 것들은 다 주셨습니다. 비록 그것이 환난일지라도, 하나님은 그 환난을 선으로 갚아주시기 위해 우리에게 허락하셨다는 사실을 잊지 말기 바랍니다. 마귀가 우리가 당한 환난을 가리켜 하나님의 저주라고 말할 때, 도리어 성경은 그것이 하나님의 선하심이라고 말합니다. "고난 당한 것이 내게 유익이라 이로 말미암아 내가 주의 율례들을 배우게 되었나이다"(시 119:71).

하나님은 왜 신자를 그리스도를 믿는 바로 그 순간에 천국으로 데려가지 않으실까요? 가장 간단히 생각할 만한 (좀 농담처럼 들릴지 모르지만) 이유는 세상이 놀랄 것이기 때문입니다. 예수 믿는 사람이 세례를 받고 '아멘'하고는 쓰러져 바로 천국으로 가버리면, 세상 사람들은 놀래서 아무도 예수를 안 믿으려할 것입니다. 그래서 이런 이유로 하나님이 예수 믿는 사람을 바로 천국으로 데려가시지 않는 거라고 여러 신학자들은 말했습니다. 그런데 좀 더 심각한 영적 이유가 있습니다. 우리는 각자 하나님이 정하신 분량만큼 인생의 분깃을 받고 삽니다. 그 가운데 하나님은 우리가 우리를 향한 그분의 긍휼하심과 십자가를 통해 베푸신 하나님의 사랑의 크기와 규모를 깊이 알도록 하십니다. 따라서 우리가 훗날 주님을 뵈올 때, "하나님은 참 좋으신 분입니다. 주를 찬송합니다"라는 고백과 영광을 올리게 됩니다. 하나님은 다양한 인생을 살아가는 신자들에게서 동일한 하나의 고백을 받습니다.

서덜랜드 스프링스 제1침례교회는 비극을 당하고도 함께 모여서 주님을 예배하고 찬송했습니다. 그들에 비하면 우리 교회는 비교할 수 없이 큰 위로와 평안 가운데 있는 것인데, 어찌하여 그들보다 뜨겁게 찬송하지 못할까 생각해보게 됩니다. 우리는 하나님의 영광을 바라보고 하나님이 주신 은혜를 찬송해야 마땅합니다. 서덜랜드 스프링스 제1침례교회 성도들은 한 가지 사실을 믿은 것입니다. 그들은 그 참혹한 현장에서 자기들과 함께 있었으나 피살을 당한 영혼들이 하나님 나라에서 그리스도와 함께 춤을 추고 있다고 믿었습니다. 그래서 그 믿음으로 찬송과 예배 중에 가슴이 뜨거워진 것입니다. 그들은 한평생 삶의 아픔과 갈등들은 더 이상 이야깃거리가 안 된다는 것을 알았습니다. 그래서 그들은 그런 슬픔 가운데서 그리스도의 소망을 더욱더 단단히 붙잡았습니다. 우리 또한 인생 중에 당하는 고난을 그렇게 맞이해야 합니다. 그렇게 큰 비극을 당한 교회가 어지간한 슬픔과 비극에 흔들릴까요? 결코 그렇지 않을 것입니다. 옛말에 군대를 다녀온 사람이 뭘 못하겠느냐는 말이 있습니다. 웬만한 힘든 일은 다 해보았다는 말입니다. 큰 슬픔을 겪었다면, 이후에 있는 어지간한 슬픔은 넉넉히 이기게 됩니다. 허리케인을 뚫고 온 배가 작은 파도는 그냥 넘어가는 것입니다. 하나님은 어떤 상황 가운데서도 우리가 그분만을 바라보도록 하십니다.

같은 해에 태어난 두 사람이 있는데, 한 사람은 30년을 살다가 하나님 나라에 가게 되었고 다른 한 사람은 100년을 살다가 하나님 나라에 가게 되었습니다. 이 둘 중에 누가 더 행복한 사람일까요? 양면이 다 있겠지만, 막상 하나님 나라에 가보면 30년을 살다가 하나님 나라에 간 사람은 자기보다 70년이라는 세월을 더 살다가 뒤늦게 온 사람을 안쓰럽게 여길 것입니다. 세상에서 고생을 많이 하고 왔다며 왜 이리 늦게 왔냐고 말할는지 모릅니다. 사실 그 사람도 세상에서 살다가 주께서 자기를 젊은 나이에 부르실 때는, 슬퍼하면서 자기가 당한 일을 이해할 수 없다고 부정했을 것입니다. "하나님, 저는 아직 젊고 아직 할 일이 많이 남아 있습니다. 어찌하여 이렇게 일찍 저를 데려가십니까? 안 됩니다." 그런데 그도 그럴 것이 그럴 만한 이유가 있었을 것입니다. 사랑하는 사람과 이별해야 하고 자식이 있다면 그 자식을 두고 가야 했기에, 그런 사실에 견딜 수 없는 아픔과 이해할 수 없는 하나님의 섭리에 괴로웠을 것이 분명합니다.

그러나 일단 눈을 감고 나서 돌아서는 순간, 바로 이 땅에서 누렸던 모든 것을 떠나서 영원한 생명의 영광 안으로 들어가게 될 때, 그는 자신이 지상에서 사는 동안에 겪었던 모든 일은 하나님의 주권적 섭리 가운데 베풀어지는 것이라는 사실을 알게 됩니다. 그래서 우리의 관심은 이러한 비극을 당한 상태를 애곡하는 것에 있지 않습니다. 하나님이 그분의 섭리로 그 인생을 붙드신다는 것을 아는 일에 있습니다. 또, 자녀가 있다면 자신이 일찍 세상을 떠나고 남겨진 자녀가 어찌 살 것인가 걱정하지 않고, 하나님의 섭리를 믿는 것입니다. 한마디로, 천국에 가면 훤히 보는 것입니다. 우리는 인생을 마치고 전혀 다른 세계 안으로 들어가게 됩니다.

인생에는 고난과 슬픔과 결핍과 아픔이 있습니다. 그래서 30년을 살다가 하나님 나라에 온 사람은 100년을 살다가 하나님 나라에 온 사람에게 고생 많았다고 이야기할 것입니다. 그렇다고 살아가는 오늘의 인생이 의미가 없는 것은 아닙니다. 100세에 천국에 이른 사람은 30세에 먼저 간 친구에게 이렇게 말할 것입니다. "자네, 그동안 호강했겠네. 나는 고생 많이 하고 왔네. 나는 자네를 부러워했다네. 많은 고난을 당하면서 나도 자네처럼 일찍 갔더라면 좋았을 거라고 수없이 생각했다네. 그러나 자네가 모르는 비밀이 있다네. 자네가 먼저 떠나간 70년 세월 동안 내가 어떤 일을 겪었는지 아는가. 그 고난의 일들을 통해서, 나는 주님을 더욱 많이 알게 되었다네."

여러분, 산 자나 죽은 자나 오래 산 자나 일찍 죽은 자나 그리스도 안에 있는 자에게는 그리스도 안에서 평안이 있습니다. 엄밀하게 말하면, 신자에게 슬픔이란 없습니다. 신자는 그리스도 안에서 평강만 있을 뿐입니다.

> "누가 능히 하나님께서 택하신 자들을 고발하리요 의롭다 하신 이는 하나님이시니 누가 정죄하리요 죽으실 뿐 아니라 다시 살아나신 이는 그리스도 예수시니 그는 하나님 우편에 계신 자요 우리를 위하여 간구하시는 자시니라"(롬 8:33-34).

예수님께 기도하여 응답받지 못할 것은 없습니다. 그리스도께서 우리를 위해 간구하시니 우리는 넉넉히 주의 나라에 임할 수 있습니다. 주님이 우리를 붙들고 계시니, 어떤 파도가 일어나도 '하나님 나라'라는 항구까지 헤쳐갈 수가 있는 것입니다. 우리는 어떤 비극이 있어도, 어떤 슬픔을 당해도 그 환난으로 인하여 마귀에게 영혼을 빼앗기지 않습니다. 35절은 이렇게 말씀합니다.

> "누가 우리를 그리스도의 사랑에서 끊으리요 환난이나 곤고나 박해나 기근이나 적신이나 위험이나 칼이랴"(롬 8:35).

여러분의 인생에 환난이 있습니까? 인생 가운데 곤고나 박해를 당하신 적이 있습니까? 아니면 굶어서 기근을 경험하신 적이 있으신가요? 입을 것이 없어서 헐벗을 만큼 어렵습니까? 또는 위험이나 칼이 여러분을 위협한 적이 있습니까? 만일 그런 일이 있다 할지라도 여러분은 그리스도의 사랑에서 끊어지지 않았다는 것을 기억하시기 바랍니다. 36절은 "우리가 종일 주를 위하여 죽임을 당하게 되며 도살 당할 양 같이 여김을 받았나이다"라고 말씀합니다. 우리가 주를 위하여 사는 거라면 푸른 초장에 누워 지낼 수 있어야 할 텐데, 반대로 종일 주를 위하여 살았는데 죽음을 당하게 되고 도살 당할 양 같이 되었다고 합니다. 그러나 37절은 "이 모든 일에 우리를 사랑하시는 이로 말미암아 우리가 넉넉히 이기느니라"라고 말씀합니다. 예수님은 요한복음 16장 33절에서 "세상에서는 너희가 환난을 당하나 담대하라 내가 세상을 이기었노라"라고 말씀하셨습니다. 예수님이 세상을 이기셨기 때문에, 그리스도와 연합된 자는 그분 안에서 평안을 누리며 모든 환난을 넉넉히 이길 것입니다. 여러분, 어떤 일에도 절대로 낙심하지 마십시오. 사망이나 생명이나 천사들이나 권세자들이나 현재 일이나 장래 일이나 능력이나 높음이나 깊음이나 다른 어떤 피조물이라도 우리를 우리 주 그리스도 예수 안에 있는 하나님의 사랑에서 끊을 수 없습니다(38-39절). 바로 이것이 서덜랜드 스프링스 제1침례교회를 붙든 믿음입니다. 이 말씀은 여러분의 인생과 우리 교회 또한 붙들어줄 것입니다.

주의 이름을 부르는 교회라도, 어떤 교회는 성숙해보이고 어떤 교회는 연약해보이고 어떤 교회는 건강해보입니다. 그러나 참 이상한 것은 어떤 교회든지 교회가 교회로 존재하는 한, 그 안에 있는 하나님의 택한 백성들은 그 교회 때문에 찬송과 예배를 드리고 믿음 가운데 걸어간다는 사실입니다. 여러분, 하나님의 택함을 받은 자들은 어떤 일에도 하나님의 사랑에서 끊어지지 않습니다. 하나님은 그만큼 우리를 단단히 붙들고 계십니다. 하나님의 그 은혜를 생각하면서 인생 중에 당하는 어떤 슬픔과 아픔도 그리스도 예수 안에서 넉넉히 이길 수 있다는 확신을 가지고, 생각을 돌이켜 자신이 당한 처지와 슬픔을 다시 돌아보시기 바랍니다. 같은 절망의 일이라도 주 안에서 그것을 다시 바라보면, 그것 또한 주 안에서 이길 수 있는 일이 됩니다.